◆ 高等院校会展专业教材

◆ 南开大学出版社

U0875080

◆ 郭慧馨 主 编 ◆

◆ 杜文龙
沈 玲 副主编 ◆

会展物流

图书在版编目(CIP)数据

会展物流 / 郭慧馨主编. 一 天津：南开大学出版社，2012.12(2021.8 重印)

高等院校会展专业教材

ISBN 978-7-310-04074-2

Ⅰ.①会… Ⅱ.①郭… Ⅲ.①展览会一物流一高等学校一教材 Ⅳ.①F252

中国版本图书馆 CIP 数据核字(2012)第 263300 号

会展物流

HUIZHAN WULIU

南开大学出版社出版发行

出版人:陈 敬

地址:天津市南开区卫津路 94 号 邮政编码:300071

营销部电话:(022)23508339 营销部传真:(022)23508542

http://www.nkup.com.cn

北京虎彩文化传播有限公司印刷 全国各地新华书店经销

2012 年 12 月第 1 版 2021 年 8 月第 5 次印刷

230×170 毫米 16 开本 16.125 印张 298 千字

定价:45.00 元

序言

我国的会展业的发展起步较晚，但发展速度快，近年来更是异军突起，呈现出良好的发展态势，已成为服务贸易领域的重要组成部分。据资料显示，截至2011年年底，我国拥有大型场馆269个，展场馆总面积达到1000万平方米，室内展览面积则达到700万平方米。据不完全统计，全国目前正在兴建和规划将来要建成的场馆将会超过百万平方米，其中商务部与地方合建项目——上海虹桥国家会展中心和天津国家会展中心已开工建设。这两个国家级的会展中心建成后展馆面积将分别达到50万平方米和40万平方米。场馆数量的不断增加，会展活动的数量也不断增多。据《中国会展经济蓝皮书》显示，2011年我国会展数目达到7333场，居世界第二位，展出总面积8173万平方米。会展业的大发展，极大地带动了我国旅游、餐饮、交通、广告、娱乐、房产等行业收入的增加。

会展经济的蓬勃发展对会展专业人才提出了迫切需求，我国会展业发展遭遇了人才瓶颈，这已成为业内人士的共识，同样也激发了国内各类大专院校培养会展人才的热情。据不完全统计，国内已有两百余所大专院校设立了会展经济与管理、会展艺术与技术、会展策划与管理等专业或专业方向，以培养不同层次、不同方向的会展专业人才。这无疑对解决会展业的人力资源问题是一个大的推动。但正如我国会展行业的发展一样，会展人才教育尚处在初级阶段。会展人才教育，不同于一般的学历教育，会展人才强调实践动手能力，懂策划、会动手、能很快掌握企业文化。满足社会需求的实用型人才将成为会展行业的主力军。可见，要使我国的会展行业保持高质量的发展，实现品牌化、国际化，就有必要从会展人才特点入手，培养学生的实践能力，而一套好的教材对具有一定理论基础，又有实践能力的会展专业人才的培养是至关重要的。

我国会展专业教育的教材建设也伴随着会展教育的起步、发展并不断完善，从最初的几本，发展到现在的近百本，对会展教育、会展人才培养发挥了巨大的作用。但是在这些林林总总的教材中，站在会展全产业链的角度，研究会展物流的教材屈指可数。由北京联合大学商务学院教师、北京联合大学会展经济研究中心研究员郭慧馨博士所撰写的《会展物流》一书，是对完善会展教育的又一个贡献。本书在理论体系、理论和实践的结合上颇具特色。作者为本书的撰写收集了大量的资料，经过较长时间的酝酿，在编写过程中，以其深蕴的理论功底和丰富的会展实战经验，实现了理论和实践的有效结合，这是非常值得称道的。从总体上看，《会展物流》一书系统性强，知识覆盖全面，从会展经济的角度对物流活动作出分类，并进行深入浅出的讲解与诠释，对学习物流管理基本理论、掌握会展物流活动的基本规律和熟知实际运行具有很好的参考指导。本书既适合四年制大学本科学生使用，又可以供从业人员作为工作的重要参考。是一本应用非常广泛的专业会展教材。

我相信，随着会展业广大同人对会展教育的关心与呵护，适合于我国会展人才的培养培训教材的编写也会逐渐成熟和完善，希望本教材能对我国会展高等人才教育起到先导作用，为推动我国会展事业发展作出贡献。

李智玲

2012 年 8 月于北京

前言

会展物流是会议展览产业链上的重要一环，对于会展专业的学生来说也是一门必修课。本书全面、系统地介绍了会展物流的基础知识和基本技能，对目前理论探讨较多的会展第三方物流和会展供应链也进行了一定程度的探讨，对拓宽学生的知识面，提高学生对会展物流服务的认识，将物流相关理论应用于会展实践将起到重要的作用。

本书的编写人员长期从事本科教学工作，尤其在物流和会展专业的教学方面很有建树，对目前会展专业学生的特点，会展行业的发展前景都有清晰的认识。因此本书在编写过程中从学生学习的角度出发，语言简明、逻辑清晰、观点明确，在每个章节的前面对学习目的和本章的主要内容进行了介绍，章节中的重点部分提供了一定的案例，在章节后有复习思考题供学生学习之用。

本书由北京联合大学郭慧馨任主编，编写第一、三、四、九章，北京城市学院杜文龙任副主编并编写第六、七、八章，河北科技师范学院沈玲任副主编，编写第二、五、十章。郭慧馨负责全书的总纂和定稿。

本书可以作为本科院校会展专业、物流专业、管理专业及其他相关专业的教材或教学参考书，但由于该学科在国内的发展时间相对较短，系统的理论体系尚未形成，编者仅从自身教学出发提出了会展物流教学体系，难免有失偏颇，加之时间仓促，作者水平有限，本书中还存在很多有待改进之处，有些问题还值得进一步商榷，请各位专家批评指正。

本教材在编写过程中得到了专家领导、教育界同人的大力支持，以及北京市教育委员会新专业建设研究项目支持，在此一并表示感谢。

目录

第一章

物流与会展物流

学习目的

随着会议展览业的迅猛发展，会展物流逐渐为人们所重视，什么是物流，什么是会展物流，二者存在什么区别和联系？通过本章的学习，读者应了解物流和会展物流的概念，理解二者之间的区别；掌握会展物流的发展历程，大致了解目前会展物流发展的现状。

主要内容

- 物流与会展物流概述

  物流概述　会展物流概述

- 会展物流的发展历程

  古代集市物流　近代会展物流活动　现代会展物流活动

- 国内外会展物流发展现状

  国内会展物流现状　会展物流的组织

第一节　物流与会展物流概述

我国在20世纪70年代末期开始从国外引进物流的概念。二十多年来随着理论界对物流理论的深入研究和企业大量的物流实践，人们对物流的认识不断加深。虽然目前人们对物流概念的认知程度已远非二十多年前所能比拟，对物流概念的解释却还存在很多误解的现象，如将物流解释为“物资流通”的简称，即使是正式出版的专业书刊对物流概念的解释也不尽相同，至于物流概念何时形成的说法就更加多了。国家质量技术监督局2001年4月17日批准颁布的《中华人民共和国国家标准物流术语》(GB/18354—2001)中对物流的解释为“物品从供应地向接收地的实体流动过程，根据实际需要，将运输、储存、装卸搬运、包装、流通加工、配送、信息处理等基本功能实施有机的结合”。通过对物流概念的标准化，有利于人们正确理解物流，它对我国物流的实践也具有重要意义。

一、物流概述

（一）物流概念

物流概念的发展经过了一个漫长而曲折的过程。回顾物流的发展历程和理解历史上经典的物流概念，不仅有利于我们了解物流的发展规律，更有利于我们全面深入地理解物流的内涵。

以詹姆士·约翰逊（James C. Johnson）和唐纳德·伍德（Donald F. Wood）为代表的学者认为“物流一词首先用于军事”。他们说，1905 年，美国少校琼斯·贝克（Chauncey Baker）认为“那个与军备的移动与供应相关的战争的艺术的分支就叫物流”。

英国克兰菲尔德物流与运输中心（Cranfield Center for Logistics and Transportation，CCLT）主任、资深物流与市场营销专家马丁·克里斯多夫（Martin Christopher）教授认为阿奇·萧（Arch W. Shaw）是最早提出物流概念并进行实际探讨的学者。阿奇·萧在 1915 年哈佛大学出版社出版的《市场流通中的若干问题》一书中指出，“创造需求与实物供给的各种活动之间的关系说明存在平衡性和依赖性两个原则”，“物流是一个与创造需求不同的问题……流通活动中的重大失误都是因为创造需求与物流之间缺乏协调造成的”。

1916 年，L. H. H. Weld 在《农场产品的市场营销》中指出市场营销的效用中包括时间效用、场所效用、所有权效用的概念和营销渠道的概念，从而肯定了物流在创造产品的市场价值中的时间价值及场所性价值中的重要作用。

1935 年，美国销售协会将物流定义为：“物流是包含于销售之中的物质资料和服务从生产地点到消费地点的流动过程中，伴随的种种经济活动。”

美国《韦伯斯特大词典》，在 1963 年把后勤定义为“军事装备物资、设施与人员的获取、供给和运输”。物流起源于美国的军事后勤。

1970 年，美国空军在一份技术报告中对后勤学下的定义是：后勤学即“计划和从事部队的输送、补给和维修的科学”。日本将引进的后勤学译为“兵站学”，并将其含义表述为“除了军需资料的订购、生产计划、采买、库存管理、配给、输送、通用外，还包括规格化、品质管理等军事作战行动所必需的资材管理”。

后勤管理的方法后被引入工业部门和商业部门，被人们称为“工业后勤”和“商业后勤”。美国学者鲍尔索克斯（Donald J. Bowersos）在 1974 年出版的《后勤管理》一书中，将后勤管理定义为“以卖主为起点将原材料、零部件与制成品在各个企业间有策略地加以流转，最后到达用户，其间所需要的一切活动的管理过程”。他所著的另外两本书，即《商业后勤管理》(1973)和《商业后勤》(1973)。这时后勤一词已经不仅仅是军事上的含义了。

1981年在美国出版的《后勤工程与管理》是用于大学生和研究生课堂教学的教科书，书中引用了美国工程师学会(The Society of Logistics Engineers，SOLE)对后勤学的定义，即“对于保障的目标、计划及其设计和实施的各项要求以及资源的供应和保持等有关的管理、工程与技术业务的艺术与科学”。

20世纪50年代中叶，日本在经济恢复中，十分重视学习西方科学技术。1956年，日本特别财团法人向美国派出了“搬运专业考察团”(也有称为“流通技术考察团”)，对美国的工厂运输情况，如搬运设备、搬运方法、库存物资的堆垛方式、与厂内运输有关的工厂总体布置以及搬运技术的概况等，在国内进行了详细的报道。此举动对日本未来物流的发展起到了积极的推动作用。日本于20世纪60年代正式引进了“物流”这一概念，并将其解释为“物的流通”、“实物流通”的简称。

日本通产省物流调查会的定义：“物流是制品从生产地到最终消费者的物理性转移活动。具体是由包装、装卸、运输、保管以及信息等活动组成。”日本通商产业省运输综合研究所认为：物流是“商品从卖方到买方的场所转移过程”。

日本早稻田大学教授西泽修在定义物流时指出，“物流是指包装、输送、保管、装卸工作，主要以有形物资为中心，所以称之为物资流通。在物资流通中加进情报流通，于是称之为物流”。

日本另一位物流专家汤浅和夫则认为，物流是一个包含“整体观点”的概念，是指产品从工厂生产出来到送达顾客手中这一过程的“结构”。

美国国家物流管理委员会于1976年在定义物流管理中指出：“物流活动包括，但不局限于：为用户服务、需求预测、销售情报、库存控制、物料搬运，订货销售，零配件供应、工厂及仓库的选址、物资采购、包装、退换货、废物利用及处置、运输及仓储等。”

美国物流研究家察尔斯·塔夫将物流定义为：“是对到达以及离开生产线的原料、在制品和产成品的运动、存储和保护活动的管理。它包括运输、物料搬运、包装、仓储、库存控制、订货销售、选址分析和有效管理所必须的通信网络等。”

1985年加拿大物流管理协会(Canadian Association of Logistics Management，CALM)定义物流“物流是对原材料、在制品库存、产成品及相关信息从起源地到消费地的有效率、有效益的流动和储存进行计划、执行和控制，以满足顾客要求的过程。该过程包括进向、去向和内部流动”。

1985年美国物流管理协会(Council of Logistics Management，CLM)重新定义物流为：“物流是对货物、服务及相关信息从起源地到消费地的有效率、有效存观念的具体运作方式。

(6)物流信息化观念

“零库存经营”能成为现实，首先因为20世纪80年代后期展开的信息技术革新，具体反映在POS系统(Point of Sales，销售时点信息管理系统)和EOS系统(Electronic Ordering System，电子补充发货系统)的导入。EDI(Electronic Data Interchange，电子数据交换)技术是指不同企业之间为了提高经营活动效率，在标准化基础上通过建立企业间的数据交换网来实现票据处理、数据加工等事务作业的自动化、省力化、及时化和正确化，同时通过有关的销售信息和库存信息的共享来实现经营过程的效率化。需要指出的是，企业在应用EDI时不仅关注供应链参与各方之间传送信息的及时性和有效性，更重要的是如何利用这些信息来实现企业各自的经营目标和实现整个供应链的效率化。电子商务是在计算机技术、网络通信技术的互助发展中逐步产生和不断完善的，是以Internet(国际互联网)为依托，并随着其广泛应用而迅速发展起来的。电子商务是人类信息技术发展并使传统商务活动发生巨大改变的一种方式。以Internet为基础的电子商务通过使用数字、多媒体网络技术来促进公司间、公司与客户间的商务交易活动，将信息网络、金融网络、物流网络结合起来，把事务活动和贸易活动中发生关系的各方面有机地联系起来。

(7)绿色物流观念

绿色物流是指在物流过程中抑制物流对环境造成危害的同时，实现对物流环境的净化，使物流资源得到最充分的利用。1987年国际环境与开发委员会发表了名为“我们共有的未来”的研究报告。在这份报告中提出，当代资源的开发和利用必须有利于下一代环境的维护以及资源的持续利用。因此，为了实现长期、持续、稳定的发展，就必须采取各种措施来维护我们的自然环境。这种可持续发展战略同样适用于物流活动。环境共生型的物流管理就是要改变原来经济发展与物流、消费生活与物流的单向作用关系，在抑制物流对环境造成危害的同时，形成一种能促进经济发展和人类健康发展的物流系统，即向绿色的物流、循环型物流转变。

二、会展物流概述

(一)会展物流的概念

在会展业中，会展物流作为展销活动供需双方以外的第三方组织者所提供的一种具有后勤保障功能的服务，随着会展的发展应运而生。对于会展物流的定义，在我国有两种比较流行的描述方式。

1. 会展物流是指为满足会展需求，在提供地与会展地之间，对会展材料设备与会展物品的高效率、低成本流动和储存而进行的一整套规划、实施和控制的过程。

2. 会展物流是指展销产品从参展商经由会展中转流向购买者的物理运动过程,它是由会展组织者在综合会展现场收集多个供需对应体的信息、要求后,统一指挥、统一安排、统一协调的物资流通体系。

第一种定义中,会展物流的主体是会展组织者,客体是参展商。

第二种定义中,会展物流的主体是会展组织者,客体是参展商和购买者。

毋庸置疑,会展物流全新概念的提出,将大幅度提高会展物资的配送流通效率,使会展活动的专业化服务体系更趋完备。一般来说,第一种观点是主流观点。会展物流属于项目物流的范畴,主要包括两个方面的内容:一是与会展场馆搭建有关的(建材、设备设施)物流服务;二是指展览物品的物流服务。会展物流是关系到会展能否成功开展的重要环节之一,会展业的发展为会展物流的发展提供了广阔的空间,同时优质的会展物流服务又促进了会展业健康稳步的发展。因此,会展物流定义如下。

所谓会展物流,是"为满足参展商展品展览的特殊需要,将展品及时准确地从参展商所在国(地)转移到参展目的地,展览结束后再将展品从展览地运回的过程,包括展览前后的仓储、包装、国内运输、进出门报关和清关、国际运输,展览中的装卸、搬运以及在此过程中的信息流动"。

(二)会展物流的特点

会展物流作为现代物流的一个重要分支,具有一般物流的特征,例如,科学化、标准化、电子信息化、自动智能化、综合化和全球化等。但与一般生产物流不同,会展物流不涉及原材料采购与产品生产,仅指参展品的运输。因此,会展物流与传统物流体系相比,运输线路复杂、时间要求紧迫,在特定的时间内要为众多参展企业提供物流服务,经过短暂的会展期后又有返回物流。因而,它具有过程控制的复杂性、物流体系优化的双重性、组织管理的专业性及物流信息的实时性等特点。

1. 过程控制的复杂性

会展期间的物流组织与管理工作是一项极其复杂的系统工程,在明确了会展主题、功能与层次等方面的定位后,须立即依据项目策划书中对会展场馆内部的布局和风格设计,购置或租借用于室内外装潢的材料和用于搭台摆台的设备。同时,还要尽快与参展企业取得联系,核定其参展产品的申报单;然后,协助进行这些产品的运输,并安排好仓储。这些工作在实际操作时显得非常繁杂而琐碎,每一环节的衔接都要按照既定的程序来开展。

2. 物流体系优化的双重性

实现会展物流的合理化,需在物流体系的规划与运行过程中不断作出科学决策，随时根据需要对其进行优化调整；但在实际运作中，常会出现物流体系优化用户最优（局部最优）和系统最优的矛盾，前者在物流过程的每一阶段从自身利益出发去寻找最小阻抗的路径，经过不断的组织调整达到局部均衡状态。当太多的局部均衡存在时，物流体系就会远离系统最优，使整体效益受到不良影响。我们的目标应该是对用户最优和系统最优进行整合，找到两者的最佳平衡点，使之转化为全局最优。

3. 组织管理的专业性

会展行业具有展览时间特定、参展企业众多、展览地点分散、展品量小样杂等特点，这就需要由专业的物流公司帮助参展企业实现展品的合理运输，以达到在指定的时间内用最低的成本将展品安全运达展览地的目的。

对于在国外举行的展览会议，由于涉及出口报关、国际运输、国际保险、展品的再处理等环节，更需要有实力的专业物流公司承担会展物流的重任。

综上所述，会展业本身的特点决定了会展物流的各项组织管理工作必须具有较高的专业化水平才能突出个性、保证质量。为了做好这项工作，必须拥有具备物流管理专业技能的人才，通畅的物流渠道、有效的展品配送手段和功能齐全的展品转运与仓储中心作为支撑。因此，专业化程度相对较高是会展活动物流体系的一个非常显著的特点。

4. 物流信息的实时性

会展物流的组织与管理过程中，物流信息管理是一项非常重要的内容，会展组织管理者应会同各参展企业的有关人员必须不断对各种物流信息进行实时监控，并根据反馈信息及时调整物流过程中的具体行动措施。在构建现代化的会展物流体系时，要借助先进的科学技术，形成完备的信息网络，所以信息化要求较高也是会展物流体系的又一特点。据资料显示，1970 年日本大阪世博会时，在短短的 180 天会期里，参观人数达 6 400 多万，仅每天场内消耗的食品就有牛 18 头、猪 148 头、鸡 32 000 只、鸡蛋 32 万个，运送垃圾的卡车 300 辆。巨大的物流量为会展物流服务商提供了巨大的商机。

（三）会展物流与一般产品物流的区别

会展物流与一般产品物流的区别主要是在供应链的环节和组成上不同，同时，逆向物流的重点也不同，由于交易活动的不同，物流对象的归属权变化不同，其过程的可重复性也不同。

1. 供应链环节不同

一般的产品物流是使物品在物流系统中进行不间断的流动，往往包含原材料采购、生产制造、运输、包装、流通加工、配送等环节，最终到达目的地。而会展物流则是参展物品与其他辅助用品从参展商处至会展场馆，然后再返回至参展商或直接流向展品购买者处的物理运动过程，因此会展物流的重点在于参展物品的运输，而不涉及原材料的采购和产品的生产，一些现代物流所具有的分拣、配送等服务功能也基本淡化。因此与传统物流供应链比较，会展物流供应链较短。

2.供应链组成不同

一般的产品物流是在供应链中不断地向前传递的，从供应商、制造商、批发商、零售商最终到达消费者手中，供应链一旦形成就比较稳定。而在会展物流中，供应链关系仅存在于参展商与会展组织者和展馆之间，伴随着会展物流活动的结束，供应链的关系也基本解除。

3.逆向物流的重点不同

一般的产品物流，其逆向物流以产品的退回和废旧物品的回收为主要内容。相对于其正向物流而言，回流物品的数量较少。而在会展物流中，会展结束后，除了个别展品销售给参观者外，大多数展品将原样返回至参展商处。在这个返回的过程中，其消耗的费用、时间并不亚于一开始展品从参展商处运至展馆进行展出的过程。

4.物流对象归属权变化不同

一般的产品物流是伴随商流的产生而产生的。所谓商流，是一种买卖或者说是一种交易活动过程，通过商流活动发生商品所有权的转移。也就是说，一般的产品物流伴随着产品所有权的变化。而在会展物流中，作为物流对象的展品可能由展馆方暂为接受，但其所有权和使用权不发生变化，仍然归参展商所有。

5.过程的可重复性不同

在一般的产品物流中，一旦形成比较稳定的供应链，物流活动就在这个供应链上形成连续不断、周而复始的活动过程，其特点体现在连续性和重复性上。而在会展物流中，对于一次特定的会展而言，物流活动是独特的，不具有重复性。实践中再好的物流方案也仅能使用一次，以往的经验对未来只能是定性的、仅供参考的，因而组织方案始终要有创造性。

（四）会展物流操作流程

会展物流作为现代物流的一个分支，比一般运输、配送物流更具有专业性、服务性。会展物流服务商不但能够为客户设计科学合理的运输方案，而且可以代替客户完成参展样品的提货、运输、仓储、装卸、包装、搬运、布展、人员组织、调度、管理、设备的供给、保养、服务的监督、保险等一系列服务内容。一般而言，会展物流的操作流程主要包括以下三个环节。

1.组委会指定物流服务商

按照国际惯例，一般类型展览展销会议，都是由大会组委会指定物流服务商

(Exhibition Logistics Service，简称 ELS)。物流服务商根据组委会提供的信息与参展商联系，洽谈具体的物流服务需求。在这一阶段，参展商也可以与组委会进行沟通，自己选择物流服务商。

2. 物流方案的设计与完善

承担会展物流业务的物流服务商根据参展商的要求设计物流服务方案，包括了解展品的运输、保管、布展及回收等内容，如果是国际性会议，还需要涉及国际保险、报关等要求。在这一阶段中，物流服务商需要与参展商充分沟通，才能保证方案符合参展商的需要。

3. 物流方案的实施

根据主办方展会日程安排，物流服务商依据方案进行展品提货、运输、保管等物流作业，活动过程中要与组委会及时沟通。交付展品后，要由参展商进行确认，待展览结束后立即启动下一轮物流或展品回程运输。优秀的物流服务商，还可以为客户提供布展、展览管理、展品回收处理等增值服务。

一般而言，大会组委会指定的物流服务商大多是一些有会展物流经验、综合实力较强的大型物流企业，与这样的企业打交道参展企业不会有太多的后顾之忧。如果由企业自己联系物流服务商，最好是与正规企业联系；否则，将会展物流业务交予缺少经验的物流公司，难免会有一些意外状况发生，造成不必要的损失。会展物流主要业务流程如图 1-1 所示。

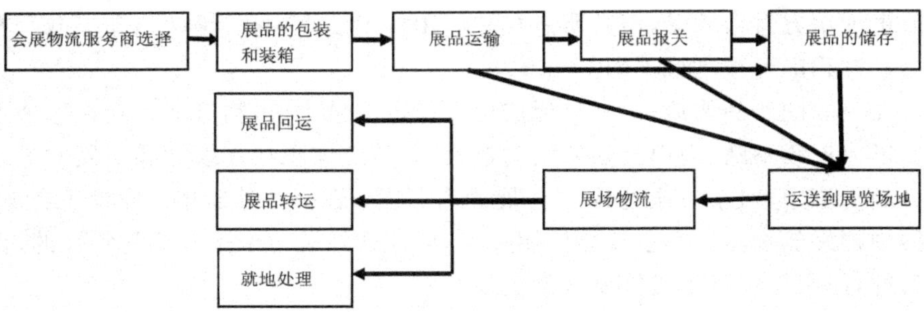

图 1-1 会展物流主要业务流程

第二节 会展物流的发展历程

从 1894 年德国莱比锡样品博览会到今天的国际性展览贸易活动，现代会展业已走过了一百多年的历程。自产生之日起，展览和会议就注定了与物流活动不可分割。展览活动的基本原理是通过展示来达到交换的目的，但在市场经济和国际贸易高度发达的今天，展览和会议早已超出了传统的物物交换或宣传展示的范畴，绝大多数参展商或与会者都把其作为展示产品、开拓市场和沟通信息的手段。这样的一种功能决定了会展和流通密不可分，当然也就和物流关系重大。根据产生时期、举办形式、活动目的、组织方式等的不同，展览活动的发展历史大致可分为三个阶段。

一、古代集市物流

（一）中国古代集市的发展

具有商业性质的集市最早出现在中国古代的奴隶社会，两千多年前《吕氏春秋·勿耕》便有“祝融作市”的记载。集市包括市、集、庙会等多种市场交换形式。

“市”指人们交换产品的场所，到西周时发展成为官府控制的市场。在此后的几百年里，市坊制曾一度流行，即市的设立或撤销由官府决定，市是商业区，坊是住宅区，市区不建住宅，坊区不设店铺。在宋朝，市的地域、时间限制都被打破，官府控制的市逐渐消亡，市进入了一个新的发展阶段，商业色彩也越来越浓。在这一阶段，“市”的物流主要是在固定的地点、固定的路线进行，这种物流是分散的、没有组织的，某种程度上有个人物流的性质。

“集”大约形成于公元前 11 世纪，它是随着社会分工的深入和经济交流的扩大而发展起来的：与市相比，“集”的地点比较固定，举行时间具有明显的周期性，参加者主要是农民和手工业者，且彼此之间的交易活动实质上是生产者之间的产品流通。这些特点已经构成了展览活动的雏形。“集”的发展使得物流也得到了相应的发展。由于“集”的时间和地点都相对固定，物流渐渐有了周期性的活动。同时，出现了专门从事物流工作的个人，如挑夫等。

“庙会”的产生源于宗教活动的开展，正如《妙香室丛话》中所记载：“京师隆福寺，每月九日，百货云集，谓之庙会。”比起乡村的集，庙会的内容更加丰富多彩，除了传统的产品交换外，还包括宗教仪式、文化娱乐等活动。由于庙会本身的宗教色彩，其物流活动与集市的物流活动还有所区别，比如有专门的组织进行物流活动，仪式和程序都是固定的，等等。

（二）欧洲古代集市的发展

欧洲古代集市的产生时间比中国稍晚，但它在发展过程中表现出明显的规模性和规范性；集市已具备了展览会的一些基本特征，如在固定地点、定期举行等；然而，集市只是松散的展览形式，规模一般较小，并具有浓厚的农业社会特征，还处于展览的初级阶段。欧洲古代的集市物流与中国相似，比较松散，一般由个人独立完成，没有相关的组织，同时，物流活动只是销售的辅助手段。

与中国集市相比，欧洲的集市虽然产生稍晚，但发展相对较为成熟。一方面，欧洲集市在规模上相对集中，举办周期较长，且功能相当齐全，包括零售、批发甚至国际贸易、文化娱乐等；另一方面，各国政府先后制定了有关集市管理的法规，对集市的时间和地点进行确定，使得集市的开办更加规范。随着会展的发展，物流也有了较大的进展。会展业的发展促进了当地物流业的萌芽。

二、近代会展物流活动

（一）欧洲近代会展物流活动的发展

18 世纪 60 年代工业革命的爆发，推动了欧洲经济的迅速发展，同时也引起了展览业的一系列变革。工业革命带来的影响使展览业从货物交易变为了样品交易。这就使得原本的国际展品物流变成了国际样品物流，将展览物流单独分割出来成为独立的物流形式。于是展贸会的功能开始有所调整，由于国家间的贸易自由化，使展贸会丧失了它的特权，并逐步有了一种“展览”功能，因此原本大量的贸易物流转化为少量的展品物流，但是这却从侧面拉动了国际贸易物流的发展。

1851 年，英国在伦敦举办了“万国工业大展览会”（The Great Exhibition of Industries of All Nations）。该展览会在海德公园的水晶宫举行，展出面积达到 10 万平方米，参展商有 1.7 万多家，其中约 50%来自国外，观众人数超过 600 万人次。这是第一个真正具有国际规模的展览会，其目的是通过展览活动促进国家间的贸易与合作，以实现全球资源和市场的共享。这次展览会便是后来世界博览会的前身，因而西方展览界把其看作是第一个世界博览会。世界博览会成为展览活动的一种高潮形式，伦敦、巴黎、维也纳、芝加哥、圣路易斯和圣佛兰西斯科等城市因为举行博览会，城市面貌大大改变。世界博览会对物流提出了新的要求，各国的国际物流能力和国内物流能力都得到了极大的提高，同时，办展当地的物流组织以及物流能力也得到了极大的锻炼。

（二）中国近代展览物流活动的发展

在近代，中国的社会经济发展明显落后于西方，反映在展览业上就是集市作为主导展览形式一直持续到 19 世纪末。中国的近代展览活动包括 20 世纪初举办的几次展览会和博览会，以及抗战时期的展览会。1905 年，清朝政府在北京设立了劝工陈列所，北洋军阀农商部下属的劝业委员会也于 1915 年设立了商品陈列所，两者的目的都是为了鼓励生产和展示国产商品。这些陈列所不仅有展示的功能，同时也兼具了相关的储存功能。1935 年 11 月至次年 3 月，中国艺术国际展览会在伦敦举行，这是中国第一次出国办展。本次展览会共展出展品 3 000余件，观众达 42 万人次，在英国甚至整个欧洲引起了巨大轰动。在这次展会上，国际物流的作用得到了重要的发挥。在博览会方面，中国近代史上曾举办过武汉劝业会（1909 年）、南洋劝业会（1910 年）、西湖博览会（1929 年）等几次具有一定规模的博览会，目的大都是为了促进工商业的发展。另外，抗战时期国共两党政府分别举办了一些展览活动，规模较大的如迁川工厂出品展览（1942年）、四川省物产竞赛展览会（1943年）、重庆工矿产品展览会（1944年）等。上述这些展览会对近代中国的经济发展起到了一定的推动作用，但是由于当时中国政治环境的动荡，直接导致了经济的缓慢发展，对物流活动的发展也起到了一定的抑制作用。

三、现代会展物流

现代贸易展览会和博览会的发展过程大致可分成两个阶段：第一阶段是两次世界大战期间综合性贸易展览会的发展；第二阶段是二战后专业展览会的出现与成长。第一次世界大战使许多国家陷入经济困境，同时也破坏了此前的国际自由贸易环境，各国不得不寻求新的途径来促进本国经济的发展，综合性贸易展览会和博览会应运而生；并且，新型的专业物流机构有了长足发展，各国都在利用本国的物流相关服务机构进行展览会的服务，但是由于这段时期各国举办了过多的展览活动，展出水平和实际效益普遍下降，物流成本急剧增加，展览业出现了混乱的局面。二战后，世界各国都着力进行经济建设和发展科技教育，劳动分工越来越细，产品更新速度明显加快，综合性的传统贸易展览会已难以全面、深入地反映工业水平和市场状况。在这种背景下，现代贸易展览会和博览会开始朝专业化方向发展，相应地，专业物流开始出现，这是当代特种物流的雏形，正是由于专业展会的出现，促进了特种物流的发展。

目前，世界会展业正朝着国际化、专业化、高科技化等方向发展，前景一片光明，随着会展业的发展，会展物流服务的重要性也得到了进一步的体现，随着会展活动对社会经济特殊作用的进一步体现，会展业和会展物流业必将受到越来越多国家和地区的重视。

第三节　会展物流现状

一、国内会展物流现状

2000年以来，我国的会展业日新月异地飞速发展。但是，在我国举办的各类会展上所采用的物流模式，仍然是传统的展品物流模式。各参展商各自寻找自己的物流服务商来完成展品从参展商处至展览场馆的运输、储存、保管、装卸等作业以及展览结束后的回运等工作。这种模式因单一的参展商展品物流量较少，难以形成规模效应，单位物流成本较高，参展商难以获得全面有效的服务，以致在会展过程中由于信息沟通受阻、协调困难而影响活动效率的情况时有发生。

目前，我国会展业的总收入约占国内生产总值的0.044%左右，而发达国家的这一比例为0.2%，所以会展业在我国的增长空间巨大。当前，国际展览巨头们把开拓亚洲市场作为一项重要的战略任务，其中中国市场更是他们力争拔得头筹的重点所在。而我国会展业所采用的传统会展物流模式的缺点逐渐显现，已成为制约会展业进一步发展的“瓶颈”，因此需要用现代的会展物流思想来管理，并用系统论的方法来统筹解决会展物流所涉及的问题。

（一）完善会展物流的配套设施

近几年，各地会展场馆的建设如火如荼，许多新场馆的规划中已充分考虑到物流因素。例如，会展场馆的出入口要避免与城市的交通干线交汇，以免会展期间增加交通压力从而影响城市的整体交通状况；地点要优先选择能够方便利用各种交通方式的位置，如临近机场、车站、地铁和高速公路等；在选址上把交通条件、环境条件和地形条件作为三大要素进行论证。

在会展场馆的设计上，要做到人车分流，避免人流与物流的太多交叉，形成单向（One-way）流动。应设有独立的卸货区，预留充分的展品传送周转区域，以方便布展；要设置足够容量的停车场，如著名的展览王国——德国的汉诺威展览中心就设有5万个车位的停车场；在展厅的设计上，也要从整体面积、层高、地面条件等细节问题上充分考虑到物流因素。

（二）会展物流模式的创新

现代会展物流模式是由主办方通过招投标方式产生的，选择一到两家专业物流公司作为整个会展活动的物流服务提供方。对于国际会展，必须选择能够承揽海关监管的展品运输业务的专业运输商组织物流活动，他们兼容了物流过程中必然涉及的各个领域的业务服务，使物流过程的社会分工转为统一企业集团内部的分工，大大减少矛盾冲突，增强协调性，利于实现会展物流体系的整体优化。由他们来科学地设计交通路线，有机地组合货物列车、汽车、船舶、飞机及其他用于物流的运输工具，形成多元化的会展物流手段，发挥立体物流方式的合力效应。

（三）增强会展物流业务的运作能力

物流公司在组织会展物流业务时，要结合会展业的运作特点，把展会当作复杂的系统工程对待，从组展到展品运输、再到展台搭建、直到展览本身及后续工作，要环环相扣，任何一环脱节，展会便无法顺利进行。因此可以说，在有限的会展期间是全方位考验物流公司运作能力的时期，物流公司要充分调动各方面的积极因素，主动地做好会展物流服务工作，保证会展顺利有效地进行。

二、会展物流的组织

会展物流的核心部分是展品运输，而展品运输是一项复杂而艰巨的工作。

整个会展物流过程不仅涉及会展服务商的选择，展前的包装、搬运及运输调研工作，而且涉及运输过程中的展品保管、报关以及到达展会举办地后的展品接收和储存等活动。

（一）会展物流的组织模式

在现实会展活动过程的组织中，展品的运输组织模式主要有以下四种模式：第一种，参展商借助自己的物流网络，自行负责展品运输；第二种，参展商自选物流服务商进行展品运输；第三种，使用展览主办方指定的会展物流服务商；第四种，采用邮寄或快递的方式。

1. 参展商自行负责展品运输

一些实力较强的参展商往往都拥有自己的物流网络，为降低搜寻与协商成本，这些参展商往往自己负责参展过程中的展品运输。这种模式的好处是，降低交易成本，有效控制与管理展品运输，确保展品以最低的成本和最高的安全系数准时到达指定的地点。不利因素在于，如果参展商的物流公司或部门没有实际展运经验，难免在运输过程中会因大意或与会展主办方沟通不及时等原因产生各类问题，甚至不能顺利参展。

2. 参展商自选物流服务商进行展品运输

在供应链管理流行的今天，很多参展商在生产经营活动中都与许多优秀的物流公司建立了良好的合作伙伴关系。因此，对于拥有丰富物流合作伙伴资源的参展商来说，更愿意选择信誉好、具有丰富运展经验的会展物流服务商（ELS），负责本企业展品的全程物流活动。

3. 使用展览主办方指定的会展物流服务商

在会展业中，使用展览主办方指定的会展物流服务商是目前会展活动中最普遍的一种模式。由于许多展会在正式开始之前，并没有足够大的空间来接收和存放展品，而且常常是一个展会接一个展会，因此，展馆方一般会选定一家物流服务商，或者要求主办方指定物流服务商负责展前展品的集货与存放。

由于展馆方或主办方指定的会展物流服务商一般都具有丰富的经验，知名度较高，能够提供准时优质的物流服务，能够全权代理展会的国内、国际展品物流服务的物流企业，他们在会展中心以外的地方拥有足够的存储场地，收费相对低廉，可以进行大型物品的存储作业，且其运力充足，可以在布展所需的一两天内，将所有的展品及相关材料运到会展现场。同时，会展物流服务商还对展品的安全负全责。

从目前实际运作来看，此种模式可细分为两种情况。

第一种是参展商选择主办方指定的会展物流服务商，将所有有关展品的物流活动全部交由该物流服务商负责。此种模式运作流程如图 1-2 所示。

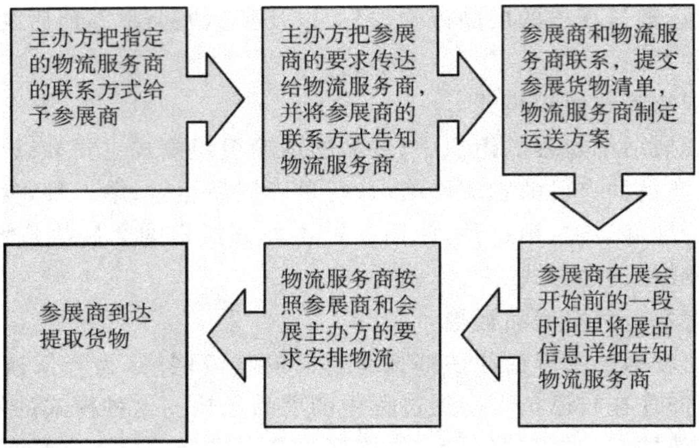

图 1-2　参展商选择主办方指定的会展物流服务商模式

第二种是会展物流服务商主要负责展品在会展举办地区或城市的集货和存储，按指定的时间将展品运送到会展场地。由于展品运输程序复杂，尤其对于国际展品运输，涉及多种运输方式联运、检验检疫、海关报关等复杂的工作，而且不同的物流作业存在很大的差异，因此目前展览馆方指定的专业会展物流服务商主要是代理展品到达举办地后的物流活动。

会展物流服务商提供的物流服务项目(除了展品全程运输和国际展品手续外)一般包括：

——车站、货场、机场提货；

——物流仓库装卸、集结、仓储；

——市内运输；

——会展中从卸货区搬运展品至展位；

——供装卸、搬运的机械和人工；

——展品开箱就位及包装；

——包装材料保管；

——代办展品保管；

——代办展品保险等。

4. 邮寄或快递

对于重量较轻、数量较少的展品，参展商主要采取邮寄或使用快递，甚至自行携带的方式。对于邮寄和快递件在到达展会举办地后，主要由会展主办方指定的物流服务商或会展主办方承办机构的物流服务部门负责收货与保管。

(二)会展物流服务商的业务范畴与类型

会展物流服务商所要做的工作可以归纳为保证参展商的展品在物流过程中的安全、及时送达展位、展品回运等项工作。由于大型展会的筹备一般要1～2年时间,在筹备期间内,一家ELS同时服务的参展商一般不止一家。而会展主办方在同期举办的展会中因比较与成本原因,也可能会同时选择几家会展物流服务商。

1.会展物流服务商的业务范围

目前,会展物流服务商主要的业务范围包括以下五项。

第一,展品在参展商所在地装车前的包装。这项业务主要是保护展品在运输途中的安全,包装所考虑的因素主要有展品特性、运输工具和路程长短等。

第二,展品从参展商到展会所在地之前的报关、检验等。这项业务主要是针对国际会展中的展品运输而言,海关对展品进出、报关、商检及动植物检疫都有特殊要求。

第三,展品从参展商所在地到展馆的运输。对于短距离运输,主要是根据成本和运输路径选择一种合理的运输工具进行运输,一般使用火车与汽车。而对国际性展览,由于路程较远,展品运输往往采用多式联运。例如,某一德国参展商到上海参展,其展品运输需要采用多式联运:德国不来梅(集卡)一汉堡港一(海运)一上海港一(铁路或集卡)一上海新国际会展中心。

第四,展品到达展会举办地后的短途运输与搬运。展品从展馆外道展位的装卸、搬运都不是非常简单的作业,会展物流服务商必须熟悉现场施工和拆除期间能随时使用合适的设备和有经验的搬运工。会展物流服务商有责任事先预计到非常规、大尺寸的物品的运输、装卸问题,并准备好相应的特种设备。

第五,会展结束后展品的回运、转运。展品回运和转运有些是在展出前就计划好的,展品的回运也大致遵循展品进馆的流程。如果在展出过程中参展商签订了售货合同,那么展品运输代理还要负责将展品运输到买家指定的地点。

2.会展物流服务商的业务类型

会展服务商的主要业务类型是按照参展商的类型划分的,主要分为本地会展业务、国内异地会展业务、巡回展物流业务和出国展物流业务。

第一,本地会展物流业务。本地会展物流业务是指参展商在其所在城市参加会展产生的物流业务。参展商出于对成本的考虑,一般是雇佣当地物流公司进行展品运输,而不用展会指定的会展物流服务商。这种方式虽然省钱(但展馆方一般会先满足指定会展物流服务商的要求安排其先入场),由于等待时间长,运输费节省是非常有限的。

第二,国内异地会展业务。国内异地会展业务是指参展商参加国内其他省市的会展而产生的物流业务。国内异地会展物流业务要涉及国内长途运输，包括铁路货运、公路货运、航空货运及多式联运。

第三，巡回展物流业务。巡回展是一种特殊的展览、能否按时保质地将展品运到指定地点是最为关键的问题。对于会展物流服务商来说，更强调速度和安全。

第四，出国展物流业务。出国展物流业务是出国参展商参加国外展览而产生的物流业务。出国展物流业务是手续最繁多的一类，涉及很多部门，既要通过海关、准备报关手续，又要进行相关的动植物检疫；而且不同的展品情况也各不相同。由于环节多、周期长，在时间的把握上更为困难，展会主办方或参展商一般将这部分业务交由国际展览运输协会指定的会展物流服务商承运。由国际展览运输协会指定的会展物流服务商有丰富的经验和多种运输方式，一般都可以按时保质地运到。

复习思考题

1. 什么是会展物流，会展物流的特点有哪些？
2. 会展物流与一般物流活动的区别有哪些？
3. 会展物流的发展历程如何？
4. 会展物流的组织模式包括哪些？

第二章

会展常识

学习目的

会展涉及经济、文化、科技等各个领域，集商品展示、商贸交易和经济技术合作为一体，兼具信息咨询、投资融资、商务服务等配套功能。了解会展的基本知识和与物流相关的基本工作，准确把握会展各阶段工作与物流的关系，是学生掌握会展物流服务流程，将物流基本理论和方法应用于会展实践的基础。

主要内容

- 会展的概念
- 会展的分类
- 会展的功能
- 会展业的作用
- 中国会展业的历史
- 从时间维度展示会展工作
- 从特性看会展工作
- 会展物流与传统企业物流的对照
- 会展物流的特征

第一节　会展基本知识

近年来，会展业在我国的发展势头极其迅猛。2008 年奥运会的召开、2010 年世博会的召开，促使中国会展业更趋成熟和蓬勃发展。世界经济一体化使我国企业迈出国门走向世界成为历史的必然，会展为参展企业提供了以最小成本，达到产品推广、产品调研、客户洽谈等多目的的交流平台，并以这样的特性吸引了诸多中小企业的眼球。会展越来越成为中小企业"走出去"的主要平台和国家间经济贸易促进的主要形式。

一、会展的概念

(一)会展的定义

会展的定义有很多,狭义的会展仅包括会议(Meeting)和展览会(Exposition),是指会议、展览、大型活动等集体性活动的简称,是指在一定地域空间,许多人聚集在一起形成的、定期或不定期、制度或非制度的传递和交流信息的群众性社会活动。

广义的会展是会议、展览会、节事活动和奖励旅游的统称,即 MICE(Meetings 公司业务会议、Incentive Tour 奖励旅游、Conventions 协会或社团组织的会议、Exhibitions & Events 展览活动),包括各种类型的博览会、展览展销活动、大型会议、体育竞技运动、文化活动、节庆活动等。广义的会展内容包括三个部分:一是会展展销活动,诸如各种展会、博览会、交易会等;二是各种类型的国内、国际会议;三是大型体育活动、文化活动、大型节庆活动、民俗风情活动等大型活动。

会议、展览会、博览会、交易会、展销会、展示会等是会展活动的基本形式,世界博览会为最典型的会展活动。

(二)会展的类型

1. 会议

会议是人们为了解决某个共同的问题或出于不同的目的聚集在一起进行讨论、交流的活动。当今,会议已成为人们经济政治生活中主要的沟通形式。在国际经济迅猛发展的年代,每天都在举行内容迥异的各种会议,全世界每年召开的有一定规模和影响力的会议就达数十万个。如各类公司会议、协会会议、商务型会议、文化交流型会议、专业学术会议、论坛型会议、研讨型会议、政治型会议等。

2. 展览

展览,从字面上分析,可直接理解为有"展"有"览"的活动,即把产品陈列出来让人参观。展览是一种具有一定规模和相对固定日期,以展示组织形象和产品为主要形式,以促成参展商和参观者之间交流洽谈的一种活动。

这里要注意区别一下展览会、展销会、博览会。展销会主要指市场交换场所,具有直接进行商品交换的特性,而展览会侧重于商品展示,博览会是弥补展销会和展览之间差异的纽带。博览会一般由政府部门组织或是企业团体在政府帮助下组织,其目的是商贸促销,制造商、贸易商、零售商和批发商应邀来展示商品。博览会上通常不进行直接的商品买卖,参展目的是为了促进将来的销售。在会展业中,展销会、展览会和博览会三个术语经常交叉使用,在北美和欧洲,展览会和博览会两个术语的使用频率较高。

3. 节事

节事,顾名思义是节庆活动和特殊事件活动的总称。它包括了各种传统节日和新时期的创新节日以及具有纪念性的事件。目前,节事研究的典范之作——Getz 的 *Festival, Special Event and Tourism* 中,把经过策划的事件分为八种类型:文化节庆(包括节日、狂欢节、宗教事件、历史纪念活动)、文艺娱乐事件(音乐会、文艺展览、授奖仪式)、商贸及会展(展览会、博览会、会议、广告促销)、体育赛事(职业比赛、业余比赛)、教育科学事件(研讨班、专题学术会、学术讨论会、教课发布会)、休闲事件(游戏和趣味体育、娱乐事件)、政治/政府事件(就职典礼、授职仪式、群众集会)、私人事件(周年纪念、家庭事件、社交事件)。

节事一般都有特定的主题,譬如风情特产、文化、宗教、民俗、体育、政治以及自然景观等。由于节事是群众性的休闲娱乐活动,大众的参与性很强;所以,目前节事活动呈现一片热闹景象。目前节事也被许多城市列为发展自身经济和提高城市形象的突破口,比如潍坊风筝节、洛阳牡丹花会、青岛啤酒节等。

4. 奖励旅游

奖励旅游管理协会(SITE)对奖励旅游(Incentive)的定义是:"奖励旅游是一种向完成了显著目标的参与者提供旅游作为奖励,从而达到激励目的的一种现代管理工手段。"

从奖励旅游的定义我们可以看出,奖励旅游的对象(如员工、经销商、代理商)必须能够达成甚至超越企业个别或者总体业绩;奖励旅游的形式通常是由企业提供一定的经费规划假期,委托专业旅游公司精心设计的非比寻常的旅游活动;而奖励旅游的目的是犒劳创造运营佳绩的有功人员,并藉此增强参与者对企业的向心力。

作为一种有效的管理手段,奖励旅游在国外早已风行一时。奖励旅游作为企业普遍的奖励方式,已经使越来越多的出色员工得到了满意补偿。

奖励旅游中的团体娱乐活动,有助于企业文化建设,给员工和管理者创造一个比较特别的接触机会,同事们可以在比较放松的情景中做一种朋友式的交流,从而增强企业的亲和力和凝聚力。奖励旅游以其综合效益高、客人档次高,引起各大旅游公司的注意。

二、会展业的定义

我国各种类型的会展经过十几年的发展,现已基本完成了从零星到规模、从局部到全局、从单一到系列、从影响经济到影响社会、从一类活动到产业的质变过程。在这个变化过程中,会展的规模和形式都有了较大的改变,世界性的大型国际会议、体育运动会、文化活动、展览会、交易会等越来越多,对人类经济、文化、旅游活动的影响越来越大，由此形成了会展业(Convention & Exhibition Industry)。

会展业，是指现代城市以必要的会展企业和会展场馆为核心，以完善的基础设施和配套服务为支撑，通过举办各种形式的会议或展览活动，吸引大批与会人员、参展商、贸易商及一般公众前来进行经贸洽谈、文化交流或旅游观光，以此带动城市相关产业发展的一种综合性产业。

会展业是一项综合性的产业，它能给会展活动的举办地带来可观的直接经济效益和巨大的间接经济效益。会展业属于服务贸易中的职业服务范畴，是一个综合性和关联性很强的产业。其主要提供的产品有：①策划和举办各种规模、各种性质、各种目的和各种层次的国际和国内会议；②策划和举办各种规模、各种性质、各种内容和各种形式的国际和国内的展销会、展览会、交易会和博览会；③策划和安排各种规模、各种目的和各种层次的奖励会议和奖励旅游活动；④策划和举办各种规模、各种性质、各种目的和各种内容的节事活动；⑤提供上述各项会议、展览、奖励旅游和节事活动所需要的各种场馆和设施及其配套的内在服务；⑥安排和提供上述会议、展览、奖励旅游和节事活动的参与者所需要的并能令其满意的住宿、餐饮、交通、游览、娱乐、购物等各种生活接待服务。

与旅游业一样，会展业不像传统产业那样容易被界定，但这恰恰说明了会展业的综合性特点，而不能改变其客观存在的产业本质。国内提出会展业的概念，主要是出于会议与展览活动的高度融合、都伴随着人员的大规模流动和消费、与当地社会经济的拉动机制极为相似等原因。这个定义是以需求为导向的，换句话说，会展产业的界定标准是其服务对象——与会者、参展商和专业观众，而不是提供相同业务或产品的企业。

会展业是第三产业发展成熟后出现的一种新型经济形态。中国加入 WTO 后，服务贸易领域对外开放速度加快，国外的资金、管理、技术和人才将更多地进入会展业，开办会展专业公司，或者投资建设现代化展览场馆和展览设施，为我国会展业的腾飞创造了十分有利的条件。中国会展业经过十多年的快速发展，逐步走向成熟，并初步形成中国展览业专业化、市场化、规范化、信息化、国际化的格局。

本世纪以来，会展业在我国的发展势头迅猛，每年以 20%的速度增长。目前，我国可供展览的总面积达 260 万平方米，超过德国的 240 万平方米，仅次于美国的 615 万平方米，居世界第二。我国已有 46 种展览会加入了国际展览业协会(UFI)。据不完全统计，我国现有主营展览公司 3 500 多家，每年举办展会近 4 000 个，约占全球展览会总量的 10%。随着 2008 年奥运会在北京召开、2010 年世界博览会在上海举行，我国在国际会展业的地位得到了极大的提升。可以说，中国已经成为亚洲乃至世界重要的会展大国。

三、会展的分类

随着社会分工的深入和会展市场的细分，会展的类型和举办形式也在不断分化和演变，分类的形式业多种多样。会展的分类应该考虑两个方面：一是会展的内容，即会展的本质特征，包括会展的内容、性质、所属行业等；二是会展的形式，即会展的属性，包括会展的规模、时间、场地等。按照上述两个方面，我们可以把会展划分成以下基本类别。

1.根据会展内容的不同，可分为：综合会展和专业会展。

综合会展涉及多个行业，又称水平型会展或横向型会展，一般既展出工业品，也展出消费品；既吸引工商界人士，也吸引消费者。如东京国际贸易博览会、巴黎展览会、上海世界贸易博览会、杭州西湖博览会等。这类展会规模一般都相当大，往往按行业划分展区，并视规模设国际展厅供外国展出者使用。大型会展能比较全面地反映经济或工业的发展状况及实力，这对政府引导经济发展，工商企业了解并跟上发展形势有较大帮助。大型的综合会展在经济发展阶段是必要的。此外，大型综合会展有良好的会展经济效益和地方经济效益，因此，地方政府、会展主办方、展馆方都希望举办大型综合会展。大型综合会展还适合跨行业的产品展出。

专业会展具有鲜明的主题，又称垂直型会展或纵向型会展，主要展出某一行业或同类型的产品，比如汽车展、家具展等。专业会展的突出特征是常常同时举办讨论会、报告会，用以介绍新产品、新技术等。一般来说，专业会展的规模小于大型综合会展的规模。专业会展有较好的经济效益，鉴于此，一些国家一年举办两届综合会展，一届是工业品会展，一届是消费品会展；还有一些国家将一个综合会展分割成许多专业会展，仍在同一时间、同一地点举办。在发达国家，大型综合会展已基本让位于专业会展。

2.根据会展性质的不同，可分为：贸易会展和消费会展。

贸易会展是会展中的主要部分，是为工业、制造业和商业等产业举办的展览，主体是商人。贸易会展的展期多为3～5天，举办日期、地点相对稳定，有规律，由一个或数个行业参与。展览的目的很多，包括进行市场调研、开拓销售渠道、树立公司和产品形象、提高销售额、交流信息等，但最终目的都是洽谈贸易。它是一种以实物展示为主，促进参展企业与贸易观众直接交流的贸易形势。

贸易会展一般会限制展出者的行业，不对口的公司一般不允许参加展出。参展方可以是行业内的制造商、贸易商、批发商、经销商、代理商以及咨询等有关服务公司。参观者主要是对口的贸易公司人员，大都是经过挑选并通过特殊途径（直接发邀请函或者在专业刊物上刊登广告）邀请而来的“目标观众”，普通公众一般被排除在外。这类会展重视观众质量，通常禁止直接销售。

贸易会展的优势是观众对口、推销成本低、宣传影响大、接近市场等。贸易会展的成功需要有明确的举办目的、有效的计划和科学的管理。从贸易的角度来看，这类会展最重要。

综合会展和专业会展一般都属于贸易展览会。广交会已经成为中国目前规模最大、商品类最齐全、层次最高的综合性国际贸易盛会。

消费会展展出的基本上都是消费品，主要对公众开放，目的主要是直接消费。这类展会多具有地方性质，通过大众媒介，如电视、电台、新闻报刊吸引观众。参展企业主要是经营消费品的公司，为了在会展期间树立企业形象、扩大产品影响和直接销售产品等。这类会展适合已经建立销售渠道、产品已投入市场或即将投入市场，或能从会展直接销售中获利的企业，对提高产品的知名度有较好的效果。有些工厂也参加消费者展览会，主要目的是直接了解市场反应、直接听取消费者意见，以便改进产品，设计、生产适销对路的产品。消费展览会的展期比贸易展览会长，一般是10～15天，在中国常被称为"展销会"。

需要说明的是，会展的贸易或消费性质主要通过观众，即消费者或贸易商来反映，而不是以产品，即工业品或消费品来划分。比如服装展，若目标是商人，包括批发商、零售商等，则会展是贸易性质的；若目标观众是消费者，则会展是消费性质的。

3. 按照会展规模的不同，可分为国际会展、国家会展、地方会展和独家会展四类。这里的规模是指展出者和参观者所代表的区域规模，而不是展览场地的规模。

从理论上讲，有两个以上的国家参加的展览会都可以称作"国际会展"。但是在贸易会展中采取国际贸易博览会联盟规定的标准，满足下列标准之一就可称作"国际会展"：①20％以上的展出者来自国外；②20％以上的观众来自国外；③20％以上的广告宣传费用使用在国外。有些会展制定了更高的标准，由于科学技术的发展，通信、交通变得更加便利，使国际贸易的机会大大增加。

国际会展的参展商和观众来自多个国家，在会展业比较发达的国家，著名品牌会展的国外参展商所占比例一般都在40％以上，如汉诺威工业博览会、汉诺威信息技术展览会、中国出口商品交易会、上海世界贸易博览会等。

与其他方式比较，国际会展被普遍认为是开拓国外市场最有效、成本收益最佳的方式。据调查，在全球市场上，一些世界级大公司将50％的营销预算用于展览。国际会展适合于公司进行市场调查、建立销售渠道等。需要注意，参加国际会展需要更详细的调查研究，需要较长的筹备时间，需要更多的会展专业知识。

4. 按照会展时间的不同，可分为定期会展和不定期会展。

会展时间的划分标准比较多，定期会展有一年四次的、一年两次、一年一次、两年一次等。不定期会展要根据需要和条件举办，一般分为长期会展和短期会展，长期展可以是三个月、半年，甚至常设，短期会展一般不超过一个月。

在发达国家，专业贸易会展的展期一般是 3 天。在英国，一年一次的会展占展会总数的 3/4。展会日期由于受财务预算、订货以及节假日的影响，有旺季、淡季之分。根据英国展览业协会调查，每年 3～6 月及 9～10 月是举办展览会的旺季；12 月至次年 1 月及 7～8 月为举办展览会的淡季。

5. 根据会展功能的不同，可分为教育性会展和中介性会展。

教育性会展主要包括先进人物事迹展、欣赏性书画展、经济建设成就展等。教育性会展一般属于非营利性展览，大都由政府或政府有关部门、社会民间组织等单位主办，会展的经费主要是政府拨款。会展主办方通过会展，弘扬某种道德精神，宣扬方针政策及制度的优越性，普及科学或历史知识，提高人们的欣赏水平等。

中介性会展一般为商业性会展，目的是可以转让有型商品或无型商品。会展主办方想通过会展搭建一个平台，共参展企业和顾客（供应商或者采购商）彼此见面，洽谈贸易。

6. 根据会展的方式不同，可以将会展分为实物会展和网上会展两大类。

随着信息技术的飞速发展，网上会展成为可能，网上会展目前是国内不少实物会展的有效补充，也是会展业发展的一个必然趋势。

7. 根据展览场地可以分为室内场馆和室外场馆。

室内场馆多用于展示常规展品，如纺织展、电子展等；室外场馆多用于展示超大超重展品，如航空展、矿山设备展等。

还有比较特殊的展览类型是流动展，即利用飞机、轮船、火车、汽车作为展场的展览会。在几个地方轮流举办的展览会被称作巡回展。

四、会展的功能

会展具有强大的经济功能，包括联系和交易功能、整合营销功能、调节供需功能、技术扩散功能、产业联动功能、促进经济一体化等。

（一）联系和交易功能

会展孕育巨大商机，具有联系和交易功能。会展的联系沟通作用非常明显，联系量大、联系面广、联系效果好，因此会展可以向会展组织者、参展商、观众提供彼此联系和交流的机会。通常在短短几天有限的会展期间，参展商往往可以接触整个行业或市场的大部分客户，可能比登门拜访等其他常规方式一年甚至几年所接触的客户还多。展会参加者在专业展会上可以接触到行业主管部门领导、本领域专家、现有客户、潜在客户、供应者、代理商、用户等与己相关的各种角色的人，其中不乏决策人物、关键人物，形成的人际联系质量高。会展的环境氛围典雅，有利于进行高质量的交流。

贸易成交一般有若干环节：生产厂家向客户宣传产品，客户产生兴趣并进行询问了解，客户产生购买意向，厂家与客户洽谈，讨价还价成交。通常这个过程有时可能比较长，但在展览会上，这一过程可以比较迅速完成。在会展中，丰富的信息、知识交流传播使得生产、贸易、生活趋于更轻松、直接、快捷、准确，消除了供求中的许多不确定因素，产生高效低耗的经济功能，创造了经济均衡的巨大可能性。在展销会上，参展商为卖而参展，参观者为买而参观，均有备而来。参展商可以在有限的时间内最广泛地接触买主，观众、购买商可以在有限的空间里最广泛地了解产品，参展商可以于潜在客户表示出兴趣时就抓住机会开展推销、洽谈工作，直至成交甚至当场回款，买卖双方可以完成介绍产品、了解产品、交流信息、建立联系、签约成交等买卖流通过程，展会起到沟通和交易作用。

国际展览会与博览会是经济全球化的产物，大大促进国际间的交流与交易。在中世纪时代，作为展览会前身的贸易集市就定期或不定期地在人口集中、商业较为发达的欧洲城市举行。到 15 世纪末 16 世纪初，由于“地理大发现”的进展，世界各大洲的经济文化交流密切起来，形成连接大西洋、太平洋、印度洋的国际市场，国际展览业形成萌芽。

17 世纪英国工业革命和后来的比利时、德国、法国、美国的产业革命，推动世界科技迅猛发展，特别是通信和运输工具的使用，在伦敦、法兰克福、巴黎等城市，贸易集市发展成为较大规模的国际展览会或博览会。1851 年在伦敦首次举行了世界博览会，标志着旧贸易集市向标准的国际展览会与博览会过渡。1895 年莱比锡第一届国际样品博览会，满足了当时资本主义生产方式和市场交易的需要。

国际展览业形成对经济全球化的强大推动力。19 世纪末至第一次世界大战前，展览会与博览会成为发达国家争夺世界市场的场所，为世界经济复苏注入勃勃生机。第二次世界大战结束不久，一批因战争停办的展览会和博览会重焕生机，例如世界著名的“米兰博览会”、“莱比锡博览会”、“巴黎博览会”，后被誉为连接各国贸易的三大桥梁。值得一提的是“莱比锡博览会”在冷战期间为沟通东西方贸易联系所起到的重要作用：前民主德国每年与西方国家达成的贸易额中，有三分之一是在莱比锡博览会上达成的。此外，原东欧社会主义国家特邀西方国家商人到“莱比锡博览会”洽谈业务，签订合同，因此“莱比锡博览会”被誉为“通往东欧国际贸易市场的门槛”。

通过商品或科技成果的会展，使供需双方充分了解对方的信息和需求，再加上可以通过实物观看，迅速促成供需双方达成商务合同，因此会展市场孕育了无限的商机。在新加坡举行的“2004年亚洲航空展”，单是公布的部分交易额就达到了35.2亿美元。

（二）整合营销功能

会展作为企业之间的一个有效的营销平台，为企业展示产品、收集信息、洽谈贸易、交流技术、拓展市场提供了桥梁和纽带作用，会展在企业市场营销战略中的地位日显重要。在发达国家，会展营销已经成为很多企业的重要营销手段。

同时，会展经济也是一种竞争的经济，众多的供给者和需求者聚集在一起，供给信息和需求信息直接交流，信息被充分披露，是一个近似于完全竞争的市场，市场价值规律可以发挥最大的作用，产品的销售价格趋近生产成本，消费者可以购买到价廉物美的产品。

整合营销理论认为，在营销可控因素中，价格、渠道等营销变数可以被竞争者仿效或超越，而产品和品牌的价值难以替代，因它们与消费者的认可程度有关。整合营销的关键在于进行双向沟通，建立一对一的长久的关系营销，提高顾客对品牌的忠诚度。会展具有整合营销功能，可以利用多维营销的组合手段，如会展的报刊、电视、广播、因特网、户外广告、实地展示、洽谈沟通等各种营销方式，这种整合营销功能有利于企业与顾客的交流，增强消费者对企业产品与品牌的认同度，促进企业销售工作。

在展会上，生产商、批发商和分销商汇聚一堂，进行交流、贸易，某种程度上甚至就是一个信息市场。企业可以利用各种信息渠道宣传自己的产品，推介自己的品牌、形象。企业与顾客可以直接沟通，得到及时反馈。企业可以收集有关竞争者、新老顾客的信息，企业能了解本行业最新产品动态和行业发展趋势，构成决策依据。

会展具备了其他营销工具的相关属性：作为广告工具，会展媒介将信息针对性地传送给特定用户观众；作为促销工具，会展刺激公众的消费和购买欲望；作为直销的一种形式，可以直接将展品销给观众；作为公共关系，会展具有提升形象的功能。

会展营销成本低。据英联邦展览业联合会调查，通过推销员推销、广告、公关等手段的一般营销渠道找到一个客户，平均成本219英镑；通过会展寻找一个客户，平均成本35英镑，仅为前者的约1/6。

2004年7月沈阳“第二届华商企业科技创新合作交流会”上，共有19位副部级以上领导、400位海外客商莅会，东三省约有近千家企业在主会场和分会场与华商和华侨华人进行了项目对接和洽谈。本届“华交会”使海外侨胞对东北地区的资源优势和合作潜力有了进一步了解，45个最具代表性的项目在辽宁国际会馆现场签约，黑龙江、吉林、辽宁三省吸引32.41亿美元的投资总额，东三省成功营销东北老工业基地的经济资源和区域形象。

（三）调节供需功能

展览会可以视为信息市场，信息得以交换，企业参展产品的信息实为市场信息，是市场经济的重要资源。

信息市场是经济运行循环过程的轴心，会展信息市场反映信息交换中供求之间的各种经济关系，它连接市场信息供应方、市场信息用户、市场信息资源应用等重要生产力要素，促进各类市场资源得以优化配置，有效地刺激需求，调节供给。

1. 刺激需求

会展提供新产品示范的平台，通过参展的产品或科技成果的展示，广大消费者可以发现以前未曾有过的消费品和相关信息，可以促进消费结构的优化和重组，提高自己的消费水平。因此会展可以培养新的消费需求，更好地满足消费者的需要。

北京每年一届的“中国国际科技产业博览会”是国内外高新产品的“比武台”，中外高科技最新成果异彩纷呈，叫人目不暇接，吸引市民进行现代消费。2004年5月第七届北京科博会上，国内高科技企业排头兵，不甘落在境外高科技企业之后，海尔、首钢、联想、四通等国内著名企业纷纷在展会上强势推出最新“看家杀手锏”。“863”项目成果“电动客车”每充电半小时就可以行驶150～200公里，最高时速能达到90公里；集机、电、液为一体的全断面隧道挖掘机，堪称现代“土行孙”；新款个性化手机、数码相机令观众爱不释手；数码门锁、机器人吸尘器、智能化冰箱也十分抢眼，深得观众青睐。这些新产品一经展会亮相，经媒体报道，为全国众多顾客消费群所了解，刺激中国社会产生新的产品需求。

2. 调节供给

会展活动能为产品供给者提供展示产品性能的机会，比较不同产品的性能、价格等方面的差异，测算市场供给方面的竞争态势，为企业的市场供给决策提供依据，从而促进有效供给增长。

会展活动能增加不同地域、不同文化背景、不同传统习俗的人们之间的互相交流与了解，消除沟通障碍，扩大共识，为产品的跨区域、跨文化、跨民族、跨环节的流通创造条件，有利于供给实现和供给创造。

五、会展业的作用

会展业是一个新兴的服务行业，影响面广，关联度高。会展经济逐步发展成为新的增长点，而且会展业是发展潜力大的行业之一。在新时期，必须大力发展会展业，全面提升会展经济。会展业素有“城市面包”和“经济的晴雨表”之称。

美国一位市长曾说：如果在一座城市举办会展，就好比有一架飞机在该城市的上空撒美元！由此可见，会展为城市经济发展所带来的好处及推动作用。

1. 获得优质资源，带来社会效益

中国加入WTO以来，会展业发展十分迅速，年增长速度为20%。北京展览馆、北京国际会展中心等场所每周都有各种类型的会展，而会展物流是为会议、展览、展销、体育及其他各类活动提供物流服务的行业，会展物流被推到新的经济增长点的位置。会展物流的发展与会展经济本身的发展需求相连。由于会展活动的不可重复性，因此会展物流要求企业有准确的实施方案。会展物流是一种高端物流形式，其利润达30%～40%，而一般的物流业只有10%左右的利润空间。

举办会议展览可以繁荣地区经济，这是大家有目共睹的事实，也是很多地区争相举办会议展览的最主要的因素。城市与城市之间的竞争，国家与国家之间的竞争，从地方的会议展览，如人才招聘会，到国际上的会议展览，如世博会，这些竞争所追逐的就是隐藏在会议展览背后的巨额利润和经济的空前繁荣。

发展会展业意味着各行业可以在扩大的开放潮中，在产品、技术、生产、营销等诸方面获取比较优势，从而大大减少国内资源的机会成本，有助于增强综合竞争力。而会展对于当地经济最本质的意义，就在于更大范围地开放、更实际地比较、更精确地选择、更有效地配置，进而达到质量的增长，以增强经济安全系数。

会展业汇聚巨大的信息流、技术流、商品流和人才流，意味着各行业在开放潮中，在产品、技术、生产、营销等诸方面获取比较优势，优化配置资源，增强综合竞争力。会展业发展可以不断创造出"神话"，"博鳌效应"就是其中一个最典型的范例，穷乡僻壤的博鳌建成国际会议中心后，以其良好的生态、人文、治安环境，吸引了众多海内外会议组织者、参会者、旅游者等。

2. 促进经济发展，产生互动共赢效应

由于会展集商品展示、交易和经济技术合作等功能为一体，并具备信息咨询、投资融资和商务服务等配套功能，在贸易往来、技术交流、信息沟通、经济合作等方面发挥着日益重要的作用。会展业不仅能带来场租费、搭建费等直接收入，而且还能拉动或间接带动数十个行业的发展，直接创造商业购物、餐饮、住宿、娱乐、交通、通信、广告、旅游、印刷、房地产等相关收入；不仅能集聚人气，而且能促进各大产业的发展，对一个城市或地区经济发展和社会进步产生重大影响和催化作用。

据专家测算，会展业本身的利润率在20%～50%。国际会展产业带动系数大约为1∶9，即会议展览场馆的收入如果是1，相关的社会收入为9，可以带动服务、物流、旅游、餐饮等相关产业的发展。

会展经济有助于中心城市增强面向周边地区的辐射力和影响力，增强对周边地区的服务功能。由于会展业的乘数效应对第三产业的巨大带动，对城市知名度的提高，对招商引资的促进有很大作用，使得许多国家的政府及民间机构加入会展市场竞争的行列，积极发展本国的会展产业。

我国越来越多的城市明确提出把会展业作为城市发展的战略目标、本地区经济增长的"助推器"和支柱产业。目前北京、上海、广州已成为中国的三大展览中心城市；深圳、大连、长春、青岛、南京、苏州等成为地区展览中心城市；宁波、东莞、义乌等形成有特色的地方展览城市。以北京、上海、广州为中心，环渤海、长三角、珠三角东南沿海会展产业带的形成，以成都、昆明、南宁为支撑的西南会展业产业带的形成，东北会展经济带及中部会展城市经济带五大会展经济产业带框架的形成，标明中国会展产业链条已经形成。

3. 提升支持力度，带动产业升级

各产业的发展，特别是制造业要生存和提升竞争力，需要相关服务行业的协作，加快新型工业化、新农村建设，更离不开会展业的支持和助力。其中会展是一项极其重要的服务内容，作为特殊的服务行业，会展经济能服务于城市和增强城市面向周边地区的辐射力和影响力。所以，会展经济有巨大的效能。

各地第一产业和第三产业的发展，需要相关服务行业的支持。除了金融、保险、运输外，会展是一项极其重要的服务内容。制造业要生存和提升国际竞争力，会展先行在西方国家已是普遍理念，因为大型会展和专业性会展往往是产品或技术市场占有率及盈利前景的晴雨表，金融合作机构也往往会根据会展第一线的精确反应来决定相关的融资力度。以上海为例，"十五"期间上海工业总投资将达 4 000 亿元至 4 500 亿元，其中新的六大支柱工业投资达 3 300 亿元至 3 500 亿元；与此同时，还将建成国内最大的电子信息产品、轿车、精品钢材、石油化工与精细化工、电站设备以及大型成套设备生产基地和都市型工业导向基地。这些目标的实现必须得到会展业的支持，只经一般的业务调研而绕过会展就投放市场的经营套路已非改不可了。

会展最突出的特点就是可以将大量的信息流、人流、物流、资金流等汇聚起来。在会展过程中，人们进行各种"流"的沟通，不仅可以促进国内与国外、企业与企业、企业与政府、企业与消费者等各个主体之间的交流，还可以借机推广展示新产品、新工艺、新技术及新理念。同时，"展中有会，会中有展"，在展览的过程中穿插进行高级研讨会、业务洽谈会、技术成果拍卖会、人才交流会等，这样所达到的效果将是全方位的。

在国际性的会议展览中，很多当今世界最前沿的科技成果和学术成果将会被介绍给学术界、产业界及社会大众，尽管有不少成果还只是处于萌芽状态。这对举办城市的有关专家学者和产业界人士来说是近水楼台的机会，他们可以抢先了解或使用当今世界的先进成果；同时，可以将自己在研究开发新产品、新技术中所遇到的难题与相关的专家学者进行探讨，加快自身的发展。通过不断学习先进的技术及管理经验，不断加强与其他国家的技术交流与合作，从而促进一个城市的产业结构调整，实现产业升级。

4. 增加就业机会

随着近年来办展活动的增多，会展业不仅能提供就业机会，还能拉动和促进就业。会展经济的发展，将直接刺激外贸、旅游、宾馆、交通、运输、保险、金融、房地产、零售等行业的市场景气，从而有力推动当地第三产业的发展。据专家估计，展览业的产业带动系数为 1∶9，即展览场馆收入 1 元，相关的社会收入为 9 元，为展览业服务配套的服务业、旅游业、广告业、餐饮业、通信业等行业将因此受益。与此同时，会展经济的发展将提供和催生一大批高质量的工作机会，加大了对物流业中高级人才的需求。据悉，每增加 1 000 平方米展览面积，可创造近百个就业机会，1996 年汉诺威世博会就创造了 10 万个就业机会；2000 年德国举办的 130 个专业性的国际贸易博览会，创造了 23 万个就业机会；2001 年，上海物流从业人员达到 45.24 万人，比 1990 年增长了 6 倍；2010 年上海世博会召开，物流就业岗位达到 180 万个。

5. 经济发展的"风向标"

会展紧扣经济，展示经济发展成果，会展经济的发展将直接刺激贸易、旅游、宾馆、交通、运输、金融、房地产、零售等行业的市场景气，大型会展和专业性会展往往是产品或技术市场占有率及盈利前景的晴雨表，推动商品贸易、投资合作、服务贸易、高层论坛、文化交流等各方面的发展与进步。

会展利用文化的手段和渠道来疏通、缩短消费者与商品之间在情感、审美、价值判断、文化认同等方面的距离。一次展会都有一个鲜明的文化主题，都有一套具有感染力的文化理念，通过现场的情景渲染和体验，使消费者在感情上亲近并接受自己的消费对象。会展为商品流通提供的服务，不是单纯地从商品本身来推介商品，它更注重推介商品所内涵的，或者与之相联系的、需要消费者去体验和认同的文化价值，是以这种商品为载体的一种审美情趣、一种生活方式。会展产业是体验经济时代特有的产业；或者可以说，会展产业是商品流通服务业在体验经济时代一个全新的拓展。

六、中国会展业的发展历史

（一）中国近代会展业的发展史

中国作为四大文明古国之一，展览会也有较长的发展历史。中国展览会的历史可以追溯到两千多年前的古代集市。中国古代集市起源于宗教性的集会。

早在西周(公元前 1100～公元前 771)即有陕西岐山风雏山村的宗庙会，一年一次，会期 3 天。

元代(1271—1368)时，元大都(今北京)的集市多达三十多个，今北京钟鼓楼一带是元大都繁荣的集市所在地。

明代(1368—1644)时，北京集市依然繁荣。城隍庙、隆福寺、护国寺、白云观等地是定时庙会场所。明代还与北方游牧民族进行交易、由国家控制的马市，即茶马市。

清代(1644—1911)时，北京的白塔寺、隆福寺和护国寺是著名的三大庙会所在地。清代在传统集市的基础上，又逐步发展了具全国规模的一些专业集市，如无锡、芜湖的米市，最典型的是河北安国的药市，春秋两次。作为专业的药材集市，安国药会已初步具备近代专业博览会的形式和内容。

清代后期，随着资本主义商品经济的发展，中国早期的博览会出现了。

1905 年，清工商部在北京前门设"京师劝工陈列所"，展示各地工业品，同时附设劝业商场销售商品。这是中国博览会的雏形。

1909 年，江苏教育总会在沪召开全省学堂成绩展览会，这是我国首次以展览会命名的展览。

1910 年，清廷在南京举办南洋劝业会，掀开了中国近代展览史的第一页。南洋劝业会是中国历史上具现代展览概念的第一个商业博览会。大会分设各省、纺织、茶叶、工艺、武备等馆，会期 3 个月，观众达二十多万。

1912 年，北京政府改清廷在前门的劝工陈列所为商品陈列所，后又改为劝业场，使得这一中国最早的展馆逐步变成商场。

1921 年 8 月，上海总商会商品陈列馆建立，每年 6、7 月征集展品，每年秋季举办一次展览会。

1922 年 10 月，上海总商会在上海首次举办了中国蚕茧丝绸博览会。

1925 年，举办了武汉展览会。

1928 年，举办了四川国货展览会。

1929 年，举办了西湖博览会。西湖博览会是我国历史上规模空前的展览盛会(2000 年起，西湖博览会继续在杭州举办，每年一届)。

1935 年，举办了西南各省物品展览会。

1936 年，举办了浙赣特产联合展览会。

1944 年，东北伪满洲政府举办了哈尔滨博览会。

(二)中国现代会展业的发展史

现代展览业是欧洲工业革命的产物，自 1851 年诞生于欧洲的第一个国际博览会"万国工业大展览会"(The Great Exhibition of Industries of All Nations)。

至今，现代展览业经历了近一个半世纪的发展历程，形成了以欧洲和美国为龙头，以亚太地区为强大新生力量的全球化产业，拥有了全球性的行业组织国际展览局和国际博览会联盟。这个被称为“无烟工业”的现代化产业为全球科学技术的传播，经济贸易的增长，为加快城市建设、交通、能源、通信、旅游和就业等事业的发展及促进人们思想观念的更新与交流均起到了强大的推动作用。中国展览业的发展深刻地记录着中国政治和经济的变迁。

1951 年 3 月，在新中国成立不到一年半的时候，我国首次参加了“莱比锡春季博览会”，这标志着新中国展览业发展的开端。

1953 年，中国贸促会刚刚成立一年，就受政府委托负责接待了“德意志民主共和国工业展览会”，这是新中国成立后接待的第一个来华展览会。从此以后，直至 1980 年前后的近三十年，是中国展览业发展的起步期。这一时期的出国展览由中国贸促会代表国家主办，不论是举办单独展览会还是参加国际博览会，均以宣传新中国建设成就为主要目的。1951～1985 年的 34 年间，中国贸促会共举办 427 个出国展览。

这一时期中国展览业主要是接待外国举办的单独来华展览会。1953～1978 年的 25 年间，我国共接待了 112 个外国单独来华展览会。这一时期中国展览业不论是出国展览还是来华展览，均作为配合新中国政府外交政策的手段，在促进同世界各国人民之间的友谊、冲破当时西方国家对我国的政治孤立和经济封锁的企图、宣传新中国的经济建设成就等方面发挥了独特的历史作用。

总体来看，这一阶段作为中国展览业的起步时期，展览会数量少，组织水平和专业化程度还处于初级阶段，把展览作为一个产业来发展的经营意识尚未形成，展览会从严格意义上讲大都不具备现代贸易展览会的特征。

从 1980 年至 21 世纪初，中国会展业经历第二个发展时期，即蓬勃发展时期。伴随着中国经济体制改革的不断深入和对外开放的不断扩大，特别是社会主义市场经济体制的建立，中国展览业迎来了大变革和大发展时期。

1978 年，中国贸促会在北京成功举办了“十二国农业机械展览会”，这是新中国成立以来我国首次举办国际博览会，标志着中国展览业由起步期的“单国展览时期”向蓬勃发展阶段的“国际展览时期”过渡。

1984 年，中国国际展览中心建成，成为北京 20 世纪 80 年代十大著名建筑之一。与此同时，出国展览也经历了重大的变革，其标志性的事件是中国贸促会 1986 年参加瑞士“巴塞尔样品博览会”。

在这次博览会上，中国首次采取了以展览为手段，以贸易成交和销售为主要目的的摊位式展览形式，改变了以往以宣传成就为主的展贸分离的整体式展出方式，展览的贸易性、专业性大大加强，从而使中国展览业开始与现代国际展览业接轨。这次展览，在中国出国展览业的阶段性发展中具有里程碑的意义。

从 1851 年英国“万国工业大展览会”到 1951 年新中国展览业起步，我国现代展览业落后于世界展览业整整一个世纪。但中国展览业在经历了约三十年的起步阶段后，在短短的十多年间，以加速度的发展迎来了今天欣欣向荣的局面。

展览会的主办单位从起步阶段的一两家发展到今天的二百多家，从单一的政府或具有政府色彩的部门主办展览发展到政府、各民间商协会、外贸公司、工贸公司、国营和私营展览公司、中外合资展览公司及外国展览公司等多层次、多渠道办展的新格局。

据不完全统计，仅 1998 年，我国 90 多家办展单位到 50 多个国家举办经贸展览会和参加国际博览会 400 多个，相当于起步阶段 34 年出国展览数量的总和；1998 年在中国境内举办的较有规模的经济贸易展览会共有 600 多个，是起步阶段 25 年来华展览数量总和的 3 倍。从展览设施的建设看，全国各地展览馆的建筑面积达 100 多万平方米。已经竣工的厦门国际会展中心总面积达 46.8 万平方米，是目前国内最大的多功能、现代化、高标准、综合性国际会展中心之一。

第二节　与物流相关的会展工作

一次成功的会展需要多个行业的配合，需要整个会展服务供应链中各个节点，包括会展举办方、参展商、物流商、展馆方、展位设计服务商等密切配合、相互合作、协调一致。而会展物流需要将展品及时准确地从参展商所在地转移到会展所在地，展览结束后再将展品从参展地运回，包括展览前后的仓储、包装、国内运输、进出口报关和清关、国际运输、展览中的装卸搬运以及在此过程中的信息流动。会展物流是会展成功的一个重要环节。

会展物流作为现代物流的一个分支，比一般运输、配送具有更高的专业性和服务性，属于高端物流。高端物流代表高质量的专业服务，服务对象一般是高端产品。高端物流服务体系要求具有高附加值、高利润、高效率、高技术标准、高风险特征。

一、从时间维度展示会展工作

(一)会展前

会展前的准备工作，包括场馆和站台搭建有关的建材、设备设施，展出所需要的展览品，辅助物品，以及展览期间预计所需要的生活资料，会展主题商品等的运输和仓储配送。上海世博会前期的展馆建设的进境货物流量近 25 万立方米，展品物流量超过 17.2 万标箱。

（二）会展中

会展中的工作包括会展中宣传物品和生活资料等物资的正常供应和补充，会展主题商品的持续供应，现场废弃物的及时清理，以及应急事件物流。上海世博会开幕以后，根据上海海关的统计数据，开幕第一个月，相关物资仍源源不断涌入，仅上海海关快速验放的物资就达到了 546 批，总价值近两亿美元；世博园区的饮食有严格的标准，必须由物流公司统一配送，制定物流商 Agility 每天配送的食品约 50～60 吨，开幕两个月，世博园区餐饮销售超过 5 个亿。

（三）会展后

会展后的工作包括已销售展品的配送，未售出展品的回运，废弃物、包括遗弃物品的处理等。会展物流不同于普通物流的一个重要特征是逆向物流数量巨大。上海世博会闭幕后，148 个场馆都要在规定的时间内拆除，大量的珍贵展品需要回运，工作量一点也不亚于展前工作。

二、从特性看会展工作

（一）服务的专业性

会展活动的特点要求为其提供物流服务的会展物流服务商，必须具有较高的专业化管理水平，必须拥有具备会展物流管理专业技能的人才、畅通的物流渠道、有效的物流配送手段和功能齐全的货物转运与仓储中心、完备的信息网络平台和信息技术作为支撑，才能使参展商的展品准时、完好地到达会展现场的展台。因此，专业化程度相对较高是会展物流一个最为显著的特征。

（二）展品的安全性

会展活动所需的设备、物品一般由会展组织者采购。而参展商参展的产品要确保及时而且安全地达到展馆，通常还需再返回原地，这项工作一般需要会展物流服务商负责。

物流过程中的物品安全是会展物流的第一任务。承运人员在运送过程中要保证物品不发生霉烂、破损、水渍等损害展品原有使用价值的事故，避免因此而造成的供货质量问题导致的会展准备的中断。

（三）信息的实时性

信息化是我国会展产业与国际接轨的一个重要衡量标准。信息传递与共享是保障会展工作高效协调运行的重要基础。在会展的组织与管理过程中，会展主办方、参展商与物流服务商信息要实时沟通，为会展活动提供高效的物流信息服务，是会展物流服务商的重要工作之一。会展组织管理者应会同各参展商与物流服务商，不断对各种相关信息进行实时监控，并根据反馈信息及时调整会展过程中的各种具体行动措施。

(四)流程的时效性

会展具有展览时间特定、参展企业众多、展览地点分散、展品量大等特点,过程控制非常复杂。特别是在国外举行的展览会议,由于涉及出口报关、国际运输、国际保险、展品的再处理等环节,需要由会展物流服务商为参展商设计科学合理的实施方案,完成展品的及时调度、运输、仓储、包装、清关、展馆现场操作、布展、运回、保险等各个环节的服务及适时监控等任务,以达到在指定的时间内用最低的成本将展品安全运达展览地的目的。会展中的物流服务在时间上具有很强的阶段性,在空间上具有突发的集中性,在需求上具有双向性和不确定性,这就要求有实力的专业物流公司不断采用先进技术、管理方法,提高物流服务水平,满足参展商多种应急需求,承担会展物流服务的重任。

第三节　与物流展会相关的知识

一、物流展会的传播特性

物流展会自发生之日起,就是有明确的目的、为信息交流而进行的传播活动。但是在当代,物流展会长期处于经济的光环之下,"朝阳产业"、"无烟工业"等美名都表明了它的经济特性,它被认为是一种蕴涵无限商机的新型经济。但是,隐藏在经济背后,使之在经济上成功的原动力却被人忽视,那就是它作为传播活动的本质。物流展会只有在传播上取得成功,并长久地发展,才能在经济上胜利。

(一)物流展会的传播要素

物流展会的直接传播者是参展者,间接传播者是物流展览会议的组织者,即主办单位。物流展览会议的组织者是参展者和观众之间的桥梁,在项目策划确定之后,进行大量宣传活动传达有关物流展会的信息。一方面邀请或招商,告诉潜在的参展者如果参加物流展会能达到怎样的效应;另一方面做广告,告诉观众物流展会上会有什么样的参展者出现。高质量的参展者才能吸引大数量的观众,大数量的观众也才能吸引高质量的参展者,它们相互作用、相互促进,对物流展会的成败至关重要。

参展者是直接面对观众的传播者,是物流展会的主角。参展者在参展之前必须了解信息接受者的需求,同时给自己定位,确立参展目标和展出内容,以更有效地传达。参展者对于观众来说是传播者,但在整个物流展会活动中,在对外展示自身的同时接受和收集其他参展者的信息,这也是参展的另外一个主要目的。因此物流展览会议中传播者也是受传者,拥有双重身份。

专业观众和普通观众都是物流展会的受众。专业观众是与物流展会内容密切相关的技术人员和市场人员，是参展企业潜在的客户，他们往往并非销售终端。大多数物流展会的内容与生活息息相关，因此吸引大量的普通观众。普通观众抱着兴趣、休闲或收集信息等不同的目的而来。如今举办物流展会的专业细分在加强，但专业程度在分化，除少数物流展会保持高度专业性外，多数物流展会越来越兼容了大众性。

参展者在展厅都会拥有自己的空间，或大或小。通过对这块空间的利用——构建形象、陈列展品等手法形成负载信息的物质实体——展台。参展者所有的信息都发源于此，它是物流展会的媒介。展台是个综合的全息的媒介，汇集了几乎所有的媒介形式。

1. 实物媒介——展品

传播一般被定义为人类借助符号交流信息的活动。符号是信息传播过程中人们为了传递信息而用以指代某种事物和意义的中介。实物"集信息源、信息载体于一身"，信息就是信息源本身，是物流展览会议重要的媒介，小到芯片，大到起重机甚至飞机，真实地摆在观众面前，它所传达的展品信息的有效性是任何其他媒介所不能比拟的。

2. 口语媒介

物流展会上很注重人际传播，每个展台都会有工作人员面对面地给观众讲解、答疑，与观众洽谈，商机就在其中。有的大型展台上会有定时的技术讲座，以扩展信息的深度。口语传播是直接的、生动的，反馈迅速灵活，结合实物和展台的环境氛围更加真实而有效。因此，口语也是物流展览会议媒介的重要形式之一。

此外，与展览会同期还通常举办多场正规的专业讲座或研讨会，更加细分和深化信息，更有效地传达给专业人士。

3. 印刷媒介

此处并非指报刊等大众传播的印刷媒介，而是配合实物展示的文字、示意图、图片等，它们多通过印刷、打印或喷绘手段出现在展板或标牌上，是实物有益的补充说明。

4. 电子媒介

电子媒介包括电视、等离子电视、电视墙、投影、LED 显示屏，电脑触摸屏等，最新的视频音频技术设备总会及时地出现在展台上。它们进一步在时间维度上传达展品信息，并诠释抽象的文化精神，同时也起到营造氛围的作用。

5. 新媒体——网络

展台有限的空间所容纳的信息量相对于参展者的全部是极少的一部分，但它是参展者最想表达的内容，相当于广告的诉求点。现在许多展台上都会连接互联网或局域网，在信息量上作有效的补充和无限的延伸。真实的展台中运用虚拟的网络作为信息传达的一种方式，不在乎效果的好坏，而在于量的大小。

6. 现场演出和活动

国内物流展会的大型展台通常会设有小舞台进行喧闹的歌舞表演和有奖竞猜活动。国外的物流展览会议虽然安静得多，但也会有定时的技术讲座和表演。例如在柏林家电展上，一些大企业的展台上演出哑剧，表现其产品使用起来是多么方便和有效。这些活动的主要目的是更加生动地演示展品、烘托气氛、吸引观众，形式上冲击力很强烈，但内容表达得不多。

7. 空间媒介

展台是个没有地基的临时建筑，远望过去是一个三维实体，走近或走入其中，会发现那是为物的展示和人的活动而创建的空间场所。它比建筑或室内环境更加丰富多彩，通过空间、造型、平面设计、色彩、灯光、材质等来建构环境氛围和形象实体，同时上述的实物媒介、印刷媒介、电子媒介、人和活动全都融汇其中。实物展品、文字图片、视频音频、网络、语言和现场活动各个要素既是独立的信息传达者，又是整个展台空间的一分子，协调一致、相互烘托，共同构成空间媒介。

由于参与物流展览会议活动的传播者与受传者目的明确，所以物流展览会议传达的信息也都是目标明确的。首先，信息的定向性强，即对特定的观众传达特定的信息。其次，信息更替快，时效性强。

（二）物流展会的传播效果

物流展会的传播效果具有以下特点。

1. 反馈快

物流展会的现场特性及其拥有人际传播的特性使传受双方都能得到最直接和最迅速的反馈信息，形成真正的互动传播。

2. 效率高

由于物流展会是有组织有目的的传播，限定了传播者、受传者和传播内容的范围，信息量高，传递的密度大，受众在很短的时间内就可获得大量有效的同类信息。

3. 质量高

这是由媒介形式决定的，物流展会中实物媒介传递的信息是最真实可信的；环境媒介全方位刺激人体感观，它产生的效果是强烈的、生动的；口语的应用灵活互动；因此物流展览会议的传播是高质量的传播。例如在 2002 北京车展上，开展之际才上市的新版赛欧车，在物流展览会议现场被订购了近千辆，在国内很少见到的莲花跑车被订购了 12 辆。参展者不仅可以从物流展览会议获得直接效益，而且展后的长期效益很难估量。

一次成功物流展会的影响力是长久和广泛的，主要表现在影响社会观念和市场经济活动上。

二、物流展会参展信息的获取

行业内的沟通与交流合作在任何一个行业发展中都是企业发展的关键所在，在物流行业中这条真理也同样适用，而会展在物流行业的沟通中起了一个很好的平台作用，通过物流展会的召开、出席，可以结识到志同道合的同行业中人，物流行业这条行业链的上家以及下家，选择一个合适的物流展览会议信息，获取物流展览会议信息，是重中之重。

（一）通过使用互联网查询获得物流展览信息

互联网是一种经济、方便、快捷的有效工具，通过它可以跨地区、跨时间进行查询，大大节省通信成本、时间成本和人员成本，及时了解展会信息与动态，了解展会组织结构、展品大类、物流展览规模、物流展览时间地点与联系方式。这种高效快捷的方式现已被大多数企业所应用。

（二）通过传统媒体获得物流展览信息

选择订阅行业杂志、期刊、报纸，收集相关物流展览会的信息与广告，进行分类整理筛选，从中保留适合本企业的物流展览会信息。这种方式在传统行业中应用广泛。

（三）通过户外广告和公告栏获得物流展览信息

留意在公共场所发布的物流展会信息，也是一种比较好的信息收集方式。

（四）同行业间交流问询

在行业交流会或行业聚会上，彼此间交流的同时就可以相互间询问展会信息，达到信息共享的目的。

三、物流展会的参展技巧

物流展会是广告及促销的一个方面，就像所有促销活动一样，必须首先确定目标；否则，就没有评估将来结果的基础。首先考虑一下该展览会是否覆盖了所需的市场，决不要参加一个展览会只因为想看一看这个展览、展馆或是举办的城市，除非与市场有关。它必须能吸引准确的观众群，而且必须是适合本企业新产品的发射台。它必须适应本企业产品生产计划，而且必须与其他广告和促销活动相吻合。

（一）市场调研

向当地商会询问想参观或参加的展览会，或者与驻展览会所在国使馆商务处咨询。从他们提供的有价值的国际贸易资料中，进行大量有成效的桌面市场调研。

1. 该展览会往届的目录

从以往的展览会目录中，可以知道哪家公司曾经参加过该展览，比较这些公司是否每届都参展、这一届是否仍要参展，这样即可得知他们是否参展成功。

2. 观众类别

对于以往参观展览会的观众类别很难评估，但是高水平的主办者已经开始制作观众类别的调研报告。他们会乐意提供这些信息资料；事实上，观众类别的信息通常是他们为劝说更多企业参展而提供的资料的一部分。

3. 媒介报告

研究有关以往展览会的技术及贸易方面的新闻资料，寻求有用的证据，决定该展览会是否真正适合。

4. 目击者

主办者的资料是为了试图劝说企业在展览会上订摊位，其中会有一些倾向性。寻找一些自己的资料，或许某人曾经参加过上届展览，或许某个客户曾经参观过该展览；他们对展会的评价与展览会目录及新闻资料等综合在一起，最终作出正确的决策。

（二）抓住参展时间，充分进行企业宣传

在规模较大的礼品展会现场，上千家展位同时参展，在展会现场经常会出现上万名参观商蜂拥而至的情况。很多参观者和采购商都是到了现场才临时决定参观什么展位，布局创意新颖的展位总是能快速吸引这类参观者的注意。

1. 展前宣传

根据统计，参观商参观那些曾经在展前寄发过邀请函的参展公司比参观其他公司的展位机会大四倍，可见做好展前工作是十分重要的。一般会见这样的参观者最终达成交易或者建立关系的合作伙伴成交率还是很高的。这样情况下还能直接有效地提高企业的知名度，参展企业不妨试一试这种方法。

2. 礼品馈赠

参加礼品展会的参展商一定不要忽视馈赠礼品的方式。首先把礼品一分为二，第一部分礼品可以通过邀请函一同寄送给意向高的参观者或者是采购商处，吸引这部分参观者快速赶到展位现场，这样才能得到第二份礼物来组成一份完整的礼品。事实证明，这种方法的确能有效地提高参展商对某一展位的访问率。例如，美国一家公司在展览前制作了一大批印有自己公司 LOGO 的用于装爆米花的纸袋，随邀请函一起提前寄给该公司的新老客户，由此说明凭此邀请函可以免费进入该展会参观，而凭纸袋可以在该公司展位上获赠免费的爆米花。这一方法使得该公司成为那次大型展会中最多参观者的展位，更由此有效提高了该公司的知名度。

3.隐式宣传

经常参加展会的朋友一般在现场都能收到很多展位送出的免费礼品袋，这些礼品袋上都印有各公司的LOGO及宣传广告语。但在这样一种共同宣传模式下，如何才能脱颖而出并能够快速有效地互换参展商及采购商的名片呢？在深圳礼品展现场，怡莲礼业送出带有公司LOGO的纸质拉包，吸引众多参观者及采购商前去展位走访，参展商十分巧妙地在这些纸质拉包上做起文章，由于这些纸质拉包携带方便并为参观者带来很大的方便，所以大部分参观者为了得到这些纸质拉包都很乐意和参展商交换名片，参观者携带醒目的纸质拉包在现场内走动，等于许多流动的广告牌免费为怡莲礼业做宣传，这一举动形成了整个现场大部分参观者人手一个纸质拉包的流动宣传效应。可见这样的变形宣传还是非常有效地提高了公司的知名度。

有些参展商还制作出一些精美的小册子，介绍本次展会当地的交通图纸、旅游、食宿、风俗等情况，免费派发给展会参观者。一般参加这些大型展会的参观者都是远道而来，对当地展会并不是很了解，所以这些精美的小册子对于参观者来讲正好能帮上忙。

在参加展会前多花些心思有计划有目的地去参加展会还能有效提高公司知名度，并能为企业带来良好的参展效果，这是每个参展企业不可忽视的重要问题。

（三）赴欧参加物流展会的技巧

不论对参展商还是观众来说，到国外参加展会，都应该了解一些商务旅行的知识。到欧洲出访应该注意如下问题。

（1）了解出访的行程及航空公司航班时刻情况。

（2）参加旅行的团员必须服从团组统一领导、统一安排，严格遵守集合时间及各项要求，任何人不得以任何理由各行其是。旅途中提倡相互爱护、彼此照应，保证圆满完成出访任务。

（3）贵重物品和护照应随身携带，切勿收藏在行李箱内，抵达目的地后应将护照交与团队团长或领队统一保管，不慎丢失将会直接影响整个团队的行程。

（4）西欧常规旅行住宿为三星级连锁酒店，与我国国际酒店相比，欧洲酒店大堂普遍比较小，无商场，电梯只能乘坐两人和行李。酒店内无一次性牙刷、牙膏、拖鞋、电热水瓶。酒店服务人员通过电脑管理收费电视频道及冰箱饮品。

（5）全程旅行主要使用高速豪华巴士，夏天有空调，身体不适者还需准备加衣，以防旅途生病影响旅行。

（6）团员个别活动的费用均自理，团组及接待单位不负责支付或退还其他费用，任何非集体活动引起的损失及安全等问题均由团员自行处理。

(7)早餐在酒店的西餐厅享用，西欧各国根据本国人民不同的生活习惯，早餐并不一致，法国、瑞士、意大利早餐较简单。午晚餐均安排在中餐馆享用(长途旅程安排在高速公路快餐厅)，标准是五菜一汤。

(8)请谨记旅程中集合时间及地点，旅程中若遇特殊情况需调整，以团长(领队)或陪同的安排通知为准。

(9)为避免不必要或不愉快的事情发生，请在旅途中严格遵守团组纪律。

(10)由团员自理的几项费用：

①电话费、通信费、洗衣费；

②用餐中个人所需的酒和饮料等费用；

③非集体活动的任何费用(包括食宿、交通、娱乐等)；

④由于个人疏忽或违章引起的损失费、赔偿费等；

⑤饭店房间内消费酒水和收费电视节目的费用。

(11)欧洲酒店内的电信服务费较高，如需打国际电话，可购卡使用公用电话。

(12)出访前，需要准备常用的药品以应不时之需。

(13)如遇飞机中转，切不可随意离开团组，如有困难可及时找机场工作人员，并出示机票以求帮助。

(四)参加物流展会的销售技巧

参加各种展览，称为物流展览会议销售。现在中国的物流展览会议越来越多，所以要搞展示销售，就要选择一个适当的物流展览会议。

1. 选择物流展会的规模

假如企业规模较小，而其他参展商多是世界级厂商，吸引的也都是大型客户，那么企业参展只会显示其渺小；所以要确定企业的目标是什么，分析在这种物流展会中，企业的目标客户和潜在客户会不会来？他们来的话，会以什么心情来？他们主要来看什么？企业要适当地选择。

2. 物流展览会议技巧

(1)要研究参加物流展览会议的客户心理。

(2)做好人、时、地、物、钱的准备。

(3)编组。

编组就是多重目的地进行搭配，可以分几个部分。例如：有去搜集信息的，因为一个物流展览会议，几乎竞争对手和这个行业的上下游都会到齐，所以对企业来讲是搜集整个行业信息很重要的机会。再如：有专门结交朋友的，这些朋友有的时候会请专家学者演讲，会请官员剪彩和讲话，会有行业里的管理人员，会有同行，会有企业的上游供应商、下游经销商、媒体的朋友、政府的朋友，所以同行要交朋友，同类要交朋友，还有协会的朋友等等，都不要错过。企业要分配好人员，每部分要有具体的职员负责。

（4）寻找潜在客户

谁是潜在客户？准备搜集多少潜在客户的资料？当然不能说越多越好，要确定一个目标量，这样才能考虑要带多少职员参展？带多少资料？在现场，要分辨哪些是潜在客户，哪些是一般参观者？潜在客户一般会提出哪些问题？安排哪些人专门接待潜在客户，哪些人接待一般参观者？准备的资料是大量的，人人都有；重要的资料要收好，否则如果观众集中领取，资料就没有了，也来不及重新制作，所以要合理利用企业的宣传资源。

（5）产品介绍技巧

对于那些对企业有兴趣的客户，可以请他们坐下，进行全面的有针对性的沟通，要给客户完整的资料。对潜在客户要设法留下相关资料，要善于利用沟通技巧，比如留下名片，填一下资料，就有机会合作等。

（6）提高展品知名度

大企业为了规范采购行为，避免人为不当采购，采取竞标方式。中小企业除公关外，也必须加入竞标行列，争取好项目、好用户。竞标是大势所趋。提高知名度，当然体现在参加的物流展览会议的档次；除了展位以外，与人员着装、礼品也有关系，要尽量使参观者对企业的品牌有印象。如礼品，参观者一般会保留使用。曾经电脑风靡一时的时候，很多厂商赠送鼠标，其包装上印有企业的网址和公司简介。送不同的东西可以增加品牌的知名度。

（7）根据有效资料，实行会后跟进

会后跟进是非常重要的一环。假如企业搜集到 400 个客户资料，一般来讲，参会后不久就会遗忘，失去兴奋感，因此必须在 5 天内做完跟进工作。如果有当地客户也去参展，要去拜访他们。会后跟进活动对企业有效控制客户非常重要，必须重视。

（8）战略伙伴销售技巧

这是客户关系管理的最高境界，就是建立长期的伙伴关系。这样做的动机就是让客户分享利益。利益分享方法有几种：一种是折扣，只要是老客户，就有折扣，这是最简单的；另外一种是累计点数，有的公司的累计点数的方法是积满多少消费额，就返给某些优惠待遇，如可以参加美国硅谷技术研讨会一次，所以要知道，谁对它特别有兴趣，就要把它累计在谁的头上；还有一种是大家合作开发产品，为了它要特别设计一种方案、一种风格、一种系列、一种模具，要专属一个项目，大家合作开发，也可以合作或者合资来进行一些项目。这些就是长期的战略伙伴关系，它可以有很多方式逐渐延伸，这些观念和方法，就是为了替客户创造更多的附加价值。

四、物流展会要注意会展知识产权

从会展产业的不同层面和产业链条来进行分析，当前国内会展业的各个环节均存在着一些不同程度的知识产权问题。如何能够有效解决这些问题，是提高中国会展知识产权整体水平的关键。

（一）国内展会组展商的展会项目被仿冒

作为一些展览会项目，特别是一些品牌会展项目的所有者，国内展会组展商最为关心的是展会项目如何不要被仿冒和克隆，也就是关于展会的题目和内容不断地、经常地发生重复、雷同的问题。在他们看来，形成品牌的展会和已经成型的展会都应当算作拥有“展会创意”的“知识产权”而受到保护，只对展会会标的注册不够，还应对展会的名称进行保护。

（二）外国展会组织者：品牌移植中国

国外一些名牌展会向中国国内进行移植的时候，往往需要寻找国内的合作伙伴。这样在继续使用原品牌展览会名称、标记的过程中，就有对原展会品牌无形资产（知识产权）给予认定的问题。不能排除一旦合作破裂，会引发知识产权的纠纷。实践经验表明，这个问题正是双方在合作时应当给予明确规定的一个重要的、关键的法律内容。

（三）会展项目交易者：品牌交易缺乏标准

随着会展经济的不断发展，会展行业资本运作会频繁产生，展会项目的买卖交易必将逐渐增多。对于这种会展项目所有权的转移和交易，必然要涉及会展项目的品牌无形资产（知识产权）的转移和交易。在我国，尽管已经出现了一些这样的交易行为和具体案例，但是由于操作的程序与规范还没有及时出台，特别是市场交易价值的标准制定其参考依据不足，而使得市场显得比较混乱。

（四）出国展览组展商：企业被投诉

作为出国展览组展商，比较注重的是在国外参加展览会时，如何处理中国参展商被外商投诉展品侵权或软件及著作权侵权而引发的知识产权纠纷（国内办展也经常出新此类问题）。这样的事件已有明显上升的趋势。对此，他们普遍认为，对出展企业提出一般性的关于遵守知识产权的要求并不难，真正难点在于很难保证和控制所有参展展品都不出问题。所以，他们希望划定责任界限，一旦出现这方面的纠纷，要由有关参展商承担责任，而不要追溯到组展商。

（五）国内展会参展商：被组展商欺骗

作为国内展会参展商，最害怕的是被组展商欺骗性的宣传所误导，从而参加了一些名不副实的冒牌展览会，甚至被骗展，结果是白花钱、没效果。但是值得研究的是，这种展会的假冒宣传问题，是否真正属于知识产权保护的范畴，骗展是否侵犯了知识产权。

（六）展台设计搭建商：抄袭设计方案

作为展台设计搭建商，他们在展台设计投标时最怕的是，参展商以种种借口不让他们的方案中标，然后却又转手将扣留下来的设计图纸或方案提交给第三方抄袭使用或略有改动使用，其目的全在于节省资金。这里确实涉及一些知识产权方面的问题。

（七）专利持有者：新型展具被仿制

一些已经广泛使用的标准展具和一些近期开发出来的新型展具确实是进行过专利注册登记的。因此如果仿制这些展具，就会涉及侵权的问题。但是从本质上看，这种侵权只是一种与会展业有着间接关系的制造业方面的知识产权的问题。

（八）国家主管部门：被外商投诉

作为国家有关知识产权的主管部门，他们除了负责在总体上的宣传、教育和管理工作以外，当前似乎更为关注的是如何减少外商的指责和投诉。

因此当展览会成为发生投诉事件较多的一种场合的时候，他们就会对展览会主办者提出要求，必须千方百计地采取措施，防止发生类似事件。至于有关会展业全面的知识产权保护的问题，由于许多工作还有待深入调查和研究，所以主管部门尚需要时间提出一个全面具体的管理办法。

（九）会展行业协会：管理依据不清楚

目前的实际情况是，全国未成立统一的会展业协会组织。但是，一些地方性的会展业行业协会组织已经陆续建立起来，并且有的协会已经开始重视会展业知识产权保护的相关问题。

参展中可能会涉及的知识产权纠纷，大多在专利与商标两方面，二者共同的特点是专有性。无论专利或商标，经法定程序获得后，即受法律保护，所有权人享有排他的权利。未经权利人许可，任何人不得以生产经营目的擅自使用、生产、销售或进出口专利产品和具有相同商标的产品；否则即构成侵权，从而受到法律的惩处。相比较而言，专利权具有更强的独占性，实行专利制度的目的是为了促进经济和科学技术的发展，国家以授予发明人专有权利为条件而换取其对社会公开技术细节。

作为回报，国家授予专利权人一种独占的权利，即只有权利人自己才能实施或许可他人实施该项专利。因此，除专利权人以外的任何人要实施专利技术，必须事先取得专利人的同意，在法律上称为专利许可。这种许可一般通过专利权人与被许可人签订书面专利许可协议来完成，其主要内容是被许可人向专利权人支付费用而有偿获得该专利的使用权。专利保护主要包括产品结构、颜色配比、外观形状等方面。商标的主要功能在于区分不同的商品生产者或经营者所生产或经营的同一或者类似商品之间的制造差别，便于消费者区分商品的生产厂家和经营单位。商标经申请注册后，所有权人也享有排他的专用权，其他人未经许可不得使用。但值得注意的是，这种专用权受到一定限制，即只限于相同或类似的产品。

换言之，不同行业或产业的生产商或销售商可在某种范围内分享某一商标。例如，“长城牌葡萄酒”和“长城牌润滑油”可同时存在，而互不构成侵权。但在酒类或润滑油行业中，不得再有其他厂家使用“长城”品牌，否则构成侵权。专利或商标作为知识产权的一种，还具有其他许多特性，各国法律规定也不尽相同。总而言之，事先许可并有偿使用是统一的原则。产品生产商和销售商要使用、生产或销售某种专利产品或某个品牌的产品，一定要事先获得权利人的许可；否则要承担相应的法律责任，这种法律责任并不因当事人不知情而得到免除。

复习思考题

1. 会展按不同特点可以怎样分类？
2. 会展有哪些方面的功能？
3. 会展业对经济的作用是什么？
4. 从时间维和特性看，会展工作有什么特点？
5. 结合实际情况，谈谈我国会展物流的特征。

第三章

会展物流的基本功能

学习目的

通过对本章的学习，了解会展物流的五大基本功能，包括运输功能、储存与保管功能、装卸搬运功能、流通加工功能和包装功能。理解展品运输的方式和组织形式、仓储管理的一般方法、流通加工的特点和作用、包装的作用等。掌握库存数量的一般控制方法。

主要内容

- 会展运输功能

  展品运输概述　展品运输方式及组织

- 会展储存与保管功能

  展品储存保管的意义和作用　仓库及仓库设施　仓库管理与储存作业　库存数量的一般控制方法

- 会展装卸搬运功能

  装卸搬运概述　装卸搬运的原则与合理化　装卸搬运的设备与运用

- 会展流通加工功能

  流通加工的含义与产生　流通加工的作用和特点　流通加工的形式　流通加工合理化

- 会展包装功能

  包装概述　包装的材料与容器　包装技术与机械　包装的现代化与合理化

第一节 会展运输功能

会展运输是会展物流系统的支柱之一。会展物流的其他环节都是围绕着运输和储存进行的。从会展物流大系统来讲，运输是实现展品的空间位移、创造物流的空间效用的。从整个国民经济来讲，运输业是国民经济的一个重要的部门，是实现物流系统输送功能的产业。

一、展品运输概述

（一）展品运输的概念及功能

展品运输是指展品借助运力在空间上所发生的位置移动。具体来讲，展品运输是使用运输工具对展品进行运送的活动，以实现物流的空间效用。运输作为物流系统的一项功能，包括生产领域的运输和流通领域的运输。生产领域的运输活动，一般是在生产企业内部进行的，因此，称为厂内运输。这是展品在生产过程中所进行的物流活动，是直接为展品生产服务的。其内容包括原材料、在制品、半成品和成品的运输，这种厂内运输也称为物料搬运。流通领域的展品运输活动，则是作为流通领域的一个环节，是生产过程在流通领域的继续。其主要内容是对展品的运输，是以展品展出或销售服务为目的，是完成展品从生产地向展览举办地在空间位置上的物理性的移动过程。它既包括展品从生产地直接向展览所在地的移动，也包括展品从生产地向物流网点和物流网点向展览所在地的移动。为了区别于长途运输，往往把从物流网点到展览场地的运输活动称为"展品配送"。我们研究的展品运输，着重于流通领域的运输，并且主要是针对所有展览相关物质产品的移动，当然也包括旅客的位置移动。

在研究会展物流系统的功能时，为了区别国民经济的运输业，有时也把会展物流系统的运输功能称为"输送"。运输业是国民经济的一个部门，它是使用运输工具，实现货物和旅客在区域之间的位置移动，是连接城乡之间、工农业之间、各生产部门之间、各地区之间经济、政治、文化、技术联系的纽带。运输业的主要干线，构成国民经济运输的大动脉。没有运输活动，国民经济各方面之间的各种联系就会中断，社会主义市场经济就难以发展，社会再生产就会停滞，而物流过程中的运输或输送是从物流系统的功能出发，来研究运输功能的发挥，以促进物流系统整体功能的实现，创造物流过程的空间效益。

展品的运输功能是创造展览相关物质产品的空间效用，消除展览相关产品的生产地与展览地之间在空间位置上的背离，实现展品的使用价值和满足社会对物品的各种需求。

（二）展品运输的重要性

1. 展品运输是展品生产过程在流通领域内的继续

交通运输是国民经济的基础设施，是社会再生产得以顺利进行的条件。为了完成货运，就要投入人类的劳动，包括活劳动和物化劳动。例如运输工具、运输能源、道路、港口、码头、机场、输送管道的建设，当然也包括自然人的劳动消耗。为了促使展品相关产品的使用价值最终实现，必须要有运输的参与。

2. 展品运输是连接生产地和展览地的纽带

展品，包括展览相关物品都必须经过运输到达展览地，交通运输是整个国民经济中的一个极为重要的部门，是国民经济的大动脉。同时，展品运输也是会展经济发展的一个主要条件，通过运输，可以沟通生产、分配、交换、消费各个环节，起到沟通城乡、各地区和各部门的纽带和桥梁作用。

3. 展品运输是实现效率最优，满足市场需求的基本条件

展品运输本身不增加展品及展览相关产品的使用价值，但是可以增加展品的价值。随着经济的发展，市场活动日趋频繁，各类展览越来越丰富，相关展品的使用价值要最终实现，只有通过运输才能完成。因此，运输是满足消费者需要、实现效率最优的基本条件。

（三）展品运输的作用

运输是物流的两大支柱之一。物流过程的其他活动，如包装、装卸搬运、物流信息情报都是围绕着运输和储存来进行的。在物流过程的各项活动中，运输是关键，有着举足轻重的作用。

1. 运输是物流系统的动脉系统。

2. 运输创造物流的空间效用。

3. 运输是降低物流费用，提高物流速度，发挥物流系统整体功能的中心环节。

4. 运输是加快资金周转速度，降低资金占用时间，提高物流经济效益的重点所在。

在物流过程中，直接耗费活劳动和物化劳动，它所支付的直接费用主要有运输费、保管费、包装费、装卸搬运费和物流过程中的损耗。其中，运输费用占的比重较大，是影响物流费用的一项主要因素。因此，开展合理运输，对于提高物流经济效益和社会效益起着重要作用。运输是“第三利润源”的主要源泉之一。

（四）展品运输的合理化

展品运输合理化是运用系统理论和系统工程原理和方法，充分利用各种运输工具和运输方式，选择合理的运输路线，以最短的路径、最少的环节、最快的速度和最少的劳动消耗，组织好展品的运输活动。其主要包括以下几点。

1. 合理选择各种运输工具和运输方式

不同的运输工具和运输方式有着不同的特点，适用于不同类型展品的运输。比如铁路运输适用于大批量参展商品的干线运输；汽车运输的最大特点是“灵活性”，适用于“门对门”的运输，一般的展品都可以采用这种方式；水路运输的费用最低，如果时间允许，是干线运输和和国际运输的首选；空运速度快，费用高，适用于高价值和紧急展品的运输等。各种形式的联运可以提高运输的效益，直达直线的运输在大批量的运输中效益最好。选择合适的运输路线和运输方式，是合理运输的第一步。

2. 合理选择运输路线

避免相向、对流、过远、倒流、迂回等不合理的运输路线。我们可以用线性规划的方法和运筹学等方法，确定最佳的运输路线。

3. 运输作业的合理组织

根据需要运输的展品类型的不同、要求的不同、工具的不同，进行运输的合理组织，以提高运输的效率和效益。如中转运输和直达运输的选择、整车和零担运输的选择、运输数量的选择，等等。

4. 运输费用的控制

由于运费是物流中最大的一种费用，控制运输费用，可以大大降低成本水平、提高利润。运输的动态性极强，不可测因素多，控制运费要有一定的方法。目前通常运用的是供应链全成本控制法，对企业的运输费用进行全面控制。

二、展品运输方式及组织

（一）运输方式

展品及展览相关物资的运输基本有五种方式，即铁路运输、公路运输、水路运输、航空运输和管道运输。另外，为了提高运输效果，在五种基本运输方式的基础上，还形成了联合运输、散装运输、集装箱运输等具有特殊功能的运输。

1. 铁路运输

铁路运输是我国国民经济的大动脉，是货物运输的主要方式之一。同时，铁路运输与水路干线运输，各种短途运输衔接，形成以铁路运输为主要运输方式的运输网络。铁路运输的最大特点是适于长距离的大宗货物的运输，并以集中整列为最佳，整车次之，其优点是运量大、速度快、可靠性高、连续性强、远距离运输费用低，不受气候条件因素影响等。但是，铁路运输受线路、站点的限制，不够灵活机动；同时因铁路运输受运行时刻、配车、编列或中途编组等因素的影响，不能适应用户的紧急需要。另外，近距离运输，其运输费用也较高。利用铁路进行展品及相关物资的运输，按展品的数量、性质、形状，运输条件可区分为整列运输、整车运输、集装箱运输、混装运输（零担运输）等。

2. 公路运输

公路运输也是展品及相关物资运输的主要形式，在我国货运中所占的比重最大。同时，公路与铁路、水路运输联运，就可以形成以公路运输为主体的全国货物运输网络。

公路运输的工具主要是汽车，可以承担长短途货运业务。汽车运输的主要特点是机动灵活，可以实现“门到门”的直达运输；在运输过程中，换装环节少，运输速度快；适于近距离、中小量货物的运输，运输费用相对较低。汽车运输的不足表现在：运量较小、效率低；长途汽车运输成本较高，能耗大；环境污染严重，如噪声、废弃物等。

3. 水路运输

水路运输又称船舶运输，它是利用船舶运载工具在水路上的运输，简称水运。水运按船舶航行的路线划分，可以分为利用海洋的海洋运输和利用河川、湖泊等内陆水域的运输，即内河运输。水运在我国运输业中占有重要的地位。

水路运输的特点是载重量大、通过能力强，能耗小、航道投资少，不占用耕地面积，并且能够以最低的单位运输成本提供最大的货运量；尤其在运输大宗货物或散装货物时，采取专用的船舶运输，可以取得更好的技术经济效果。但是，水路运输的速度较慢，装卸搬运费用高，航运和装卸搬运作业受天气的制约等，这是水路运输的不利方面。

从水运业务来讲，它可以分为定期水路运输和不定期水路运输两类。海上运输又称为远洋运输，或称为海运。海上运输业按业务内容可分为船舶租赁业、海上运输管理业和海运代理业等。

4. 航空运输

航空运输又称为飞机运输，它是在具有航空路线和航空港（飞机场）的条件下，利用飞机运载工具进行货物运输的一种运输方式。航空运输在我国运输业中，其货运量占全国货运量的比重还不是很大，但是增长迅速，是很有发展前景的一种运输方式。

航空运输的最大特点是速度最快，适合于运输费用负担能力强，货运量小的中长距离运输；由于飞机运输对展品产生的震动和冲击较小，因此展品及相关物资只需要简单地打包即可运输，散包事故少。但由于飞机运费高，不适合低价值展品和大批量展览物资的运输；另外，由于飞机运输需要航空港设施，因此，在没有飞机场的情况下无法采用航空运输方式。

5. 管道运输

管道运输是近几十年发展起来的一种新型的运输方式。我国到 1971 年才开始有管道运输。目前，我国管道运输主要是对柴油、成品油、天然气和其他流体的输送。对展品及相关物资的运输一般不采用此种方式。

管道运输的特点是连续性强、损耗小、运输安全、建设投资少、占地面积少等。但是，管道运输是一个单向的封闭输送系统，灵活性很差；另外，为了进行连续输送，需要在各中间站建立储存库和加压站，以促进管道运输的畅通。

6.联合运输

联合运输是一种综合性的运输形式，它将两种或两种以上的运输方式或运输工具连接起来，实行多环节、多区段相互衔接的接力式运输。联合运输简称为“联运”，以集装单元作为配合的手段。在国际贸易中，国际联运十分畅行，特别如大陆桥的运输，即一段陆路连接两段水路，或一段陆路连接一段水路的运输。

联合运输具有以下优点：①缩短货物运输的在途时间；②加快车船的周转，提高运输工具的利用率；③简化托运手续，方便用户；④有利于开展集装箱单元化运输，使集装单元化技术得到充分的发挥。

联合运输虽然具有许多优点，但不是在任何地方和任何情况下都可以实现，联合运输必须具备一定的条件，例如，联合运输路线上必须有“联运”的车站、码头，车站、码头应具有足够装卸搬运能力等。在组织联合运输中，运输途中的换乘、转乘是一个非常关键的环节。因此，加强中途换乘、转乘管理，是提高联合运输质量、发挥联合运输作用的重要手段。

（二）运输的组织和运输方式的选择

1.运输方式的选择

各种运输方式和运输工具都有各自的特点，不同类型的展品对运输方式的要求也不尽相同。因此，运输方式的选择是合理组织运输，保证运输质量，提高运输效率的一项重要内容。

运输方式的选择，一般要考虑两个基本因素：一是运输方式的速度问题；二是运输成本问题。从物流的功能看，速度快是展品运输的基本要求。但速度快的运输方式，其运费也较高。同时考虑运输的经济性问题时，不能只从运输费用本身来判断，还要考虑因速度加快，缩短了展品的备运时间，使展品的必要库存减少，从而减少了展品的仓储费用等因素。因此，运输方式或运输工具的选择，应在考虑了上述各种因素后，寻求运输费用与仓储费用最低的运输方式或运输工具。

为了对运输方式或运输工具进行选择，我们还可以从物流运输的功能来考虑，采用综合评价的方法来选择运输方式或运输工具。物流的运输系统目标是实现展品及相关物资迅速安全和低成本的运输。但是，运输的迅速性、准确性、安全性和经济性之间，是互相制约的。若重视迅速、准确、安全，则运输成本就会增大；反之，若运输成本低，运输的其他目标就不能全面实现，这就是物流领域常见的效益背反现象。因此，在选择运输方式和运输工具时，应综合考虑运输的各种目标要求，采取定性分析和定量分析相结合的方法，选出合理的运输方式或运输工具。如果我们用运输方式的经济性、迅速性、安全性和便利性四个标志来选择，就可以采用综合评价的方法，得出合理的选择结果。这种评价方法的步骤如下：

首先确定运输方式的评价因素集，如运输方式的经济性、迅速性、安全性和便利性等，分别用 F_1、F_2、F_3、F_4：来表示。则运输方式的综合评价值为 $F=F_1+F_2+F_3+F_4$。

由于货物的形状、价格、交货日期、运输批量和收货单位的不同，运输方式的这些特性对运输方式的选择起的作用就不同。因此，可以通过对这些评价因素赋予不同的权数加以区别。例如，这四个评价因素的权数分别是：a_1，a_2，a_3、a_4，且 $a_1+a_2+a_3+a_4=1$，则运输方式的综合评价值可表示为

$$F=a_1F_1+a_2F_2+a_3F_3+a_4F_4。$$

如果可供选择的运输方式有铁路、公路、船舶，它们的评价值分别为 $F(R)$、$F(T)$、$F(S)$，则有：

$$F(R)=a_1F_1(R)+a_2F_2(R)+a_3F_3(R)+a_4F_4(R)$$
$$F(T)=a_1F_1(T)+a_2F_2(T)+a_3F_3(T)+a_4F_4(T)$$
$$F(S)=a_1F_1(S)+a_2F_2(S)+a_3F_3(S)+a_4F_4(S)$$

显然，其中评价值最大者为选择对象。

对于 F_1、F_2、F_3、F_4 的确定，使其数量化的方法是：经济性 F_1 的数量化费用越高，运输方式的经济性就越低，这是不利因素。同理，可以对迅速性 F_2、安全性 F_3、便利性 F_4 进行数量化。注意对于 F_2 数值越大，说明时间越多，迅速性越低，是不利因素。对 F_3 数值越大，说明破损率越高，安全性越差，是不利因素。对于 F_4 数值越大，说明时间差越大，其便利性越大，是有利因素。

对于评价因素 a 的权数的确定，没有绝对的办法，可以结合货物本身的特征，并尽可能吸取实际工作者和专家的意见，进行确定。

2. 合理运输的组织

(1)合装整车运输

合装整车运输也称“零担拼整车中转分运”，主要适用于参展商展品的合并运输。合装整车运输是在组织铁路运输时，将同一发货人的不同品种但发往同一站点、同一收货人的零担运输，由物流企业组配在一个车皮内，以整车运输的方式，托运到目的地；或把同一方向不同到站的零担货物，集中组配在一个车皮内，运到一个适当的车站，然后进行中转分运。合装整车的具体做法有：零担货

物拼整车直达运输，零担货物拼整车直接或中转分运；整车分卸；整车零担等。由于采取合装整车的办法，可以减少一部分运输费用，所以可以取得较好的经济效果，而且会提高运输工具的利用率。

(2)提高技术装载量

提高技术载运量不仅可以最大限度地利用车船载重吨位，而且可以充分利用车船的装载容积。具体做法有以下几种。

1)组织轻重装配。把重货和轻货组合装载在一起，既可以充分利用车船的容积，又能达到装载重量，以提高运输工具的综合利用率。

2)实行解体运输。它是针对一些体积大且笨重，不易装卸又容易碰撞致损的货物所采取的一种装载技术。一些大型展品如机电产品、科学仪器等，可将其拆卸装车、分别包装，以缩小其所占用的空间位置，达到便利装卸搬运和提高运输装卸效率的目的。

3)堆码技术的应用。应根据车船的货位情况及不同货物的包装状况、形状，采取有效的堆码技术，如多层装载、骑缝装载、紧密装卸等技术，以达到提高运输效率的目的。与此同时，改进包装技术，逐步实行单元化、托盘化，对提高车船技术装载量也有重要的意义。

(三)制定展品运输方案

在展品运输之前要首先制定运输方案。运输方案的制定要充分考虑运输距离，结合运输工具，在尽量节省运费的前提下，减少运输环节，实现运距短、运力省、运费低、速度快的运输。展品运输方案的制定直接影响着承运商的业务水平，只有制定详细周密的运输方案和人员编排，才能保证展览的顺利进行。因此，在方案中必须涉及展品运输的各个环节的工作以及各个工作岗位的职责要求。下面分别从来展和出展两个方向进行分析。

1.来展的展品运输方案

针对参展商的不同，来展的展品运输方案可以分为国内参展商的展品运输和国外参展商的展品运输。

国内参展商的展品运输不涉及进出口报关等相关手续，操作十分简单，参展商只需委托承运商将展品从当地运送到展会所在地，按展会规定的时间把展品送到指定位置即可。展会结束后再负责将展品按参展商要求回运或消耗。

国外参展商的展品运输比较复杂，由于涉及展品的入境和出境，需要指定同一个承运商，按照规定携带办展的政府批文和相关申请表到海关、商检进行备案、报关。与参展商取得联系后，为其提供商品编码，确认货物的具体到港时间，办理相关的手续。展品和一般贸易的主要区别是：展品在海关的政策是先放行，然后在展馆进行查验；而一般贸易物品则是先在海关查验，而后放行。同样，展会期间要跟参展商确认展品的处理方式，在展会结束后还要到海关商检处结案。

2. 出展的展品运输方案

国内参展商参加国际会展活动，需要涉及展品的出口业务，因此要事先制定一个时间表，规定出展品到达指定海港或空港的时间。而向客户收集展品具体资料的时间大概要一到两个星期，因此需将时间往前推一到两个星期，并根据具体的货量安排订舱。展品到达国外后，通过海关报关，提出商品后，及时送往会场，并根据参展商的最终决定作出相应的安排。如果展品在展会结束后需要回运，则需由对方安排返回的航班或船期，国内承运商再负责清关工作。

（四）展品运输流程

展品的运输是贯穿在会展活动中的一个关键环节，直接影响着展览活动的顺利开展。其运输流程按操作环节大体上可划分为如下步骤。

(1)展览品运输的报价传真给参展商。

(2)参展商确认报价内容后，与运输公司签定 COA(委托运输协议书)，确定双方合作的责任义务。

(3)根据参展商在国外展会现场需要展品到位的时间设定离境口岸的最晚集货时间。

(4)参展商将发运展品的品名及运输要求(选择整柜、拼箱)及时通知运输公司并提交相关单证。

(5)根据参展商的运输要求向船公司订舱，并安排拖柜到码头。

(6)报关，出运。

(7)协助展商填制展品运输到目的国的进口单证。

(8)货到目的地后，安排展品的进口报关。

(9)目的地码头拖柜到展馆，展品入库理货。

(10)按照参展商的要求将展品及时送达展位。

第二节 会展储存与保管功能

储存保管是物流系统的一项重要功能，它与运输形成了物流过程的两大支柱，是物流的中心环节。在物流过程中，运输的功能是实现展品及相关物资空间位置上的转移，以提高物流的空间效用。储存是克服展品生产与展出在时间上的差异，以提高物流的时间效用。储存控制是否合理，保管工作的好坏，直接影响着物流系统整体功能的发挥。

一、展品储存保管的意义和作用

(一)储存保管的概念

储存是指在社会再生产过程中,对离开直接生产过程或消费过程而处于暂时停滞状态的那一部分物品的保存管理。物品的储备是生产社会化、专业化不断提高的必然结果,是保证社会再生产过程连续不断进行的物质技术条件,它与社会再生产过程相适应,既存在于流通领域,又存在于生产领域和消费领域。

保管是储存的继续,是保护储存物品的价值和使用价值不受损害的过程。其主要任务是防止外部环境对储存物品的侵害,保持物品完好无损。因此,物品的储存是保管的前提,保管是保障储存物品能够以备再用。只要有物品的储存,就要对物品进行保管。

我们还可以这样来理解二者的不同,即:储存是主要从研究经济和经济管理方面来考虑问题,如存货控制;那么保管则主要从研究技术和技术管理来考虑问题,如物品的保养、维护技术等。而二者又有密切的联系,只有把储存和保管两者有机结合,才能更好地发挥其功能,实现其在物流中的时间效用。在物资短缺的时期,我们更偏重于保管的研究;在经济发展时期,我们则更注重储存的研究,特别是库存的控制。

储存与库存的不同在于,储存更强调目的性,即以备再用;而库存则强调地点而目的不明确,既可以是在仓库中的存货,也可以是生产与流通其他环节中的物品的停顿。库存中常常有被动的超储,严重时是企业的毒瘤。

(二)储存存在的客观必要性

1.具有一定规模的物品储存的客观必要性

首先,随着生产的社会化和专业化程度的不断提高,物品的生产和消费在时间上产生了背离。一方面,生产要大规模、连续地进行,或以一定的批量、周期进行;另一方面,消费却有其自身的特点和规律性。物品生产和消费在时间上的这种不一致性,就必须通过流通领域的物品储存加以调节,以解决供需之间的矛盾。

其次,生产和消费在空间地点上存在着矛盾。这就需要把生产出来的产品经过运输实现物品从生产所在地到消费所在地的转移。由于运输需要时间,因此,总会有一定数量的物品停留在运输过程中,形成物品的储存。由于经济运输的需要,进行集中运输,集中待运物品就形成了物品的储存。

再次,生产社会化、大量化与消费多样化和复杂化也存在矛盾,也需要有一定数量的物品储存,以克服这种矛盾。例如,原材料和燃料的生产属于大量生产,而消费单位众多,需要量多少不一,品种规格复杂,所以,无论在流通领域还是在生产领域,都需要有一定数量物品的储存,以适应产需的不同需要。

最后，为了克服偶然因素，如自然灾害、突然战争的爆发，或生产与消费过程中的意外事件的发生，也需要一定物品的储存，以克服这些偶然因素的影响，使社会再生产正常进行。

物品的储存表面上看是在社会再生产过程中某一环节上的停顿，但从参与整个社会再生产过程来讲，它又处于不断的运动过程。在流通领域里，情况更是如此。物品生产出来后进入流通领域形成储存，这种储存又源源不断地以物资形式供应市场，保证流通不致中断。

2.储存展品保管的必要性

作为储存展品的保管来说，主要是保障展品在储存过程中，其使用价值不至受到损害。展品在储存中由于其自身内在的质量和特点，其物理和化学性质，以及展品本身会受到自然因素和时间因素的影响和作用，会影响展品的质量，进而影响其使用价值。保管是根据不同展品的内在质量要求，采取相应的保管技术，克服外部因素对展品内在质量的影响，促进展品外部因素保持与内在质量因素的协调。显然，在储存过程中，对储存展品进行合理的保管，不断提高展品的保管技术水平，是非常必要的。

展品的保管主要包括对温度的控制，对湿度的控制，防止氧化和有害气体的侵蚀，防止阳光、雨水、尘埃杂物对展品的影响等。要使用相应的技术措施。

（三）展品储存的作用

1.保证展览正常举行的必要条件

异地办展的情况下，在展览开始之前，展品及相关物资应已经提前进入当地仓库进行储存，为展览的开始做好各项相关准备。如果在展览开始后，展品及相关物资还没有到位，那么势必会影响展览的效果。从另外一个角度看，展场本身也是一个储存地，放置于展场的各类物品也是展览正常进行的必备条件。

2.解决展品时间背离，提高时间效用的物流中心环节，实现物流系统的整体功能

(1)应对意外事件的物质基础

在办展过程中，可能会出现一些意外情况，如展品销售旺盛，出现缺货的情况，或者展品意外损坏等突然事故的发生，如果没有一定数量的展品储存，就会陷于被动；一定数量的展品储存，可以应付意外情况，保证展会的顺利进行。

(2)保证仓储功能的发挥

仓储功能除了储存和保管的基本功能外，还有其他如供需调节、运输调节、信誉机构和物流据点等辅助功能。供需调节是通过储存活动使得生产与消费、供应与需求之间协调起来。仓储还可以调节和衔接不同运输方式的能力差异，使运输功能顺利实现。

二、仓库及仓库设施

(一)仓库的概念

进行仓储活动的主体设施是仓库。所谓仓库,一般是指具有储存功能的设施,是对物品进行集中、整理、保管和分发等工作的场所。在我国,最初的“仓”和“库”是两个概念。“仓”为储存粮食的地方;“库”指储藏兵器的库房。后来人们合二为一,均称为仓库。也可以简单地描述为,仓库是储藏、保管物品的场所的总称。

(二)仓库的分类

按不同的标志可对仓库进行分类,以便对不同类型的仓库进行不同的管理。

1. 按仓库在社会再生产中所处的位置不同划分为:生产领域的仓库和流通领域的仓库。

2. 按仓库的主要职能的不同划分为:企业仓库、营业仓库和公用仓库。

3. 按保管物品的不同对仓库划分为:原料、产品仓库,商业、物资综合仓库,农副产品仓库,一般和专用仓库,特种危险品仓库,冷藏仓库,恒温仓库,战略物资储备仓库等。

4. 按仓库的建筑结构的不同划分为:简易仓库、平房仓库、楼房仓库、高层货架仓库(立体仓库,实行机械化、自动化作业的发达国家的先进仓库)、罐式仓库等。

5. 按仓库所处的位置划分为:港口仓库、车站仓库、汽车终端仓库、工厂仓库和流通仓库等。

(三)仓库设施——货架

货架是直接保管物品的主要设施。在仓库中使用货架具有很重要的技术经济意义。货架可以使储存向立体发展,从而充分利用仓库空间,大大提高单位面积利用率;货架是受力结构,因而物品入架后相互之间不会有堆积受力,防止了损失;按货架分隔的空间,可以使物品对号入座,存取方便,维护保养作业也容易进行;有利于实现“先进先出”的管理要求。

仓库中使用的货架,可分为普通货架和特殊货架两类。普通货架是目前仓库中广泛使用的一类货架。这类货架从不同的角度可分为以下几种。

1. 按载重量可区分为轻型、中型和重型三种货架。

2. 按形状和用途,可区分为 H 形、A 形通用货架,条形货架,悬臂形货架(用于存放钢筋、钢管等链条形物品),抽斗形货架(用于存放小件物品,如仪表、工具、零件等)。

随着仓库专业化、机械化、自动化水平的提高,客观上要求仓库具有更高的效率,这就产生了各种不同类型的特殊货架。主要有以下几种。

1. 阁楼型货架

阁楼型货架的基本结构是在一层货架的顶部铺设顶板，再在其上安放一层货架。如果仓库的空间允许，还可以安装第三层货架。这种货架结构采用全装配式，拆卸方便。显然，使用这种货架，仓库空间的利用率成倍提高。在改造旧仓库时，应用这种货架是提高仓库储存能力的有效措施。

2. 驶入式货架

在仓库中，为了满足进出货物的要求，需要留出一定的通道。尤其是在可用机械进出库的仓库中，通道所占用的面积更多，往往达到仓库面积的 1/3～2/3，从而降低了仓库的平面利用率。为了减少通道的占用面积，专门设计了可进车的货架，使货架和通道成为一体。叉车进入货架内将货物卸放在临时搭置的货架上，顺序推移，直至装满。在取货时则从外向内按顺序进行。这种货架节省了通道占地，提高了仓库平面利用率。但是，这种货架不能实现“先进先出”的要求。

3. 重力式货架(或称流动式货架、贯通式货架)

是将链式传送带、柱式传送带或滚轮式传送带安装在货架的间隔内并保持一定的坡度，从一端放入的货载就会在本身重力的作业下，沿传送带顺序移动到另一端准备出库。整个仓库只需在进出货的两端设置通道，从而提高了仓库的平面利用率。这种货架可以实现“先进先出”的要求，技术经济效果较好。

4. 密集型货架

对仓库货架的排列，显然是排列得越密，仓库的利用率就越高。但是，由于必须要留足工人操作的通道和搬运机械的行走通道，因而货架不可能排列得太密。如果在地面上铺设轨道，货架沿轨道运动，就可以使货架排列紧密而无须设置通道。取货时，只需要将货架沿轨道拉出进行取货操作。

5. 立体仓库中的高层货架

为了节省用地，充分利用空间高度，工业发达国家近年来大力发展了高层货架。高层货架是立体仓库的主要设施，它用于托盘等“单元组合货载”。在立体仓库中，主要采用沿货架运动的升降举货机(巷道堆垛机)，也可以用叉车配合，这种仓库叫自动仓库。

三、仓库管理与储存作业

(一)仓库保管作业的内容

仓库保管作业按业务活动分为三个阶段。

1. 展品入库阶段

展品入库阶段是根据展品的入库计划和参展合同的规定进行作业的。在接受展品入库时，需要进行一系列的作业活动，如展品的接收、验收、办理入库手续等。

2. 展品储存保管阶段

这一阶段是展品在整个储存期间，为保持其原有使用价值，仓库需要采取一系列的保管、保养措施，如展品的堆码，盖垫物品的维护、保养，展品的检查、盘点等。

3. 展品发放阶段

根据货主开具的出库证明，为使展品准确、及时、安全地从仓库发往展馆，进行一系列作业活动，如分拣出库、复核、装车等。

仓储保管活动和作业内容如表 3-1 所示。

表 3-1 仓库保管活动和作业内容表

<table>
<tr><th>业务阶段</th><th>业务活动</th><th>作业内容</th></tr>
<tr><td rowspan="2">入库阶段</td><td>接运</td><td>(1)车站、机场提货
(2)短途运输
(3)货场交货</td></tr>
<tr><td>验收</td><td>(4)验收准备
(5)实物验收、质量数量验收记录
(6)登账建卡</td></tr>
<tr><td rowspan="2">仓储保管阶段</td><td>储存保管</td><td>(7)分类整理
(8)上垛、堆垛
(9)倒垛
(10)储存经济管理(定额、财产处理)
(11)安全管理</td></tr>
<tr><td>维护保管</td><td>(12)湿度控制
(13)维护保养
(14)检查、盘点</td></tr>
<tr><td rowspan="2">出库阶段</td><td>出库</td><td>(15)核对凭证
(16)审核、划价
(17)备料、包装
(18)改卡、记账</td></tr>
<tr><td>发运代运</td><td>(19)领料或送料
(20)代办托运</td></tr>
</table>

(二)仓储保管规格化

仓储保管规格化是实行有效管理的一项重要内容。实现仓储保管规格化，对仓库实行计划管理，保证仓库作业有条不紊地进行和加强库房安全管理等都起着非常重要的作用。其包括以下主要内容。

1. 货位规格化

货位，即货物储存的位置。货位规格化，是运用科学的方法，通过周密的规划设计，实行“四号定位”（库房号、货架号、层次号、货位号），使库内物品的货位排列系统化、规范化。实行货位规格化的主要依据是物品分类目录、物品储备定额以及物品本身的性质。

（1）物品分类目录

为使仓库管理适应计划管理、业务管理和统计报表的需要，并同采购环节相衔接，采取按展品所有权分类的目录比较合适。在货位排列上，对不同类的物品在货架上的位置考虑上，都应另起货架或另行存放在一层上。

（2）物品储备常量

要按储备中的规定划分货位。如无储备常量，可根据常备物品目录进行安排，并在货架上留有适当空位。

（3）物品本身的自然属性

物品本身的物理、化学性质相抵触，温湿度要求不同，以及灭火的方法相抵触，这样的物品不能安排在一起存放。

2. 货位编号

货位编号应按下列原则进行。

（1）唯一的原则

库存所有物品都有自己唯一的编号，号码不能互相重复。

（2）系列化的原则

编号的顺序要按物品分类的顺序分段编排。编号的分段序列符合物品分类目录的分段序列。

（3）实用的原则

编号尽量简短，便于记忆和使用方便。

（4）通用的原则

编号要考虑各方面的需要，使物品的编号既是货位编号，又是储存定额的物品编号，也是材料账的账号，也可以是计算机的物品代号。

货位编号具有广泛的用途。由于货位按分类序列编号，并且“四号定一位”，知道了编号就知道了该物品的位置，存取方便。保管人员和会计人员按出入库单据的物品编号可准确记入实物账和会计账，可减少和消除账物不符的现象。

（三）仓储保管主要技术

仓储保管技术实际上是对储存物品在保管过程中的维护、保养和管理，目的在于保持物品的原有使用价值，不致于在仓储保管过程中受到损害。

1. 仓库温湿度的控制和调节

仓库的温湿度对储存物品质量影响是很大的。因此，采取措施，创造适合储存物品安全储存保管的温湿度条件，成为物品保管的一项重要的日常工作，主要有两个方面。

观察和掌握库内外温度变化规律，为对库内温湿度控制和调节提供依据。因此，需要配置一些气象设施和温湿度仪器，建立一定的观测和报告制度以及设施、仪器的使用和维护保养制度。

根据库内外观测和掌握的温湿度及其变化情况，确定和调节库内温湿度的方法，常用的方法是通风降温。要注意使用此方法的特定条件。

2. 密封和吸湿

在春夏季里，很少有自然通风降温的条件，并且湿热的大气又不断地侵入库内，在这种情况下，采取封库或封垛的技术，或采取吸湿剂、机械除湿技术等。

密封是保持库存物品所需要的温湿度条件的一项技术措施，它分为封库和封垛，吸湿剂是一种降湿的辅助方法，它利用吸湿剂吸收空气中水汽的办法，达到降湿的效果。常用的吸湿剂有生石灰、氯化钙、硅酸等。

机械除湿、降温是采用机械的工作原理，使湿空气经过过滤并附着于蒸发器上，由于蒸发器的表面温度低于空气露点温度，空气中的水分就会凝结成水滴排出，使空气中的含水量降低。我国常用的机械除湿有两大类除湿机：一类是冷冻降湿机；另一类是氯化锂转轮除湿机。

3. 金属材料和金属制品的保养技术

防止金属锈蚀是金属材料和金属制品保管的一项重要任务。金属锈蚀的原因很多，如大气锈蚀、土壤锈蚀、海水锈蚀、接触锈蚀等。产生这些锈蚀的根本原因是化学锈蚀和电化学锈蚀，而且电化学锈蚀最为普遍、最为严重。金属材料和金属制品的保养技术分为两大类：一类是除锈；另一类是防锈。其中防锈比除锈更重要。在仓库保管中所能采用的防锈方法有：防止金属表面形成水膜；给金属制品一个合适的保管场所；采取垛位的上遮下垫封垛、除湿、降温等有效的防锈措施；采取涂油保护措施等。

4. 储存物品霉变的防治技术

物品霉变的防治主要针对物品霉变的外因，微生物影响霉变的环境条件，采取相应的技术措施，以防止物品的霉变。其具体措施有两条：一条是加强储存物品的保管工作；另一条是预防措施，采取药物防霉腐。

首先，加强物品的保管。加强每批物品的入库检查，确认无水湿和霉腐现象，检查物品的自然含水量是否超过储存保管范围，包装是否损害受潮，内部有无发热现象。针对不同物品的性质，采取分类保管，达到不同物品需要的不同的保管条件，以防止物品的霉变。根据不同季节、不同地区的不同储存保管条件，采取相应的通风降湿措施，使库内温湿度达到具有抑制霉菌生长和繁殖能力的要求。

其次，药剂防霉腐。采取对霉腐微生物具有抑制和杀灭作业的化学药剂，对展品进行喷洒，达到防止霉腐的作用。采取氮气或二氧化碳全部或大部取代展品储存环境的空气，使展品上的微生物不能生存，达到防霉腐效果。

四、库存数量的一般控制方法

（一）存货数量的控制模型——物资采购经济批量的数学模型（EOQ）

1. 影响采购批量的因素

展品储存量的多少，是由很多客观因素决定的。

（1）订货成本

订货成本泛指采购一批展品所需要的各种费用的总和。订货成本以两种形式出现：一种是随采购物资批量大小而成正比例变化，被称为可变费用；另一种是与采购批量大小无关，被称为固定费用。

（2）储备成本

这类费用可分为两部分内容：第一部分是与储备资金有关的费用，包括储备资金的利息、税金以及物资的自然损失等；第二部分是与储存物资数量有关的费用，如仓库管理费、仓库设施费以及仓库内部搬运费等。为了计算方便，企业按在一定时期内，某一单位展品的平均占用储备费用来计算。物品的数量一般可以看作物资采购入库时数量的一半。

（3）缺货损失费用

由于缺货而影响生产的顺利进行，造成生产上的损失，被称为缺货损失。为了防止缺货损失，在确定采购批量时应事先考虑。适量的存货虽然增大了采购费用，但比缺货损失小得多。

（4）在途时间

从展品采购到企业内部仓库的运输过程需要一定的时间，所以在展品采购中，应包括在运输期间生产上的物资需求量。

综合考虑以上各种因素和费用，才能正确地确定物资的采购批量。

2. 经济订货批量模型

$$TC(Q)=PR+\frac{CR}{Q}+\frac{PFQ}{2}$$

$$\frac{dTC(Q)}{dQ}=\frac{d}{dQ}(PR+\frac{CR}{Q}+\frac{PFQ}{2})=0$$

$$\frac{PF}{2}-\frac{CR}{Q^2}=0$$

$$\frac{PF}{2}=\frac{CR}{Q^2}$$

$$Q^2=\frac{2CR}{PF}$$

$$Q^*=\sqrt{\frac{2CR}{PF}}=\sqrt{\frac{2CR}{H}}$$

其中,Q^* 为经济订货批量;C 为单次订货成本;R 为年总需求量;H 为单位产品的库存成本。

(二)库存物资重点管理方法——ABC 分析法

1. ABC 分析法的基本原理

ABC 分析法,又称 ABC 管理法,是用数量统计的方法对事物、问题分类排队,以抓住事物的主要矛盾的一种定量的科学管理技术。ABC 分析法用"关键的少数,次要的多数"的基本思想,将研究对象的构成要素按一定的标准区分为 A、B、C 三部分,根据事物的特性,分别对 A、B、C 给予不同的管理,如重点管理或一般管理等。

在物流管理中,一般来讲,A 类物资是关键的少数,它在品种上占总品种数的 5%～15%,而在资金上却要占到总金额的 60%～80%;B 类物资是一般的物资,它在品种和资金上要占到总数的 15%～20%;C 类物资是次要的多数物资,它在品种上往往要占总数的 60%～80%,而资金只占到总金额的 5%～15%。对物流管理而言,ABC 分类可简化为按品种分为 A、B、C 类,其比例为 1∶2∶7;而资金分为 A、B、C 三类,其比例为 7∶2∶1。

ABC 分析法在物流管理中得到了广泛的应用,可以在物资分类订购、销售、资金管理、成本管理、仓储管理以及物资保管、运输、配送等方面应用。

2. ABC 分析法的一般程序

(1)计算分析期内(一年)各种物资所占用的总额。

(2)按占用资金的大小,从大到小顺序排队。

(3)计算各种物资的累计金额以及其占总金额的百分比。

(4)计算品种累计数及品种累计百分比。

(5)按 ABC 分类标准进行具体分类。

(6)在 ABC 分类的基础上,绘制 ABC 曲线。

(7)根据 ABC 分类,对 ABC 三类物资采取不同的管理对策。

3. 关键因素分析法(Critical Value Analysis,CVA)

CVA 的基本思想是把存货按照关键性分成类,具体如下。

(1)最高优先级:这是经营的关键性物资,不允许缺货。

(2)较高优先级:这里指经营活动中的基础性物资,允许偶尔缺货。

(3)中等优先级:多属于比较重要的物资,允许合理范围内的缺货。

(4)较低优先级:经营中需要,但可替代的物品。

表 3-2 中列出了按 CVA 库存管理法所划分的库存种类及其管理策略。

表 3-2　CVA 法的库存种类及其管理策略

库存类型	特点	管理措施
最高优先级	经营管理中的关键物品,或 A 类重点客户的存货	不允许缺货
较高优先级	生产经营中的基础性物品,或 B 类客户的存货	允许偶尔缺货
中等优先级	生产经营中比较重要的物品,或 C 类客户的存货	允许合理范围内缺货
较低优先级	生产经营中需要,但可替代的物品	允许缺货

CVA 管理法比 ABC 管理法有着更强的目的性。CVA 管理法和 ABC 管理法结合使用,可以达到分清主次、抓住关键环节的目的,在对成千上万种物资进行优先级分类时,也不得不借用 ABC 管理法进行归类。

(三)VMI 库存管理法

供应商管理库存(Vendor Managed Inventory,VMI)可以理解为企业的原材料供应及采购库存和仓储由供应商管理。当企业需要时,由供应商组织送货。这种库存管理方法,大大减少了企业采购原材料库存管理的费用,减少了采购物流的风险,削减了"牛鞭效应",是当今供应链管理中主要的库存管理方法。

(四)零库存管理方法

零库存即企业不拥有库存,这是库存的最高境界。没有库存就没有了库存的副作用,减少了企业经营的风险。但零库存必须建立在对企业生产和经营的高度保障的基础之上。探讨零库存的方法,目前主要有:准时制库存管理,配送制的集中库存管理和 VMI 库存管理。

第三节　会展装卸搬运功能

会展产品的装卸与搬运作业,通常是短距离的参展物品的搬移,是在运输前后和保管前后的端点上对会展物品进行改变存放状态和空间位置的处理方式,是仓库作业和运输作业的纽带和桥梁。提高参展物品在运输和仓储过程中的搬运服务质量,并适当地降低搬运成本,对加速会展物流的发展十分重要。

在整个物流过程中,装卸搬运是不断出现和反复进行的活动。它出现的频率高于其他各种物流活动,同时每次装卸搬运都要占用很多时间和消耗很多劳动。因此,装卸搬运不仅成为决定物流效率的关键,而且是影响物流费用高低的重要因素,开展装卸搬运的研究,实现装卸搬运的合理化,无疑对物流系统整体功能的发挥,降低物流费用,提高物流速度,具有重要的意义。

一、装卸搬运概述

(一)装卸搬运的含义

装卸搬运是指同一地域范围内进行的,以改变展品的存放状态和空间位置为主要内容和目的的活动。这里的搬运与运输有范围上的不同。由于展品存放的状态和空间位置是密切相关的,因此,人们常常用装卸或搬运来代替装卸搬运的完整意义。如,在生产领域被称为物料搬运,在流通领域则被称为货物装卸。

装卸搬运活动在整个物流中占有很重要的地位。一方面,物流过程中的各个环节之间的衔接以及同一环节的不同活动的衔接,是通过装卸搬运把它们有机地结合起来,从而使物品在各环节、各种活动之间处于连续运动或流动状态。另一方面,各种运输方式之所以能联合运输,也是由于装卸搬运作业才使其完成。在生产领域中,装卸搬运作业已成为生产过程中不可缺少的组成部分,成为直接生产的保障系统,从而形成装卸搬运系统。会展装卸搬运的内容构成基本有三项:被搬运的展品及相关物资、移动的目的和方法体系。

(二)装卸搬运的特点

1. 均衡性与波动性

均衡性是针对生产领域而言。作为生产过程的装卸搬运活动必须与生产过程的节拍保持一致。因此,生产中的装卸搬运基本上是均衡的、连续的和平稳的,具有节奏性。而流通领域的装卸搬运是随车辆的到发和货物的出入库而发生,其作业是突击的、波动的、间歇的。装卸搬运的波动程度可以用波动系数进行定量描述。对波动作业的适应能力是装卸搬运的特点之一。

2. 稳定性和多变性

装卸搬运的稳定性主要是指生产领域的装卸搬运,它与生产过程的相对稳定相联系。在流通领域,由于物质产品本身的品种、形状、尺寸、重量、包装、性质等各不相同,运输工具又各异,加上流通过程的随机性等,决定了装卸搬运作业的多变性。在流通领域,装卸搬运具有适应多变作业的能力,是它的又一特点。

3. 局部性和社会性

生产领域的装卸搬运一般限于企业内部。在流通领域,涉及的面则是整个社会。因为任何一个物流据点的装货都有可能到任何一个物流据点去卸货,任何一个发货主都有可能向任何一个收货人发货,任何一个发货点都可能成为收货点等。所以,流通领域的所有装卸搬运作业点的装备、设施、工艺、管理方式、作业标准,都必须互相协调,以实现发货装卸搬运活动的整体效益。

4. 单纯性与复杂性

生产领域的装卸搬运是生产过程的一项活动,其作业较为单纯、简单。而流通过程的装卸搬运与运输、存储紧密衔接，为了安全和运输经济性的原则，需要同时进行堆码、满载、加固、计量、取样、检验、分拣等作业，较为复杂。因此，装卸搬运作业必须具有适应这种复杂性的能力，才能加快物流的速度。这里，我们主要是从流通领域来阐明装卸搬运的。

（三）装卸搬运的作用

1. 装卸搬运是伴随生产过程和流通过程各环节所发生的活动，又是衔接生产各阶段和流通各环节之间相互转换的桥梁。因此，装卸搬运的合理化，对缩短生产周期、降低生产过程的物流费用、加快物流速度、降低物流费用等，都起着重要的作用。例如，据典型调查，我国机械工业企业生产 1 吨的产品，需要经过 252 吨次的装卸搬运；在原苏联，铁路运输的货物，少则需要 6 次、多则需要十几次至数十次的装卸搬运，其费用约占运输费用的 25%～30%。

2. 装卸搬运是保障生产和流通其他各环节得以顺利进行的条件。它的工作质量会对生产和流通其他各环节产生很大的影响，可能使生产过程不能正常进行，或者使流通过程不畅。所以，装卸搬运对物流过程其他各环节所提供的服务具有劳务性质，具有提供保障和服务的功能。

3. 装卸搬运是物流过程中的一个重要环节，它制约着物流过程其他各项活动，是提高物流速度的关键。由于装卸搬运是伴随着物流过程其他环节的一项活动，因而往往不能引起人们的足够重视。可是，一旦忽视了装卸搬运，生产和流通领域轻则发生混乱，重则造成停顿。由此可见，改善装卸搬运作业，提高装卸业合理化程度，提高物流服务质量，发挥物流系统整体功能等，都具有重要的意义。

（四）装卸搬运的分类

1. 按作业场所的不同进行分类

有铁路装卸，港口装卸，机场、仓库装卸等。

2. 按装卸搬运的物品的属性进行分类

有成件包装物品的装卸搬运、散装装物品的装卸搬运、流体物品的装卸搬运、危险品的装卸搬运等。

3. 按装卸搬运的特点进行分类

有堆垛、拆垛作业，分拣、配货作业，搬运移动作业（包括水平、垂直、斜行搬运以及几种组合作业）等。

（五）搬运的基本作业

搬运是指在会展物流过程中，为运输、保管和配送的需要而对参展物品进行的装卸、搬运、堆垛、取货、理货等作业。搬运活动的基本动作包括装车（船、机）、卸车（船、机）、堆垛、入库、出库以及连接上述各项活动而做的短程输送。用于衔接会展物流活动的各个环节，搬运是会展物流系统的构成要素之一。换言之，在任何其他物流活动互相过渡时，都是以搬运来衔接的。因此，装卸搬运往往成为整个会展物流系统的“瓶颈”，是会展物流各功能之间能否形成有机联系和紧密衔接的关键。

搬运的基本作业可分为以下三大类。

1. 堆垛、拆垛作业

堆垛、拆垛作业包括堆垛、拆垛、高垛、高垛取货作业。堆垛作业是把参展物品从预先放置的场所，移动到卡车之类的装运设备或运输中心的固定设备的指定位置，再按照要求的位置和形态放置货物的作业。而拆垛作业是堆垛作业的逆作业。高垛作业是指在运输中心等固定设施的入库作业中，堆垛高度在 2 米以上的作业。高垛取货作业是高垛作业的逆作业。

2. 分拣、配货作业

分拣作业是在堆垛、拆垛作业的前后或在配货作业之前发生的作业，把参展物品按品种、出入先后、分拣分类，再分别放到规定位置的作业。配货作业是向卡车等输送设备装货作业前和从仓库等保管设施出库装卸前发生的作业。它是把参展物品从所规定的位置，按品种、下一步作业种类、发货对象所进行的堆垛、拆垛作业。

3. 搬送作业

搬送作业是为了进行上述各类作业而发生的、以进行这些作业为主要目的的移动作业，包括水平、垂直、斜行搬送以及几种组合的搬送。

(六)搬运设备

搬运机械是物流系统中使用数量最多、频度最大的机械设备。目前，主要搬运机械包括以下几种。

1. 装卸搬运车辆

装卸搬运车辆依靠机械本身的运行和装卸机构的功能，实现参展物品的水平搬运和装卸。装卸搬运车辆主要有叉车(叉车装卸机)、搬运车、牵引车和挂车等。

2. 输送机械

输送机械是指一种在一定的输送线路上，可以将参展物品从装载起点到卸载终点以恒定的或变化的速度进行输送，形成连续或脉动物流的机械。

3. 起重机械

起重机械是指靠人力或动力使货物做上下、左右、前后等间歇、周期性运动的转载机械，主要用于起重、运输、装卸、机器安装等作业。

4. 散装装卸机械

散装装卸机械是指具有装卸和运输两种功能的机械，主要以装卸散装货物为主，如装卸机、卸载机、翻车机等。

在选择会展物流的搬运机械时应该充分考虑5个方面的因素，即参展物品的特性、环境特性、作业的特性、作业速率及经济效益。其中，参展物品的特性是指参展物品本身和包装的特性；环境特性是指作业场地、建筑物的构造、设置的配置、地面的承受力等环境因素；作业速率因素是指根据参展物品的物流速度、进出量要求确定是高速作业还是平速作业，是连续作业还是间歇作业，以考虑选择合适的机械。

二、装卸搬运的原则与合理化

（一）装卸搬运的基本原则

1. 减少环节，装卸程序化

由于装卸搬运活动本身并不增加货物的价值和使用价值，相反地，却增加了货物损害的可能性和成本。因此，首先应从研究装卸搬运的功能出发，分析各项装卸搬运作业环节的必要性，千方百计地取消合并装卸搬运作业的环节和次数，消灭重复无效、可有可无的装卸搬运作业。例如，车辆不经换装直接过境，大型的发货点铺设专用线，门到门的集装箱联运等，都可以大幅度减少装卸搬运的环节和次数。必须要进行的装卸搬运作业，应尽量做到不停顿、不间断，顺畅进行，工序之间要紧密衔接，作业路径应当最短或为直线，消灭迂回和交叉，要按流水形式组织装卸作业。

2. 文明装卸，运营科学化

杜绝野蛮装卸是文明装卸的重要标志。在装卸搬运作业中，要采取措施保证货物完好无损，保障作业人员人身安全。同时不因装卸搬运作业而损坏装卸搬运设施和设备、运载与储存的设备和设施等。由于装卸搬运作业而造成的各种环境污染，应采取措施使其污染限制在有关标准的范围内；各种装卸搬运作业一定要按工艺要求，缓起轻放，不碰不撞；堆码定型化，重不压轻，货物标志放置在外；通道和作业场地的各种号码标志要明显；设施设备安全装置和安全标志要齐全、有效；装卸搬运职工按劳动保护要求配备整洁美观的工作服装，体力和脑力劳动强度和负荷都应控制在生理合理的范围内，并在组织装卸搬运作业时，其劳动环境的色调、光线、温湿度、卫生状况要符合人体工程学、劳动心理学的科学原理。

装卸搬运设施和设备的负荷率和繁忙程度要合理，应控制在设计的范围之内，严禁超负荷运转；能源消耗和成本要达到合理甚至先进的水平；设备与设施采用科学的综合管理和维修保养制度；按照经济合理的原则，确定设备和设施的寿命周期，及时更换改造。要改变装卸搬运只是一种简单的体力劳动的陈旧观念，积极推进全面质量管理等科学的管理方法，使装卸搬运作业的营运组织工作由经验上升到科学。

3. 集中作业，集装散装化

集中作业是指在流通过程中，按经济合理原则，适当集中货物，使其作业量达到一定的规模，为实现装卸搬运作业机械化、自动化创造条件。只要条件允许，流通过程中的装载点和卸载点应当尽量集中；在货场内部，同一货物的作业尽可能集中，建立相应的专用协作区、专业码头或专业装卸线，一条作业线能满足车船装卸作业，就不采取低效的多条作业线方案；在铁路运输中，关闭业务量很小的中间小站多货运装卸作业，建立厂矿、仓库共用专用线，都是采用集中作业的措施。

成件货物集装化作业，粮谷、食盐、糖、水泥、化肥、化工原料等粉状货物散装化作业，是装卸搬运作业的两大发展方向。实际上，集装化和散装化也是集中作业形式，把小件集中为大件，提高装卸作业效率。所以，各种成件货物应尽量集装成集装箱、托盘、货捆、网袋等货物单元，然后装卸搬运。各种粉粒状货物应尽可能散装入专用船、车、库，以提高装卸搬运效率。

4. 省力节能，努力促进“活化”

节约劳动力，降低能源消耗，是装卸搬运作业的最基本的要求。因此，要求作业场地尽量坚实平坦，这对节省劳动和减少能耗都会起作用。在满足作业要求的前提下，货物净重与货物单元毛重之比尽量接近 1，以减少无效劳动。尽量采取水平装卸搬运和滚动装卸搬运，以求省力。

提高货物装卸搬运的灵活性，也是对装卸搬运做出的基本要求。装卸搬作业的灵活性是指货物的存放状态对装卸搬运作业的方便难易程度，亦称货物的“活性”。在物流过程中，对货物的活性进行度量，常用“活性指数”来表示，它表明货物装卸搬运作业的方便程度。我们把作业中的某一步作业比它的前一步作业的活性指数高的情形，即该项作业比它前项作业更便于装卸搬运的状况，称为“活化”。因此，对装卸搬运工艺的设计，应使货物的活性指数逐步增加，这就是要努力促进“活化”的基本含义。货物活性指数如表 3-3 所示。

表 3-3　货物的“活性指数”

货物的存放状态	活性指数
散放	0
预垫或置于企业内部使用的各种集装器具中	1
存放于行业范围内流动的各种集装器具中	2
存放于全国流动的各种集装器具中	3
全国流动的各种集装器具置于运输工具中	4

5. 巧装满载，安全效率化

装卸搬运是运输和储存的前奏。运输工具满载和库容的充分利用是提高运输和存储效益和效率的主要因素之一。在运量大于运能、储量大于库容的情况下尤为重要。所以，装卸搬运时，要根据货物的轻重、大小、形状、物理化学性质，以及货物的去向、存放期限、车船库的形式等，采用恰当的装卸方式，巧妙配装，使运载工具满载，库容得到充分利用，以提高运输、存储效益和效率。

装卸作业完成后，或者运输或者储存。为了保证运输储存的安全，在装载时要采取一定的方法保持货物稳固，以克服运输或储存过程中所产生的各种外力的破坏作用，诸如纵向、横向、垂直惯性力以及风力、重力、摩擦力等。

运输工具、集装工具、仓储地面、货架等既要求满载，以提高其利用率和效率，又要求所承载能力在一定的限制下，并采取一定的方法，使装货载荷均匀地分布在承受的载面上，这样可以保证运输、装卸搬运设备和仓储设施的安全，并能达到提高使用寿命的目的。

（二）装卸搬运合理化

1. 降低搬运作业次数

会展物流过程中，物品的损坏发生的主要环节是搬运环节，而在整个物流过程中，装卸搬运作业又是反复进行的，从发生的次数来讲，超过任何其他活动。所以，过多的装卸次数必然导致损失的增加。此外，搬运的费用较高，所以每增加一次装卸，费用就会有较大比例的增加。装卸搬运又会大大阻缓整个物流的速度。为此，应该通过合理的规划布局设计，安排作业计划，采用合理的作业方式，实现物品装卸搬运次数最小化。

2. 提高货物装卸搬运的灵活性和可运性

关于装卸搬运的灵活性，要求装卸搬运作业必须为下一个环节提供方便，即所谓的“活化”，不断地提高活化的程度是装卸搬运灵活性的重要标志。装卸搬运的可运性是指装卸搬运的难易程度。影响装卸搬运的难易程度的因素主要有：物品的外形尺寸、物品的密度或笨重程度、物品的形状、损伤物品、设备或人员的可能性、物品所处的状态、物品的价值和使用价值等。装卸搬运的可运性可用物品马格数值的大小来度量。任何一个物品的马格数可用公式表示为：

$$M=A+[1/4\times A(B+C+D+E+F)]$$

其中：M 表示某种物品的马格数；A 表示木制物品的基本马格数值，简称基本值；B,C,D,E,F 分别表示物品的形态或影响装卸搬运难易程度的各种因素的“级”别，如物品的笨重程度、物品的形状、物品的损伤的可能性不断降低马格数值，就意味着物品不断提高了可运性。因此，采取措施降低马格数值，是提高装卸搬运可运性的重要标志，也是装卸搬运合理化的重要标志之一。

3.利用重力作用,减少能量消耗

在装卸搬运时应尽可能消除货物重力的不利影响,同时,尽可能利用重力进行装卸搬运,以减轻劳动力和其他能量的消耗。消除重力影响:一是尽量避免从下向上举起货物;二是做到“持物不步行”。具体操作时货物的重量由台车和传送带等负担,人的力量只用于载货车辆的水平移动。利用重力装卸主要是从上至下时,如将溜槽或无动力小型传送带倾斜安装在货场、卡车或站台上进行货物装卸,使货物依靠本身重量完成装卸搬运作业。

4.合理选择装卸搬运机械

装卸搬运机械化是提高装卸效率的重要环节。装卸机械化程度一般分为三个级别,第一级是用简单的装卸器具;第二级是使用专用的高效率机具;第三级是依靠电脑控制实行自动化、无人化操作。以哪个级别为目标实现装卸机械化,不仅要从是否经济合理来考虑,还要从加快物流速度、减轻劳动强度和保证人与物的安全等方面来考虑。另一方面,装卸搬运机械的选择必须根据装卸搬运物品的性质来决定。对以箱、袋或集合包装的物品可以采用叉车、吊车;货车装卸、散装粉粒装物品可以用传送带装卸;散装液体物可以直接用装运设备或储存设备装取。

5.合理选择装卸搬运方式,实现规模搬运和参展物品的单元化

在装卸搬运过程中,必须根据货物的种类、性质、形状、重量来确定装卸搬运方式。其方式大体上有三种:①分块处理,即按普通包装对货物逐个进行处理;②散装处理,即对散装粉粒状货物不加小包装而进行的原样装卸;③单元组合处理,即以托盘、集装箱为单位进行组合后的装卸。实现单元组合,可充分利用机械进行操作。其优点是:操作单位大,作业效率高,能提高物流“活性”;操作单位大小一致,易于实现标准化;装卸不触及货物,对物品有保护作用。但这种装卸搬运方式并不是对所有货物都适用。

搬运机械的能力达到一定规模,才会有最优效果。追求规模效益的方法,主要是通过各种集装实现间断搬运时一次操作的最合理量,从而使单位搬运成本降低。而参展物品的单元化是指将参展物品集中成一个单位进行装卸搬运。单元化是实现合理搬运的重要手段。通过单元化不仅可以提高作业效率,还可以防止货物损坏和丢失。此外,单元化也使数量的确认变得更加容易。

6.改进装卸搬运作业方法,提高搬运的系统化

合理分解装卸搬运活动,对于改进装卸搬运各项作业,提高装卸搬运效率有着重要的意义。例如,采取直线搬运,减少装卸搬运次数,使得货物搬运距离最短;避免装卸搬运流程的“对流”、“迂回”现象;防止人力和装卸搬运设备的停滞现象,合理选用装卸机具、设备等。在改进作业方法上,尽量采用现代化管理方

法和手段，如"排队论"的应用、网络技术的应用、人—机系统的应用等，实现装卸搬运的连贯、通畅、均衡。

搬运的系统化是指将各个装卸搬运活动作为一个有机的整体实施系统化管理。综合运用系统理论的观点，可以提高装卸搬运活动之间的协调性，增强搬运系统的柔性，从而提高搬运效率，以便更好地适应多样化、快速化的会展物流需求。搬运的系统化的提高还表现为在组织搬运作业时，能够灵活运用各种装卸搬运工具和设备，使前面一道作业要为后一道作业着想。例如，如果卸下来的货物零散地码放在地上，在搬运时就要一个一个搬运或重新码放在托盘上，因此增加了装卸次数，降低了搬运效率。如果卸货时直接将货物堆码在托盘上，或者运输过程中就是以托盘为一个包装单位，那么，就可以直接利用叉车进行装卸或搬运作业，实现装卸搬运作业的省力化和效率化。

7.创造"复合终端"

近年来，工业发达国家为了对运输线路的终端进行装卸搬运合理化的改造，创建了所谓的"复合终端"，即对不同运输方式的终端装卸场所，集中建设不同的装卸设施。例如，在复合终端内集中设置水运港、铁路站场、汽车站场等。这样就可以合理配置装卸搬运机械，使各种运输方式有机地联合起来。"复合终端"的优点在于：①取消了各种运输工具之间的中转运输，有利于物流速度的加快，减少装卸搬运活动所造成的货物损失；②各种装卸场所集中到复合终端，就可以共同利用各种装卸搬运设备，提高设备的利用率；③在复合终端内，可以利用大生产的优势进行技术改造，大大提高运转效率；④减少了装卸搬运的次数，有利于物流系统功能的提高。

三、装卸搬运的设备与运用

装卸搬运设备是进行装卸搬运活动的物质基础，是提高装卸搬运技术水平的重要保证。装卸搬运设备的运用组织是发挥装卸搬运设备功能的重要条件，也是其经济管理的重要内容。

(一)装卸搬运设备及其分类

物流的发展，对装卸搬运合理化提出了新的要求，首先表现在装卸搬运工具的更新。为了适应装卸搬运业发展的需要，我国生产领域的机械制造工业部门形成了一个门类齐全的装卸搬运设备制造业，即起重、输送机械制造行业。这个行业的形成必将对我国装卸搬运机械化、自动化水平的提高起到极为重要的作用。我们可以依据不同的标准对装卸搬运机械设备进行分类。

1.按装卸搬运设备的用途进行分类

装卸搬运设备按用途可分为单件作业设备、集装作业设备、散装作业设备三大类。其具体分类如表 3-4 所示。

表 3-4　按装卸搬运设备的用途分类

	装卸搬运机械设备名称	备注
单件作业	桥式类型起重机、门式类型起重机 臂式类型起重机、梁式类型起重机 悬挂输送机、带式输送机 板式提升机、电梯、升降台、升降机 大型叉车、侧叉、跨车 件货装(卸)船(车)机 各类分拣设备 盘式输送机、链式输送机	单件作业的各种装卸搬运设备也可用于集装单元的装卸搬运作业
集装作业	集装箱龙门起重机、岸臂集装箱起重机 集装箱叉车、集装箱跨船 侧面类型集装箱装卸车 水平类型集装箱装卸车 滚袋类型集装箱装卸车 挂车和底盘车、牵引车、托盘搬运车 移动器、堆垛机、码盘机、卸盘机、 给盘机、汽车尾盘装卸装置	
散装作业	斗式类型装卸机、斗轮类型装卸机 侧翻类型装卸机、抓斗类型装卸机 连续输送机、气力输送装置	

2. 按装卸搬运机械设备结构特点分类

按装卸搬运结构特点分类，分成起重机械、输送机械、工业车辆、专用机械四大类。具体分类见表 3-5。

表 3-5　按装卸搬运机械设备结构特点分类

类别	设备名称	特点
起重机械	轻小起重设备：葫芦、绞车 升降机：电梯、升降机 起重机：桥式、门式、臂式、梁式类型起重机	间歇动作 重复循环 短时载荷 升降活动
输送机械	有牵引构件的输送机：带式输送机、板式输送机、悬挂输送机、斗式提升机、板式提升机、链式输送机、自动扶梯无牵引构件的输送机：螺旋输送机、振动输送机、辊子输送机 气力输送装置：悬浮式气力输送装置、推动式气力输送装置	连续动作 循环运动 持续载荷 路线一定
工业车辆	叉车：前移式叉车、插腿式叉车、跨车、侧插单斗装卸机、牵引车、挂车、底盘车	轮式无轨迹底盘上装有起重、输送、牵引或承载装置。进行流动作业
专用机械	翻车机、堆取料机、堆垛机、拆垛机、分拣专用机械设备、集装箱专用、托盘专用、船航专用、车辆专用装卸机械	带专用取物装置的起重、输送机械或工业车辆的综合，一般进行专用作业

（二）装卸搬运机械的合理选择

不同的货物，不同的运输场所，需要的装卸搬运机械不尽相同。合理选择装卸搬运机械，无论在降低装卸搬运费用上，还是在提高装卸搬运效率上，都有重要的意义。

选择装卸搬运机械，应考虑的基本因素有以下几项。

1.装卸搬运机械选择要与物流量相吻合应力求做到机械作业能力与现场作业量之间形成最佳的配合状态

机械作业能力大于现场作业量，会造成生产能力过剩，并造成经济损失；机械作业能力小于现场作业量，会使物流受阻。

影响物流现场装卸作业量的因素很多，主要有吞吐量，堆码、搬倒作业量，装卸搬运作业的高峰量等。

2.装卸搬运机械选择要考虑其配套性

装卸机械的合理配套是提高装卸效率和降低装卸费用的重要课题。这里要考虑的是装卸机械在生产作业区的衔接，即各种装卸机械在作业区的配套，还有装卸机械在吨位上的配套以及装卸机械在作业时间上的衔接。可用线性规划方法设计装卸作业的机械配套方案。

3.装卸搬运机械选择要考虑其购置费用和运营的费用

应根据不同类物品的装卸搬运要求，合理选择具有相应技术特征的装卸搬运设备。各种货物的单件规格、物理化学性能、包装情况、装卸搬运难易程度等，都是影响装卸搬运机械选择的因素。

另外，还应根据物流过程输送和储存作业的特点，合理选择装卸搬运机械设备。不同的运输方式具有不同的作业特点，选择装卸搬运机械时要与之相适应；不同的储存方式，也需要不同的装卸搬运机械相配合。

不同的运输方式，对装卸搬运机械的选择具有特殊要求。例如，铁路、船、车、飞机的货物装卸搬运多数在特定的设施内，使用特殊的机械进行或采用集装方式进行，以求得高效率。对散装物、流体货物、钢材等特殊货物进行大量的、连续装卸时，分别采用各种专用装卸搬运机械进行作业。卡车的装卸作业有很多情况，如在物流设施内外、卡车终端站、配送中心等。所以，装卸搬运机械的选择不尽相同。

选择好装卸搬运机械设备以后，还要进行装卸搬运机械运行的合理组织。针对影响设备生产率的各种因素，采取相应措施提高设备的生产率，以发挥装卸搬运机械设备的效率。

第四节 会展流通加工功能

一、流通加工的含义与产生

流通加工是现代物流运作催生的新功能。我们一直以来认为，生产是通过改变物的形态来创造价值；流通则是保持物的原有形态和使用价值。流通现代化的发展，使人们观念发生了很大的变化。现在，工业发达国家广泛开展流通过程中的加工活动，以使流通过程更加合理。例如，日本东京、大阪、名古屋地区的九十多家公司，在仓库或配送中心配有加工设备的超过一半，流通加工的规模也在逐年扩大。

流通加工之所以会有很大的发展，是因为在社会生产中，生产环节的加工活动往往不能满足消费或再生产的需要。从生产方面，要想保持生产的高效率，使产品顺利地流通，产品的规格就不能太复杂；而从消费方面，则要求产品是多种多样的。因此，需要对生产出来的定型产品再做进一步的加工。这种加工过去是由用户来进行，有很多缺点，如设备的投资大、利用率低、物资利用率不高、加工质量差等。于是人们就从生产和使用环节抽出这种加工，置于流通环节，形成了流通加工。

流通加工是由流通企业进行的，在流通领域对产品进行的简单加工，其目的是为了方便物流和有利消费。流通加工在加工的组织和管理上与生产加工没有更大的不同，只是组织者、加工目的和加工深度不同。

二、流通加工的作用和特点

(一)流通加工的作用

流通加工虽然是简单加工，但其作用却很大。

1. 提高原材料的利用率

实行集中下料、供应成材的方法，做到优材优用、小材大用、合理套裁，因此能提高原材料的利用率，降低产品的原材料消耗。例如，我国一些地区，对平板玻璃的集中套裁，使玻璃的利用率由 60% 提高到 90% 左右，经济效果十分显著。

2. 方便用户使用和消费

一半生产企业需要的原材料种类繁多，其中很多未经过初级加工，通过流通加工环节，对原材料按用户的要求进行初级加工，可使用户省去进行初级加工的投资、设备及人力。对于没有加工能力和进行初级加工经济上不合算的企业，初级加工非常重要。

3. 提高加工效率和设备利用率

在流通领域实行集中加工，可以采用效率高、加工量大、技术先进的专门机具和设备，不但保证了加工质量，而且提高了设备利用率和加工效率。

4. 使物流更加合理

通过流通加工，改变了商品的形态和包装，去除了无效的物资，更能合理地组织输送配送，提高物流效率。

总之，流通加工方便了生产，方便了消费，也方便了物流本身，还为物流部门增加了效益。

（二）流通加工的特点

流通加工与其他流通环节共同构成了生产和消费的桥梁和纽带，但以其特殊的地位和明显的生产特征，与其他流通环节存在明显的差别。

1. 流通加工因其加工工作而具有明显的生产特征。

2. 流通加工不同于其他流通环节，它改变了流通客体的物理形态，甚至化学性能。

3. 流通加工的目的和结果是以消费为导向的，它比物流的其他功能更接近消费领域和生产企业，这在生产与消费之间个性化的矛盾日益突出的今天，意义尤为重大。

4. 流通加工的不断发展和在不同领域的深化，引发和催生了流通加工产业的形成。

（三）流通加工与生产加工的区别

流通加工与生产加工的主要区别在于加工对象和加工深度，而在加工方法、加工组织、加工生产管理上没有大的区别。

1. 流通加工与生产加工在加工对象上的区别

流通加工的对象是进入流通领域的商品，已具有了商品的性质，而生产加工的对象是某种最终产品形成过程中的原材料、零部件和半成品。

2. 流通加工与生产加工在加工深度上的区别

流通加工一般是简单加工，加工的内容是浅层的，如板材的剪裁、玻璃的开片等；而生产加工的复杂程度和其加工的深度要远远高于流通加工。

3. 流通加工与生产加工在责任人上的区别

流通加工的组织者是流通组织，以销售和流通需要、消费者要求为目的加工组织活动；而生产加工是由生产企业为责任人和组织者，以产品设计和加工技术要求为目标。

4. 流通加工与生产加工在附加价值上的区别

从价值观点看，生产加工在于创造商品价值和使用价值；而流通加工则在于完善物资的使用价值，一般在并不对加工对象做大的改变的情况下提高商品价值。

三、流通加工形式

1. 以保存产品为主要目的的流通加工

生活消费品的这类流通加工是为了使生活资料的消费者对消费对象在质量上保持满意，如水产品、蛋产品、肉产品等要求的保鲜、保质的保鲜加工、冷冻加工和防腐加工等；丝、麻、棉织品的防虫、防霉加工等。生产资料的这类加工有：金属材料的防锈蚀加工，木材的防腐朽、防干裂加工，水泥的防潮、防湿加工等。

2. 为满足用户多样化需要的流通加工

为满足用户对产品多样化的需求，同时又保证社会高效率的大生产，将生产出来的单调产品进行多样化改制加工是流通加工中占有重要地位的一种加工形式。例如，对钢材的剪裁加工；对平板玻璃按需要规格的开片加工；木材改方材、板材的加工；商品混凝土和商品水泥制品的加工，等等。对于生产用户而言，这种加工形式可以缩短企业的生产流程，使生产技术密集程度提高，生产周期缩短。

3. 为了消费方便、省力的流通加工

例如，粮食行业的面食加工，副食行业的盘菜、半成品加工，商城的首饰加工和服装加工等，都不同程度地满足了消费者的方便、省力的要求。

4. 为了提高产品利用率的流通加工

以在流通领域的集中加工代替分散在各个使用部门的分别加工，可以大大地提高物资的利用率，有明显的经济效益。集中加工可以减少原材料的消耗，提高加工质量，还可以充分利用加工后的副产品，如钢材、玻璃的加工等。

5. 为提高物流效率，降低物流损失的流通加工

一些物资，由于本身的特殊形状，在运输、装卸中效率低下，易发生损失。经过流通加工，可以弥补这些物流的缺陷，如自行策划的销售点组装、石油天然气的液化加工等。

6. 为衔接不同的运输方式，使物流更加合理化的流通加工

由于现代社会生产的相对集中和消费的相对分散，流通过程中衔接生产的大批量、高效率的输送和衔接消费的多品种、多批量、多户头的直接输送，存在着很大的矛盾。有些流通加工形式可以较为有效地解决这些矛盾。以流通加工点为界限，从生产部门至流通加工点可以形成大量的高效率的定点输送；从流通加工点到用户可以形成多品种、多批量、多户头的灵活输送。

7. 为实现配送进行的流通加工

配送中心为了满足对物资供应的数量、供应构成的要求，通过对物资的各种

加工活动，如化整为零、定量供应、定时供应等，实现配送活动。

四、流通加工的合理化

在流通中并不是任何品种都要开展流通加工，不合理的流通加工会产生抵消效益的副作用。

（一）不合理流通加工的主要表现

1.流通加工地点设置不合理

为衔接单品种大批量生产与多样化需求的流通加工，加工地应设在需求地区，才能实现大批量的干线运输与多品种末端配送的物流优势。将流通加工地也设置在生产地区是不合理的。而为了方便物流的流通，加工环节应设在产地，如果设在需求地，不但没有解决物流问题，又增加了一个流通环节，也是不合理的。

2.流通加工的方式选择不当

流通加工方式的确定实际上是生产加工的合理分工。分工不合理，本来应由生产加工完成的，却错误地由流通加工完成；或本来应由流通加工完成的，却错误地由生产过程去完成，都会造成不合理。流通加工不是对生产过程的代替，而是一种完善和补充。如果工艺复杂、技术要求较高，或加工可以由生产过程轻易解决，就不宜再设置流通加工。如果流通加工设置不当，会出现与生产夺利的恶果。

3.流通加工的成本过高，效益不好

流通加工之所以能够有生命力，重要优势之一是有较大的产出投入比，因而起着补充和完善的作用。如果出现相反情况，应看成不合理。

（二）流通加工合理化思路

流通加工合理化的含义是实现流通加工的最优配置，使流通加工有存在的价值，而且做到优化的选择。为了避免出现各种不合理的流通加工现象，对是否设置流通加工环节，在什么地点设置，选择什么类型的加工，采用什么样的技术装备等，都需要作出正确的抉择。

1.加工与配送相结合

即将流通加工设置在配送节点中，一方面按配送的需要进行加工，另一方面加工又是配送业务流程中分货、拣货、配货的一个环节，加工后的产品直接投入配货作业，无须再单独设置一个加工的中间环节。同时，由于配送之前有加工，可使配送服务水平大大提高。

2.加工与配套相结合

配套的主体来自各个生产单位，而依靠现有的生产单位无法实现完全的配套，进行适当的流通加工，可以有效促成配套，提高流通的桥梁和纽带。

3.加工与合理运输相结合

利用流通加工,在支线运输转干线运输或干线运输转支线运输的连接环节上,进行适当的加工,从而大大提高运输及运输转载水平,促进两种运输方式都合理化。

4.加工与合理商流相结合

流通加工和配送的结合,提高了配送水平,强化了销售,是加工与合理商流相结合的一个例子。另外,通过简单地改变包装的加工,形成合适的批量以方便购买,通过组装解除用户使用前进行组装、调试的难处,都可以有效地促进商流。

第五节 会展包装功能

包装是物流系统的起始环节。随着科学技术的进步和发展,它在整个物流系统中的地位日益重要。针对展品的包装也是展会物流非常重要的一环,事关展品及相关物资是否能够安全地运送到展览地,并进行相关的使用和销售。

由于参展物品的国际运输距离长、运量大,需堆积存放、多次装卸,在运输过程中参展物品损伤的可能性大,因此在国际物流活动中包装非常重要。集装箱运输的出现为会展的国际物流活动提供了安全便利的包装方式。在考虑参展物品的包装设计和具体作业过程时,应把包装、储存、装卸和运输有机联系起来统筹考虑,全面规划现代国际物流系统要求的"包、储、运一体化",即从商品一开始包装,就要考虑储存的方便、运输的快速,以加速物流、方便储运,减少物流费用等现代物流系统设计的各种要求。

一、包装概述

(一)包装概念

任何产品,要从生产领域转移到消费领域,都必须借助于包装。所谓包装,是指采用适当的材料,制成与物品相适应的容器,以便进行装卸、搬运、运输、保管和销售,使之不受外来因素的影响,顺利地实现商品的价值和使用价值而采用的一种综合性的经济措施。具体来讲,包装包含了两层含义:一是静态的含义,指能合理容纳商品,抵抗外力,保护宣传商品,促进商品销售的物体,如包装容器等;二是动态的含义,指包扎、捆裹商品的工艺操作过程。因此,可以说,包装是包装物和包装操作的总称。

人们对包装概念的理解应用,是随着社会生产的发展而不断变化的。早期人们对商品进行包装,主要是为了保护商品;随着科学技术的不断进步和商品经济的发展，人们对包装的认识不断深化，赋予了新的内容，既要方便商品运输、装卸和保管，它是商品在生产领域的延续；又要向消费领域延伸，成为“无声的推销员”。从物流的角度看，包装是生产的终点，却是物流的起点。

从现代物流发展的趋势来看，包装在物流系统以及整个国民经济中的地位越来越重要。在传统的产品经济体制下，我国的包装工业不但起步晚，而且发展非常缓慢。特别是在国际贸易中，出现了许多“一等商品、二等包装、三等价格”的现象，给国民经济造成巨大损失。改革开放二十多年来，我国包装工业发展迅速，包装工业产值从 1980 年的 72 亿元人民币，增加到 2000 年的 2 200 亿元人民币，在国民经济 40 个行业中排第 14 位。包装不仅成为物流的重要环节，而且逐步成为国民经济的一个重要的产业部门。

包装成为一个独立的产业部门是社会经济发展到一定阶段的必然产物。一方面，随着科学技术的发展，现代产业内部的专业化分工越来越细，产品的生产已不是哪一家企业能独立完成的事，而是在分工的基础上多家企业联合协作的结果。这样，促使更多的半成品、在制品进入流通领域，从而使包装的需求成倍地增长。另一方面，社会分工的细化，使包装不仅仅限于物资的生产领域，而且向流通领域、消费领域延伸，促使包装成为国民经济的一个重要产业。从目前来看，世界上发达国家包装工业的发展速度都超过经济的平均发展速度。近年来，我国的包装工业发展之快，是令人欣慰的。随着现代经济的发展，市场范围的不断扩大，对商品流通和交换必不可少的包装要求将会越来越高，包装在国民经济中的作用也会越来越重要。

（二）包装功能

包装在促进国民经济的发展中有独特的功能，主要有以下几个方面。

1. 保护功能

商品包装的保护功能是其最重要和最基本的功能，主要是保护商品在流通过程中其使用价值和价值不受损坏。外部自然因素对商品的损害如温度的变化会使产品变质，会导致包装容器的强度降低而使破损率升高；有害气体会造成商品的品质变化等。外力因素对商品的损害如产品运输过程中的剧烈冲击振动；储存中的高层堆码，使底层产品承载过重；产品在装卸搬运中的意外跌落等，都可能损害商品的使用价值。因此，做好商品的包装，能够保护商品在流通及消费过程中免受外界环境和外力的破坏，也可以防止商品本身的挥发、溶化等性能上的变化。据有关资料显示，我国每年的物流损失高达 140 多亿元人民币。比如，水泥的破袋率为 12％～20％，损失全国年产量的 1/12，约 1 000 万吨；全国平板玻璃平均破损率为 20％～38％，年损失高达 5 亿元人民币。所以，包装是商品流转的必要条件。

2. 方便流通功能

商品经过包装，特别是推行包装标准化，能为商品流转提供许多方便的条件。例如，将液态的产品盛桶封装，小件异型产品装入规则箱体，零售小件商品集装成箱，为产品的装卸、搬运、储存提供方便。同时推行包装标准化，能提高仓库的利用率，提高运输工具的装载能力。此外，产品包装容器上标有鲜明的标记，以指导产品的装卸和运输，方便商品的识别、清点和验收入库，有利于减少货损和货差，减少各流通环节的作业时间，加快商品流转，降低流通费用。

3. 销售功能

包装的销售功能是商品经济高度发展、市场竞争日益激烈的必然产物。在商品质量相同的条件下，精致、美观、大方的包装可以增强商品的美感，引起消费者的注意，诱导消费者购买的欲望和动机，从而产生购买行为，起到“无声的推销员”的作用。因为消费者购买商品，首先看到的并不是商品本身，而是商品的包装，它往往给消费者形成“第一印象”，在很大程度上决定消费者的购买决策。包装的销售功能在出口商品中更加重要，而且要求也更高。

（三）包装分类

包装可以按不同的标志进行分类。这里主要按包装在流通中的作用，将包装分为运输包装和销售包装两大类。

1. 运输包装

运输包装又称工业包装或外包装，它是以保护商品安全输送、提高运输效率为目的的包装。对运输包装有以下基本要求。

（1）确保商品的安全

运输包装的直径尺寸和外部结构必须具有抵抗外界因素损害的能力。一般采用瓦楞纸、木箱、托盘、集装箱等容器，其构成材料强度要高，容器的结构要坚固结实，外部要进行捆扎包裹。在包装的外形设计及包装材料的选择上，要考虑商品的物理化学性质、物态、外形、体积、重量、结构，流通过程的冲击、振动负荷，装卸中的强度和次数，储存中的耐压、防雨、防潮等因素，确保商品在运输过程中不损坏、不变形、不变质、不变色、不污染，安全地到达消费者手中。

（2）要有明确的包装标志

运输包装的外形上一般有“小心轻放”、“切勿倒置”等储运标志以及易燃易爆等危险品标志。同时还有如发运地、到达地以及商品品名、规格、件数、号码、重量、体积、生产厂家等标志，便于商品的识别，加速流转，使商品正确无误地运往目的地。

（3）运输包装要采用先进的包装技术和包装材料

随着新技术、新材料的不断出现，运输包装必须进行改革，逐步实现包装的标准化、规格化，特别是大力开展集装箱运输，提高运输效率，节省流通费用。

2. 销售包装

销售包装又称商业包装，是以促进商品销售为主要目的的包装。在商品流通中，越接近用户，就越要求包装具有促销的功能。这就要求包装具有鲜明的特征。

销售包装可分为中包装和内包装。内包装是商品销售最小单位的包装形式，它同商品实体一同到达消费者手中。中包装是将几个已经进行了内包装的商品进行包装，便于保护商品质量和方便流通。

为了发挥包装对商品销售的促进作用，对销售包装的基本要求如下。

(1)包装要美观大方，醒目新颖

要突出商品的形象和特点，并选择符合市场习惯和用户心理因素的造型、图案和色彩，以增强商品的感染力和吸引力。

(2)突出商标

商标是消费者选择购买商品的主要依据之一。商标应设计在包装容器最显眼的位置，并且简单明了，便于用户识别商品。此外还要树立企业的信誉，宣传商品，促进销售。

(3)要有简单和必要的文字说明

如实地介绍商品的性能和使用方法，方便用户携带和使用。

(4)尽量降低包装成本

根据商品的特点，如生活用品应注意经济实用，在包装材料的选用和包装设计上要尽量降低包装成本，减轻用户负担。

(四)包装在物流中的地位

包装是物流系统的有机组成部分，是物流的起点。因此，我们要研究物流对包装的要求及包装与其他功能因素的关系，保证物流系统的协调运转。

1. 物流系统对包装的要求

(1)包装要有承受堆码负荷产生的堆压力

一般仓库的堆码高度为 4.5 米～5.5 米；运输中卡车、货车、集装箱的高度一般为 2.4 米；船舶运输取决于船型，一般按 4～6 米为堆压条件。

(2)装卸、运输、储存过程中产生的振动和冲击力

由于装卸和运输的形式不同，对包装物承受的振动和冲击力也不同。如汽车运输时，下方强度为 2.5 标度，前后方为 0.6 标度，左右方为 0.5 标度，同时还要考虑弹力冲击。

(3)气象环境对包装的要求

气象环境(气候、温度、湿度)的变化会对包装物产生影响，比如金属制品一

般在温度30℃、相对湿度70%时不会生锈，否则，会遭到锈蚀破坏。

(4)生物环境对包装的要求

生物环境的影响主要指霉变、虫害、动物对包装造成的损害等。

2.包装与物流系统的关系

(1)包装与运输的关系

货物运输的基本要求是安全、迅速、准确、方便。包装直接关系到运输过程中商品的安全、装卸的便利和充分利用车船容积。所以，不同运输方式对包装有不同的要求。包装的设计必须和运输方式、运输工具、运输距离相适应，才能避免损失。

(2)包装与装卸搬运的关系

装卸包括货物的装上和卸下。这个过程中，都会因包装材料选择不当或设计不合理等，造成包装的损坏，增大物流成本。因此，包装设计应适应装卸工作中装上卸下、搬运、拣选、分类等环节的需要，以防止商品的损坏。

(3)包装与储存的关系

储存是社会再生产不可缺少的条件，任何方式的储存都与包装关系密切。例如，在潮湿的条件下，需要对商品进行防潮、防湿包装；户外堆放，需要采用"茧式封存包装"；一般商品储存，为了适应高层堆码，包装需要考虑堆码负荷(也称堆压)。所以，储存离不开包装对物品的保存，包装要适应储存的需要。

二、包装的材料与容器

从包装的概念可以看出，包装材料与包装容器的选择设计是否合理，是保证包装质量的关键。不同的包装容器，采用不同的包装材料，是为了适应不同的商品包装的要求。因此包装容器的设计、制作过程，也是对包装选择的决策过程。

1.木制包装容器

用木材做包装容器，一般用于外包装。因为它在具备抗压、抗冲击等机械性能的同时便于商品在运输、储存中码垛，利用仓库容积，对商品起到良好的保护作用。木制容器主要有木制箱和木桶、圆桶，是传统的容器。由于木材的珍贵，木制包装材料已尽量改用代用品，一般的展品使用木质包装的很少，只有大型的机械设备等才考虑采用木质箱作为保护包装，且木质包装都要进行回收处理。

2.纸制包装容器

纸质包装容器在商品包装中占有非常重要的位置，一般占到包装材料的30%～40%，这种容器所用的包装材料是各种强度的纸品。商品的内包装、外包装及中包装，都可以采用纸包装。

主要的纸包装有纸板箱、瓦楞纸箱、纸盒、纸筒和纸罐。其中瓦楞纸箱强度较大，一般用来做外包装，其他纸容器可以做内包装和中包装；可以根据商品的需求，纸包装可以是刚性的，也可以是柔性的；还可以做各种科学处理，如防水和不防水处理。纸质包装的形状可以任意，价格也比较低廉，是较好的包装材料。

3.塑料包装容器

塑料包装是随科学技术的发展、新材料的使用而出现的一种现代包装容器，是目前被广泛使用的一种包装材料。用来做包装材料的塑料主要有低密度聚乙烯、高密度聚乙烯、聚丙烯、聚氯乙烯、乙烯、醋酸乙烯共聚物、热塑性聚酯等。塑料包装容器主要有袋类、软管类、瓶类。

常用的塑料包装容器包括以下几种。

(1)塑料袋类包装容器

这类容器主要用于软包装。无毒的塑料袋如聚丙烯，用来盛食品；微毒的塑料袋如聚氯乙烯，用来盛装化肥、水泥和洗衣粉等。由于它具有极强的防水防潮性，以及透明、耐折叠、耐冲击、耐挤压等优点，是现代社会主要的包装容器。但它的耐降解性被认为是造成白色污染的主要来源。

用塑料制作的集装袋是集装的一种容器。它具备经济性和可多次周转性，被用来盛装粉状、粒状的化工产品。塑料编织袋被用于水果、蔬菜的包装，其重量轻，透气性好，携带方便，美观大方，被广泛应用。

(2)塑料软管类包装容器

这是一种采用塑料、铝箔和纸等复合材料制作的包装容器。其优点是：①延长产品储存期，提高储存质量；②可代替金属和玻璃等包装材料，降低包装成本；③有利于实现自动化包装；④外观美观，方便运输。所以，近年来复合材料包装容器发展迅速，特别在食品包装上应用广泛。

(3)塑料瓶类包装容器

该类容器是采用聚丙烯和聚酯等无毒塑料树脂，采用中空吹塑成型工艺制成的，主要用于罐装液体商品，如各种饮料瓶、奶瓶、化妆瓶等。优点是：①保持商品不变味；②防止产品氧气渗入，内装物不会氧化变质；③避免光线照射，保护内装液体不变色。缺点是在防止碳酸气散失和氧化方面不如玻璃瓶，所以啤酒包装目前仍以玻璃为主。

常用的塑料包装材料有以下几种。

(1)聚乙烯

在包装中，聚乙烯主要用于制造塑料薄膜，也用于制造瓶、桶及包装箱、盒，其中尤以高压聚乙烯薄膜使用广泛。很适合参展的蔬菜、水果的包装保鲜，也用于工业品个装、内装。发泡后的半硬质泡沫塑料用于包装防震。

(2)聚丙烯

聚丙烯的特点是无毒，没有增塑剂的污染及溶出，可制成薄膜、瓶、盖及用薄膜扁丝编成包装袋，用于食品、药品包装及制作各种外装包装袋。集装袋等大型袋也采用聚丙烯材料为基层材料。

(3)聚苯乙烯

聚苯乙烯主要用作盒、罐、盘等包装容器和热缩性薄膜包装材料。发泡后的聚苯泡沫塑料用作包装衬垫及内装防震材料。

(4)聚氯乙烯

聚氯乙烯可制成瓶、盒、箱及超膜，用于小包装袋或制成周转塑料箱，也可发泡制成硬质泡沫塑料。

(5)钙塑材料

钙塑材由料大量填充材料钙塑制成，可以成为木材、纸板的代用材料，可用于制造钙塑瓦楞纸板、钙塑包装桶、包装盒等。

4. 金属包装容器

金属容器具有机械强度高、抗冲击能力强、不易破碎等优点。金属容器所用的材料有马口铁、铝箔、焊接剂、内层涂料(防腐、防毒)、外层涂漆等。金属容器按外形和用途一般分为罐和桶。主要的金属包装容器有：①马口铁罐(三片罐)及易拉罐(二片罐)主要用来盛装饮料啤酒；②铝箔软管主要用于包装化妆品及膏脂的药品；③金属桶主要用于以石油为主的非腐蚀性流体粉状、固体等的运输。

5. 玻璃包装容器

玻璃包装容器主要用于包装液体、固体药物及液体饮料类商品。其优点有：①原料丰富，价格便宜；②生产连续和供应稳定；③化学稳定性好；④可回收利用；⑤不会污染；⑥长期保存不变质；⑦没有透气性；⑧坚硬不变形。但也有耗能高、易破碎、质量重的不足。从国际市场来看，各国的玻璃容器的销售是稳定的逐年递增的趋势，其发展趋势是逐步推广标准化、轻量化。

未来的玻璃包装有：覆盖塑料保护层的玻璃瓶、薄壁轻量玻璃瓶、强化玻璃瓶等。玻璃包装轻化的方法有：表面涂层、塑料包胶、钢化等。

三、包装技术与机械

(一)主要的包装技术

包装技术是根据产品对包装的要求不同，在包装设计、材料选择、型号和规格确定等方面，采取正确的包装方法和相应的包装机，以最低的消耗，保证产品安全地输送到用户手中。

包装技术按不同的需求的不同，有不同的划分：如内包装技术、外包装技术、单个包装技术、销售包装技术和运输包装技术等。主要有：

1.防震包装技术

为了防止商品在运输过程中的震动、冲击,对商品造成损害,在包装材料中加入各种防震材料以吸收外力冲击的技术,称为防震包装技术。防震包装主要是选择防震材料及材料的厚度。可以用牛顿定理的有关定律及相应的方法求得。

2.防锈蚀包装技术

防锈蚀包装是将防锈蚀材料,采用一定的工艺,涂在被包装物的表面,以防止其锈蚀损害的方法。防锈剂主要有防锈油和氧化防锈剂两种。

3.防霉腐包装技术

防霉腐包装是通过劣化不利的环境因素,达到抑制或杀死微生物,防止内装物霉腐,保护商品质量的一种方法。这种方法主要适应于保鲜的水果、食品、粮食等。防霉腐包装技术主要有耐低温包装、防湿包装、防潮包装等。

4.防虫包装技术

防虫包装是指为了防止商品因储存被虫咬坏,而采用驱虫剂,达到保护商品不受损害的一种包装技术。常用的防虫药品有有机磷酸酯系列杀虫剂等。

5.真空包装和充气包装技术

真空包装是将物品装入气密性容器后,在容器封口之前抽真空,使密封后的容器内基本上没有空气的一种包装技术。真空包装一般用来包装肉类食品、谷物加工品及易氧化变质的商品。真空包装一方面能减少脂肪氧化,另一方面具有抑制细菌生长的能力。所以,对食品商品来说常采用真空包装。

充气包装是采用二氧化碳或氮气等不活泼气体置换包装容器中的空气的一种包装技术。这种方法的基本特点是不采用高度真空,使得氧气浓度在1%~2%之间。由于所充气体能够控制,所以,能防止物品的变质、发霉,抑制氧化,实现商品保鲜。火腿、香肠、腊肉、烤鱼和水产加工产品常采用这种充气包装。

6.收缩包装和拉伸包装技术

收缩包装是指用收缩薄膜包裹物品或内包装件,再对薄膜进行适当地加热处理,使薄膜收缩紧贴于物品或内包装件的包装技术。收缩包装用于销售包装,具有使内包装物形体突出,形象鲜明,质感性强,有利于销售的作用。用于运输包装,具有包装方便、效率高,便于装卸搬运、方便交换点验的作用。

拉伸包装是依靠机械装置,在常温下将弹性薄膜围绕包装件拉伸紧裹,并在其末端进行封合的包装技术。拉伸包装不需加热,可直接进行相关包装操作,它既可以用于单件商品的包装,也可用于集合包装。

(二)现代集合包装技术

现代集合包装技术是采用先进的包装技术,进行集合包装,有利于节约包装费用，提高经济效益。现代集合包装主要有以下几种。

1. 集装箱

集装箱是一种使用于货物运输，便于使用机械装卸的组合包装容器。它的原意是运输货物的容器，也称"货箱"。国际上正式使用民用集装箱运输开始于1955年。近年来，集装箱运输得到了迅速发展，并逐渐走向规格化、标准化和大型化。随着大型标准化集装箱的发展，集装箱专业码头和专业船舶业出现了。在陆地建立了集装箱陆上运输系统，还大量发展了铁路和公路的集装箱专用车辆。

集装箱的优点：①结构坚固，能长期反复使用；②途中中转，可以不动容器内的货物而能直接换装；③能进行快速装卸，并能从一种运输工具上直接方便地换装到另一种运输工具上；④能提高货物的完好率，大大减少破损率；⑤能充分利用包装容积。缺点是：自重大，回收管理困难。

按照尺寸、规格分类，由国际标准化组织统一制定，集装箱共分3个系列12种箱型。其中一些常用的箱型如表3-6所示。

表 3-6 集装箱的箱型

	1A	1B	1C	1D	1E
长度(英尺)	40	30	20	10	7
宽、高度(英尺)	8	8	8	8	8
重量(吨)	30	25	20	10	7

按使用材料分类有：铝合金集装箱；钢制集装箱；玻璃钢制集装箱。

按结构分类有：内柱式与外柱式集装箱；折叠式集装箱和薄壳式集装箱三种。

按使用的目的分类有：干货类集装箱；侧开门集装箱；侧壁全开式集装箱；通风集装箱；开顶集装箱；吊挂衣服集装箱；航空运箱集装箱等。集装化是实现物流标准化和批量化的前提和条件，发展集装化有利于实现运输和装卸的机械化和快速化，加快物资周转。

要实现物资包装的集装化就应遵守以下基本原则。①通用化。实行集装化，必须使之与物流系统的设备与工艺相适应，各种集装工具之间要互相协调，以便在"门对门"的运输过程中畅通无阻。②标准化。即为了方便流通，在集装工具的外形和重量、刚度和耐久性试验方法、装卸搬运加固规则及编号标准，都按国家标准、国际标准化组织的标志，以实现集装标准化。③系统化。集装化不单纯指集装工具，而是包括集装工具在内的成套物流设备设施、工艺和管理的总和，是一个联系生产与生产、生产与消费的动态系统。

2. 托盘

所谓托盘，是指一种便于装卸、运输、保管、使用的可以承载单位数量物品的负荷面和铲车插口构成的装卸用垫板。因为它好似盘子可以托起食品一样，所以形象地称之为"托盘"。现代托盘是随着集装箱和集合包装而出现的。

作为一种新的物流技术，托盘最早产生于美国、日本等发达国家。初期它是作为叉车的附属装卸工具与叉车配套使用，以便实现机械化作业。第二次世界大战后，托盘逐步成为一种储存工具。至20世纪60年代，托盘已成为一种不可缺少的运输工具和销售工具。目前，托盘已渗入到物流的整个过程，成为一种物流工具，是实现物流合理化的一个重要条件。托盘的种类很多，最主要的有：平托盘、柱式托盘、箱式托盘和轮式托盘等。

托盘的优点：①可以有效地保护商品，减少物品的破损；②可以适应港口货物机械化作业的要求，加快装卸、运输速度，减轻工人的劳动强度；③可以节约包装材料，降低包装成本，节约运输费；④可以促进国际和国内港口作业的机械化，加快包装向规格化、标准化和系列化迈进的步伐；⑤与集装箱比，具有自重轻、易于回收的优势。

3. 集装袋

集装袋是一种柔软、可曲折的包装容器，是由可折叠的涂胶布、树脂加工布及其他软性材料制成的大容积的运输袋。采用这种包装，不仅有利于提高装卸效率，特别是适用于散装粉粒状货物的包装，有利于促进散装货物包装的规格化、系列化，降低运输成本；而且具有便于包装、储存及造价低等优点。因此，近年来世界各国都广泛地采用集装袋来运输粉粒状货物。集装袋的出现和使用，是粉粒状货物装运方式的一次质的革命。

（三）包装机械

对产品的包装，在产业革命前主要以手工为主，产业革命后，随着劳动生产率的提高，对包装的效率要求也越来越高。所以，机械化操作日益应用于产品的包装。

所谓包装机械，包括两层含义：从狭义上讲，是指在机械化、自动化的批量生产中对产品进行包装的一种机械工具或设备，从广义上讲，包括各种自动化和半自动化的销售包装机械，运输包装机械，包装容器的加工机械集合包装机械和搬运机械等。这些互相联系的机械设备联合组成现代化包装机械设备。

实现包装机械化，对于加速实现物流现代化具有十分重要的作用。主要有：①提高效率，保证包装质量，保护商品；②降低工人的劳动强度，改善劳动环境条件；③降低包装成本，减少物流费用；④提高出口商品的包装质量，提高商品的国际市场竞争力;⑤有利于包装工业的发展及涉及包装工业的机械、电子、自动控制等工业的发展。

包装机械主要包括:①裹包包装机械,用于包装块状产品;②充填包装机械,用于粉状、颗粒状的固态物品;③罐装包装机械,用于罐装液体和半液体物品;④封口机械,用于各种包装容器的封口,如玻璃瓶加盖、布袋口缝纫、封箱封袋机械等;⑤贴标机械;⑥捆扎机械;⑦热成型包装机械;⑧真空包装机械;⑨收缩包装机械;⑩其他包装机械,如洗瓶机、烘干机、验测机、盖印机等。

四、包装的现代化与合理化

(一)包装合理化

所谓包装合理化,是指在包装过程中使用适当的材料和适当的技术,制成与物品相适应的容器,节约包装费用,降低包装成本,既满足包装保护商品,方便运输、有利销售的要求,又要提高包装的经济效益的包装综合管理活动。

实现包装合理化,要从以下几方面管理:①广泛采用先进的包装技术,要推广如缓冲包装、防潮包装、防湿包装等包装方法,使用不同的包装技法以适应不同商品的包装、装卸、储存、运输的要求;②由一次性包装向反复使用的周转包装发展;③采用组合单元装载技术,即采用托盘、集装箱进行组合运输;④推行包装标准化;⑤采用无包装的物流形态,对需要大量输送的商品如粮食、水泥、煤炭等,采用专门的散装设备,可获得较高的技术经济效果。

(二)包装标准化

包装标准化是实现包装合理化的重要课题。标准化对包装类型、规格、材料结构、造型、标志等都作出了统一规定,提出了相关的技术政策和技术措施,其中主要包括统一材料、统一规格、统一容量、统一标记和统一封装方法。推行标准化是任何国家的一项重要技术经济政策,它适应于扩大的国际贸易发展的需要,成为产品走向国际市场的重要条件之一。

(三)包装现代化

所谓包装现代化,是指在包装产品的包装设计、制造、印刷、信息传递等各个环节上,采用先进、适用的技术和管理方法,以最低的包装费用,使物质产品经过包装顺利地进入消费领域。要实现包装的现代化,就需要大量发展现代化包装产品,加快开发现代化的包装机械设备和推广普及先进的包装技术,加快新型包装材料的研制和生产。在物资的运输包装方面,要充分发挥集装箱、集装袋、纸箱和托盘的作用,逐步实现包装集装化、规格化和标准化。包装工业已成为我国国民经济的一个重要产业。我国未来包装产业的发展重点是:①抓好保证有效供给的包装,主要是国民经济生产、建设中急需产品的包装,人民生活必需品的包装,特别是做好运输包装的开发和推广;②做好出口商品的包装,出口产品要在包装设计、材料选择、图案构想、色彩线条的运用上跨上一个新台阶；③进一步改进商品包装，减少因包装不善而造成的经济损失；④包装产品的发展，要以纸包装技术的开发利用为基础，控制发展塑料包装制品，稳定玻璃包装制品，合理开发金属包装制品；⑤发展“绿色包装”，是指对生态环境和人体健康无害，能循环使用和再生利用，促进可持续发展的包装。从发展的角度出发，绿色包装将成为21世纪包装产业发展的一个主要趋势。因此，要重点开发绿色包装材料，改进包装工艺，加大包装材料的回收和利用。

复习思考题

1. 展品运输有哪些方式？公路运输的优缺点包括哪些？
2. 仓库的类型包括哪些？
3. 库存数量的一般控制方法有哪些？
4. 流通加工的合理化包括哪些方面？
5. 包装的作用有哪些？

第四章

会展物流服务一体化

学习目的

通过对本章的学习，了解确定会展物流服务提供商的一般要求，掌握会展物流服务合同的撰写，能够制定一体化会展物流服务项目方案。了解会展物流服务项目监理的一般知识，理解监理人员职责，掌握监理服务过程。

主要内容

- 确定会展物流服务提供商
  会展物流服务招商
  会展物流服务合同
- 会展物流服务一体化项目方案
  会展物流服务一体化
  会展物流服务项目
  会展物流服务项目方案审定
- 会展物流服务项目监理
  监理人员职责
  监理服务过程

第一节　确定会展物流服务提供商

随着中国经济的持续快速发展，物流业与会展业已渐渐成为社会生活中的两大热门话题。目前，正值我国物流企业从传统经营模式向现代化物流模式转型的关键时期，随着我国物流标准的出台，三种类型的物流企业在各自专业方向按各自市场细分充分挖掘市场，提高各自的服务水平，赢得更大的机会。会展物流作为物流行业一个新的分支，展现出蓬勃的生机。会展行业需要物流业帮助它在短时间内聚集展品及展装材料，物流业则通过会展业拓宽经营范围、挖掘机会。会展中的参展企业选择物流服务商应该依据什么样的标准？又该如何选择专业化的物流服务企业？

一、会展物流服务招商

会展物流作为现代物流的一个分支，比一般运输、配送物流更具有专业性和服务性。好的会展物流服务商不但能够为客户设计科学合理的运输方案，而且可以代替客户完成参展样品的提货、运输、仓储、装卸、包装、搬运、布展、人员组织、调度、管理、设备的供给和保养以及服务的监督、保险等内容。

（一）物流企业的基本类型

根据物流企业以某项服务功能为主要特征，并向物流服务其他功能延伸的不同状况，来划分物流企业类型。物流企业有运输型、仓储型及综合型三种。一般从事会展物流服务的物流企业多以运输类与综合类物流企业为主。

1. 运输型物流企业

运输型物流企业是以提供货物运输服务为主要业务活动的物流企业。这也是目前最常见的一类物流企业，运输型物流企业应同时符合以下要求。

第一，以从事货物运输业务为主，包括货物快递服务或运输代理服务，具备一定规模。

第二，可以提供门到门运输、门到站运输、站到门运输、站到站运输服务和其他物流服务。

第三，企业自有一定数量的运输设备。

第四，具备网络化信息服务功能，应用信息系统可对运输货场进行状态查询、监控。

2. 仓储型物流企业

仓储型物流企业是以提供仓储服务为主要业务活动的物流企业。这个类型的物流企业受资源等条件的限制，目前正在被综合型物流企业所取代。仓储型物流企业应同时符合以下要求。

第一，以从事仓储业务为主，为客户提供货物储存、保管、中转等仓储服务，具备一定规模。

第二，企业能为客户提供配送服务以及商品经销、流通加工等其他服务。

第三，企业自有一定规模的仓储设施、设备，自有或租用必要的货运车辆。

第四，具备网络化信息服务功能，应用信息系统可对货物进行状态查询、监控。

3.综合服务型物流企业

综合服务型物流企业是指提供多种物流服务业务活动的物流企业。这个类型的物流企业往往可以提供多种类型的物流服务,如运输、仓储、配送、流通加工等。综合服务型物流企业应同时符合以下要求。

第一,从事多种物流服务业务,可以为客户提供运输、货运代理、仓储、配送等多种物流服务,并具备一定规模。

第二,根据客户的需求,为客户制定整合物流资源的运作方案,为客户提供契约性的综合物流服务。

第三,按照业务要求,企业自有或租用必要的运输设备、仓储设施及设备;

第四,企业具有一定运营范围的货物集散、分拨网络。

第五,企业配置专门的机构和人员,建立完备的客户服务体系,能及时有效地提供客户服务。

(二)会展物流服务招商

一般企业的招商是指相关单位有组织、有计划、有目的地进行旨在引进资金、开展经济技术合作的行为,包括举办各类综合性和专业性的招商引资项目洽淡会、项目发布会、经济技术合作交流会、研讨会等以吸引投资为目的的有一定规模的经贸活动。

针对物流服务的招商则是以寻找好的物流服务提供商为目的,以提供方便、周到、高品质物流服务为出发点而进行的相关活动。而会展行业的物流服务商的招商活动,目的性更为明确,是以寻找为会展活动提供物流服务的企业为主要目的的招商活动,即会展行业物流服务提供商的选择。

1.明确展会对物流服务的需求

作为会展活动的参展商,首先要明确自己到底有什么样的需求,需要哪方面的物流服务。如果仅仅是要一个仓库存货,自己管理货物的进出,就可以寻找相应的库房服务提供商;如果需要一套库存管理软件,就可以寻找相关软件公司;如果需要的是一种关于物流方面的解决方案,则可以去找第四方物流公司。因此,第一步要明确参展商的实际需求和基本要求。

2.明确展会物流服务商必备的条件

作为需要选择会展物流服务商的企业,应针对自己的实际需求和基本要求,明确需要的专业化物流服务企业应必备的条件。例如,如果需要仓储服务,那么仓库选择在什么位置,仓库需要什么相关设施,仓储条件如何;如果需要运输服务,那么需要什么类型的车辆,车辆的载重量有什么需要,选择什么运输路线;如果需要对整体展会物流进行规划管理和优化组合服务,企业的供应区域和货物流转情况如何。会展活动的主办方或参展商应针对以上这些内容寻找最符合自身需求的物流服务提供商。

3.针对服务商进行比较和筛选

了解物流服务商的真实情况之后，需要对符合条件的物流服务商进行整理，制成物流服务商选择列表，并进行必要的对比筛选工作。筛选工作可从服务质量、成长性、价格等角度进行考虑。应将会展企业的迫切需求摆在优先考虑的位置，再从成长性的角度出发，看其提供的物流服务是否有进一步提高的可能。另外，选择专业物流服务商的目的是实现规范化物流，形成最佳成本的物流服务，因此，低价格未必能够提供最好的物流服务，应将其作为第三个衡量标准。

4.深入了解物流服务商

最后一个环节，会展企业需要针对选定的物流服务商进行深入了解，熟悉其企业文化、内部管理、作业流程和管理手段等，并争取与其建立长期合作伙伴关系。因为只有建立长期合作伙伴关系，物流服务商才能为长期的合作投入相应的软件和硬件资源，才能提高物流效率，产生相关物流利润。

二、会展物流服务合同

会展物流服务合同是确保物流服务商提供高质量服务、约束签约双方行为、明确双方权利和义务的书面协议，是确定物流服务提供商的关键工作。

（一）会展物流服务合同的内容

随着全球物流服务要求的普及化、外包层次的提高，如何谈判并且签订一份物流服务合同已成为一项日益复杂的挑战。会展物流合同的内容一般包括双方机构的名称、合同编写、签订时间与地点、展品信息（展品品名、品种、规格、数量、质量、包装）、展品交接资料（展品验收的内容、标准、方法、时间、相关资料）、展品保管条件和保管要求、展品运输方式与要求、货物的损耗标准和损耗处理、计费项目、标准和结算方式、违约责任、变更和解除合同的期限、解决合同纠纷的方式以及展品商检、验收、包装、保险、运输等其他约定事项。合同未尽事宜，一律按《中华人民共和国经济合同法》和《仓储保管合同实施细则》、《运输合同实施细则》执行。

（二）会展物流服务合同的签订

由于会展行业的特殊性，展品在运输、包装、装卸搬运等相关物流服务中应根据展品自身的特点在物流服务合同中具体标明，签约双方必须通过谈判达成物流服务协议。签订合同步骤如下。

1.明确物流服务的目标

会展物流服务合同的达成以签约双方事前谈判为基础，但在谈判之前必须保证物流服务提供商和展会参展商双方参与谈判的相关人员清楚谈判的目的，对自己所需的物流服务项目应该明确列出，并且能够真正反映公司的实际需求。

在整个谈判过程中，应该对不同选择所带来的相应财务结果进行明确的记录和探讨，并且不断地评估这些选择方案。

2.选择物流服务商

对物流服务提供商的选择应基于本公司明确的书面要求，而不是依据对方的营销表现(即口头表现出极好的公司形象和服务水准)，要建立在稳妥报价的基础上，充分考虑对方公司的能力和所报出的价格。参展商选择物流服务商时可从以下几个方面考虑：物流服务商与参展商企业文化相融合的能力；对参展商业务知识的了解程度；是否有意识分享参展商的目标和战略方向；对信息系统工具的管理能力和适应力；是否能提供参展商所需的附加价值和额外服务等。

3.起草物流服务合同

在物流服务合同的起草过程中，在双方建立关系的一开始就要建立起清晰的责任，这会减少今后对服务、成本和关系持续性的潜在负面影响。物流服务合同中要明确规定本公司和物流服务提供商之间的关系，内容条款应包含各方在运营方面应享有的权利和承担的责任。

(1)明确双方法律责任

双方对于法律责任的明确非常重要，各自的法律部门在谈判有关法律条款时负有主要责任，具体要明确如知识产权、保密条款、适用法律等相关法律责任。除此之外，同样重要的是明确界定双方的运营关系，合同条款中应该包括会展服务的特定范围、订购流程、管理流程、价格、支付等相关内容。

(2)界定服务范围

物流服务合同中要对服务范围进行全面的描述，否则可能影响物流服务的质量，对于会展物流中一些通用的术语和流程，不同公司的表达可能各不相同，在进行服务范围界定时要明确这些术语，以免在日后的交涉中出现差错。

(3)增加奖励和激励

物流服务合同中也有必要加入一些奖励和激励条款，如成本削减目标、绩效奖金、收益分享方案等。成本削减目标是指物流服务商必须在特定的时间段(如第一年内)至少保证削减多少成本，如果达不到预期目标，可能意味着中止合同执行。而绩效评估措施是用来确定物流服务提供商是否按照可接受的水平提供了相应的服务。物流服务商的责任是满足或超越最低的可接受的服务水准，如果他们达不到要求，在条款中应有诸如纠正措施和财务惩罚等内容。

(4)确立过渡期计划

确定物流服务商后，应在物流合同条款中使其做出承诺，在特定的时间内，物流服务商应该达到的服务质量。这一特定的时期被称为“过渡期”。

4. 加强物流服务的管理

物流服务合同确立标准用于有效地管理物流服务商，管理流程包括有效地管理双方关系所履行的服务等。应该采用一定的方法和流程对物流服务实施有效的管理，从服务、质量和成本的角度来监督对方的表现情况，持续评审全面的业务关系。

第二节　会展物流服务一体化

20 世纪 80 代以后，西方发达国家都相继提出了“物流一体化”的现代理论，用于指导其本国的物流发展，并取得了明显的效果，使他们的生产商、供应商和销售商均获得了显著的经济效益。随着会展行业的兴起和会展物流的大力发展，国外经济发达国家逐渐将物流一体化理论应用于会展行业，探索出一条新的物流一体化发展之路。

一、会展物流服务一体化的内涵

（一）一体化物流的概念

一体化物流（Integrated Logistics）是 20 世纪末最有影响的物流趋势之一，它是第三方物流服务提供商为适应生产企业的需求，对其将要服务的产品进行市场需求预测、销售状况分析、原材料采购、库存管理控制，生产流程、作业流程分析和实施（包括仓储、运输、分拣、包装、配送管理等）、运营费用核算、成本费用分析以及信息管理和服务质量跟踪等内容提供一整套物流服务解决方案。它是物流业发展的一个高级和成熟的阶段，只有当物流业高度发达，物流系统日趋完善，物流业已成为社会生产链的领导者和协调者时，才能够为社会提供全方位的物流服务。

物流一体化的发展可分为三个层次，即物流自身一体化、微观物流一体化和宏观物流一体化。物流自身一体化是指物流系统的观念逐渐确立，运输、仓储和其他物流要素趋向完备，子系统协调运作、系统化发展。微观物流一体化是指市场主体企业将物流提高到企业战略的地位，并且出现了以物流战略作为纽带的企业联盟。宏观物流一体化是指物流业发展到这样的水平——物流业占国内总产值的一定比例，处于社会经济生活的主导地位，使跨国公司从内部职能专业化和国际分工程度的提高中获得规模经济效益。

（二）会展物流一体化的概念

物流一体化是物流产业化的发展形式，它必须以第三方物流充分发育和完善为基础。物流一体化的实质是一个物流管理的问题，即专业化物流管理人员和技术人员充分利用专业化物流设备、设施，发挥专业化物流运作的管理经验，以取得整体最优的效果。同时，物流一体化的趋势为第三方物流的发展提供了良好的发展环境和巨大的市场需求。

会展物流是展品从参展商经由会展中转流向购买者的物理运动过程，是展销活动的供需双方以外的第三方组织者所提供的一种具有后勤保障功能的服务，由会展组织者在综合会展现场多个供需对应体的信息要求后，统一指挥、统一安排、统一协调的会展物流体系。随着会展物流的发展，一体化问题逐渐被摆上议事日程，会展物流一体化的概念逐渐形成。

会展物流一体化是指为确保会展物流活动的开展，展会的不同职能部门之间或不同企业之间通过展品物流活动，达到提高展品物流效率、降低展品物流成本、增加展品物流效益的效果。

（三）会展物流一体化服务流程

为了给参展商提供更专业、优质的服务，组委会物流服务部应根据展会活动的需求指定专业物流服务商提供公路干线运输、仓储及场馆现场作业服务以及铁路运输、市内配送等相关服务。

1. 展品的配送及接货

通过各类运输方式运输展品的参展单位在运送展品和货物时应准确注明收货单位，将发货信息（接货地点、货物的规格数量及重量、发货人联系方式、托运单据）电话通知或传真通知展会物流服务部，由服务部负责组织承运商和市内配送车辆上门接货，将货物直接送达展馆。货物到达展馆后，办完交接手续，承运车辆和搬运组将货物直接送达参展商展位。

2. 撤展

撤展可交由物流服务商处理，等待专门的计量员上门服务，对参展商展品数量进行统计，做好标签登记、粘贴工作，参展商交纳搬运、配送、机械装卸、保险等相关费用后，领取承运单，将货物装载在专门的托盘上即可离开展馆，货物将被直接送达目的地。

二、会展物流服务项目

在现代市场经济中，项目已经成为组织经营活动的一种典型形式，其应用已经从最初的建筑施工延伸到科学研究、商业贸易、文化教育及军事等各个领域。会展业以会议和展览为中心展开各项工作，会展的总体方案是一个会展项目的纲领，能为整个会展项目指明方向，确立架构，它既是项目一定程度的总结，也是指导会展项目开始的基础，在会展中起着非常重要的作用。

（一）会展物流服务项目

项目是在既定的资源和要求的约束下，为实观某种目的而相互联系的一次性工作任务，是需要在特定时间完成的具体而又明确的任务，是单次性活动的一种组织管理模式。

会展业是现代都市以完善的基础设施和健全的都市服务体系为支撑，通过举办各种不同形式的会议或者展览活动，吸引大批与会、参展人员及普通观众前来进行经贸洽谈、文化交流或旅游观光，以此带动城市相关产业发展的一项综合性经济产业。会展项目作为一个新兴的项目形式，具有自身的项目特色。他以提供客户满意的服务为目标，具有导向性；会展活动涉及服务、交通、通信等相关行业和部门，具有项目连带性；会展项目以客户群体为服务对象，具有广泛性；同时，会展项目在取得经济效益的同时也获得巨大的社会效益，具有整合性。

在会展活动的举办过程中势必会涉及展品、货物、人员的流动，会展物流项目应运而生，如何得到周到细致的物流服务是会展组织者和参展商最为关心的问题。因此，这对物流服务行业提出了相关的要求，并将会展物流活动作为项目进行组织和管理，以达到会展服务的预期目标。

（二）会展物流服务项目方案的要求

在会展物流这种新的物流模式下，由会展举办方指定唯一的物流服务商，完成整个展览的所有物流活动。物流量大，才能够达到规模效应，供应链成本相对传统模式可以大大降低，物流信息交流主要在参展商与物流服务商之间直接进行，缩短了信息渠道的长度，提高工作效率。在现代会展物流模式中，唯一的物流服务商作为整个会展物流系统的中心和枢纽，指挥与协调展品和信息的流动，因此，相关部门对物流服务提出了以下几方面要求。

1. 会展物流服务商应具备的服务项目

对参与会展活动的物流服务商的一般要求是：可以从事多种物流服务业务；可以为客户提供运输、货运代理、仓储、配送等多种物流服务，具备一定规模；根据客户的需求，可为客户指定整合物流资源的运作方案，为客户提供契约性的综合物流服务；可根据业务要求，企业自备或租用必要的运输设备、仓储设施及设备；企业配置专门的机构和人员，建立完备的客户服务体系，能及时、有效地提供客户服务，具有一定运营范围的货物集散、分拨网络。

2. 政府、行业协会对会展物流服务商的要求

会展物流作为新兴的经济增长点，需要政府部门及时加以引导，需要有关行业协会建立、补充、完善统一的会展物流标准，引导和推动一体化会展物流服务模式的建立。目前国际上物流服务商关于会展物流服务方面的标准还没确立，需要政府和行业协会根据展会情况酌情处理，对展览的主办单位进行引导，使他们接受统一的物流服务观念。

3. 会展物流服务商的自身建设要求

为保证会展物流服务的质量，推进会展物流服务项目管理，会展物流服务商必须加强自身队伍的建设。会展物流仍然属于第三产业中的服务业，服务业是以人为中心组织服务运作的；所以，人在其中起着最为重要的作用。好的服务团队就意味着好的服务品质，也就意味着核心竞争力。物流服务企业要想在会展物流方面有所发展，需要培养营销和操作两支团队。好的营销团队能够根据展览的要求设计个性化的方案，在服务内容、方式、质量等方面有创新的服务理念，这样才能赢得客户的青睐而选择这样的物流企业作为物流服务商。

4. 信息技术方面的要求

信息在现代物流中起着至关重要的作用，随着物流组织与管理水平的提高，采用先进的物流组织技术与现代信息技术是开展物流的关键。当前，先进的物流企业无一例外都成功地解决了信息系统的开发工作，通过信息系统和网络技术为会展组织者提供会展物流服务或相关信息，帮助参展商了解和寻找合适的物流服务公司；同时通过信息系统，在会展货物的运输途中可实现货物跟踪与实时查询，为参展商的个性化服务提供条件。

三、会展物流服务项目方案审定

一体化会展物流服务项目方案的审定是对物流服务项目方案要求的检验，展会的物流服务活动的审定主要应由会展活动的组织部门和参展商负责，由他们根据签订的《会展物流服务合同》及相关的法律法规，审核物流企业的合法性，检验物流服务的质量，完成会展物流服务项目方案的审定。

（一）物流服务项目的审定

“审定”是指审查和决定，即对方案、计划实行审查，并作出决定。会展物流服务项目的审定是指由专家或专业的工作人员组成审定小组，对物流服务商提出的项目计划、方案可行性进行研究，并最终做出实施决定的活动。

物流服务项目的审定应由专门的机构或组织进行，由专业的人员组织，审定的标准应依据物流行业及道路运输业的相关管理规定，结合物流服务商的经济实力，审核其经营能力，并依据物流服务商上报的项目服务方案，结合需求方的实际情况，审核方案的可行性，对不合理之处提出调整方案，最终判定物流服务项目的实施与否。

（二）会展物流服务项目方案审定

随着会展的发展，会展物流逐渐发展为一项特殊的业务，常由专门的会展物流服务商来承担，就是我们俗称的运输商或承运商。会展活动的准备周期一般较长，涉及的展品量较大，展览的物流活动通常以展品运输为主。为了保证展品运输的及时、准确和安全，通常由专门的物流服务商承揽项目，并制定物流服务项目方案。为确保项目方案的合理和实用，需要相关部门对方案进行审定。

1.依法审定

会展物流服务项目方案的审定需要依据我国关于物流行业的相关政策和法规，在由国家制定的现行法律之中，直接为物流或与物流有关而制定的法律有《铁路法》、《海商法》。涉及物流的行政法规有公路、水路、铁路、航空货物运输合同实施细则，《海港管理暂行条例》、《公路管理条例》、《航道管理条例》、《关于发展联合运输若干问题的暂行规定》、《关于进一步发展国内集装箱运输的通知》等。中央各部委颁布的涉及物流的规章有《关于商品包装的暂行规定》、《商业运输管理办法》、《铁路货物运输规程》、《国际铁路货物联运协定》、《关于加强我国现代物流发展的若干意见》、《关于促进运输企业发展综合物流服务的若干意见》等。同时，也要依据会展活动的相关规定和细则，保证展会物流活动的顺利开展。

2.审定标准

会展物流服务项目方案依据相关的法律、行政法规、暂行规定和管理办法，在规定的时间内进行审定。审定活动由专门的审定小组组织进行，成员由本行业的权威人士和主管部门负责人组成。审定过程中，要从一体化物流发展的角度出发，严格把关，标准明确，针对不合理方案提出修正意见，并最终形成审定意见书。同时，记录审定的过程和结论。

第三节　会展物流服务项目监理

监理是一个外来组合词，通常是指一个执行机构或执行者依据一项准则，对某一行为的有关主体进行督察、监控和评价，守“理”者不问，违“理”者必究。同时，这个执行机构或执行人还要采取组织、协调、疏导等措施，协助有关人员更准确、更完整、更合理地达到预期目标。会展物流服务项目的监理主要是对展会活动中相关物流服务活动情况进行监督和评价，以确保物流服务项目的合理进行和管理。

一、监理人员职责

从事会展物流服务项目监理的人员必须是经过培训的专业人员，一般包括项目监理总负责人、总负责人代表、专业监理师和监理员。各类监理人员共同努力，依据相关法律法规行使监理权，相关部门对其限定了相应的职责。

(一)监理总负责人的职责

监理总负责人是由监理单位法定代表人书面授权，全面负责委托监理合同的履行、支持项目监理机构工作的人员，在会展物流服务项目监理中应履行以下职责。

(1)确定项目监理机构人员的分工和岗位职责。

(2)主持编写会展物流服务项同监理规划、审批项目监理实施细则，并负责管理项，目监理机构的日常工作。

(3)审查分包单位的资质，并提出审查意见。

(4)检查和监督监理人员的工作，根据项目的进展情况可进行监理人员的调配，对不称职的监理人员应调换其工作。

(5)主持监理工作会议，签发项目监理机构的文件和指令。

(6)审定承包单位提交的报告、设计、方案和进度计划等。

(7)组织编写并签发监理月报、监理工作阶段报告、专题报告和项目监理工作总结等。

(二)总负责人代表的职责

总负责人代表是经监理单位法定代表人同意，由监理总负责人书面授权，代表负责任行使其部分职责和权力的项目监理机构中的监理人员。在会展物流服务项目监理中应履行以下职责。

(1)负责监理总负责人指定或交办的监理工作。

(2)按监理总负责人的授权，行使监理总负责人的部分职责和权力。

(3)审核签认项目结束时的结算。

(4)调解展会的主办方，参展商与物流服务提供商之间的合同争议，处理索赔，审批项目延期。

(5)根据项目的进展情况进行监理人员的调配，调换不称职的监理人员。

(三)专业监理师的职责

专业监理师是根据项目建立岗位职责分工和总负责人的指令，负责实施某一专业或某方面的监理工作，具有相应监理文件签发权的监理人员。在会展物流服务项目监理中应履行以下职责。

(1)负责编制会展物流服务的监现实施细则。

(2)负责会展物流服务监理工作的具体实施。

(3)负责组织、指导、检查和监督会展物流监理员的工作，当人员需要调整时，向监理总负责人提出建议。

(4)审查会展物流服务提供商提交的计划、方案、申请、变更，并向监理总负责人提出报告。

(四)监理员的职责

监理员是经过监理业务培训，具有同类业务相关专业知识，从事具体监理工作的监理人员。在会展物流服务项目监理中应履行以下职责。

(1)在专业监理师的指导下开展现场监理工作。

(2)检查会展物流服务商的运输、装卸、搬运相关设备的使用、运行状况,并做好检查记录。

(3)做好初审工作,发现问题及时指出并向专业监理师报告。

(4)做好监理日记和有关的监理记录。

二、监理服务过程

在会展活动期间,会展物流项目监理服务应贯穿于整个过程之中,我们一般将监理过程分为三部分:项目前期监理,项目过程监理和项目后期监理。监理的主要内容包括:项目实施目标和计划的监理;项目投入资源和项目成果的监理;项目实施效益的监理。

(一)项目前期监理

在进行会展物流服务项目监理之前需要对项目进行监督和控制。在这个阶段,企业一般会对整个项目抱有较高的期望值,但是对项目的实施进程、项目所需的投入和实施过程可能会出现的问题和阻力没有了解或不是非常了解。项目实施监理在这一阶段有以下任务。

(1)确保物流服务项目的总体范围和目标以及对项目期望值的合理性。

(2)确保物流服务项目双方对项目的认识的一致性。

(3)确保项目双方对项目实施所需要的投入。

(4)确保项目双方对今后项目实施过程中可能遇到的困难和阻力有充分的评估,并须有应对措施。

为了实现上述的要求,会展主管方和物流服务商必须认真负责地制订物流服务项目实施计划和目标,项目监理人员应该对实施的计划和目标把关,分析并确认这个计划和目标的合理性和可行性。

(二)项目过程监理

项目过程监理主要是指在项目的进行过程中对项目进行监督和控制,其主要作用和任务是控制项目实施过程中投入的各种资源和达到的目标,使之达到项目实施计划的要求。

从许多项目实施的历程来看,很少有项目是完全按照实施计划进行的,对项目实施过程的监督和控制,应做好以下几方面的工作。

(1)要使物流服务双方都明白计划是严肃的,也是可以调整的;但是计划的调整必须合理,并得到相关负责人的批准。

(2)化整为零,按实施的每一个小阶段对投入的资源和达到的目标进行监督和控制。

(3)控制的方式有追究责任、调整资源、改变方法、调整计划、停止计划等。

在项目实施过程中,监督和控制的依据是计划和目标,监督和控制的主要目的是使项目按计划进行并达到预期的目标。

(三)项目后期监理

项目后期监理主要是指在项目完成后再对项目整个实施过程进行回顾、分析和评判,考察项目实施结果。这个工作的主要作用有以下几方面。

(1)分析整个系统实施工作和计划目标的吻合程度。

(2)分析系统的实施效果。

(3)分析系统还存在哪些需要改进和提高的地方。

(4)总结出一套适合本企业管理系统的实施方法。

复习思考题

1. 会展物流服务招商的过程是什么?
2. 会展物流服务合同签订时需要注意的问题有哪些?
3. 会展物流服务一体化的内涵是什么?
4. 会展物流服务项目方案审定的程序有哪些?
5. 会展物流服务项目监理的内容是什么?

第五章

会展物流系统

学习目的

会展物流是伴随信息时代的发展而发展的，信息技术与会展物流相辅相成。了解会展物流系统的构成，以及传统和现代不同的会展物流系统模式，将会展物流现代化的信息系统与作业系统结合起来，促进会展物流的发展，是会展物流现代化的重要标志。

主要内容

- 会展物流系统的构成
- 传统与现代会展物流系统模式
- 现代会展物流系统运作模式案例
- 会展物流的作业系统
- 会展物流的信息系统

第一节　会展物流系统的构成与模式

随着会展经济的蓬勃发展，物流效率逐渐成为会展企业核心竞争力优势的重要因素之一。在成功的会展活动中，场外物流配送应该对场内的洽谈结果作出即时反应。会展管理者能否与参展企业进行良好合作，使之消耗最低的运营成本完成商品物资的时空转移，从而发挥出最佳的运营效率，将直接影响到整个会展的实际效果，且由于众多著名的会展活动具有明显的周期性，呈现出每年或几年一届的周期性的特征，这种影响将是深远而长久的。因此，构建现代化的会展物流体系显得尤为必要。

一、会展物流系统的构成

在会展物流管理的最初阶段，主要集中在物流各功能要素的整合上。20 世纪 50 年代以前，企业通常只把物流的功能局限于便利的支持工作方面，因此，物流被认为是一系列分散的、非协调的活动，物流管理也以分散管理为基础。今天，越来越多的组织认识到了集成的重要性，强调集成是组织降低成本，提高效率的主要方法。

会展物流系统包括物流作业系统和物流信息系统。如图 5-1 所示，前者主要包括仓储、包装、国内运输、进出口报关和清关、国际运输、展览中的装卸和搬运、布展等作业；后者指的是参展商和主办方的信息反馈、最佳运输路线的选择、全球定位系统，通过信息系统对会展过程中的各种信息进行收集、分类、汇总、跟踪、查询等处理。相对于国际会展，国内范围的会展除了在作业内容上没有国际运输和进出口环节外，其他方面都是一致的。

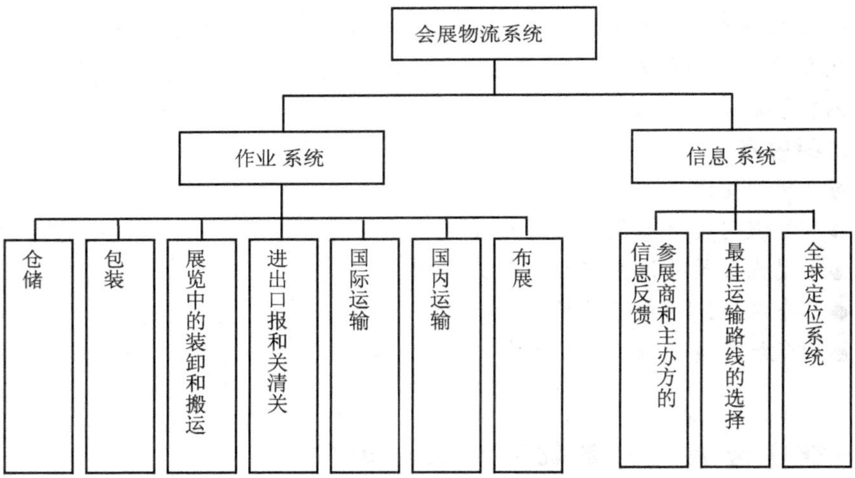

图 5-1 会展物流系统图

从角色分工的角度来讲，无论什么性质的会展，都同样需要举办方、参展商、物流运输商、展馆方、展位设计服务商等的通力协作，会展物流系统包括包装系统、装卸搬运系统、进出口系统、运输系统、仓储配送系统、信息系统，如图 5-2 所示。包装系统、装卸搬运系统、运输系统和仓储配送系统前面已经讨论过，这里不再赘述。

二、传统会展物流系统模式

传统会展物流系统模式在物流管理水平较低的情况下被广泛采用，虽然它

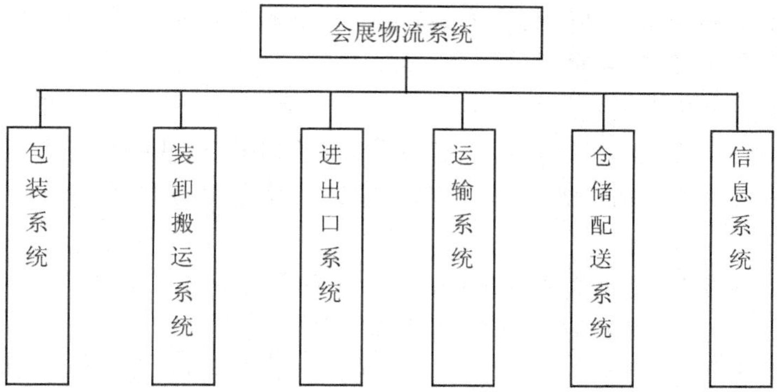

图 5-2　会展物流系统的组成

弊端众多，但是限于会展组织者的理念与水平或者会展的规模与性质，当前我国所举办的各类会展中依然大量地使用着此种模式。其特点有以下两点。

1. 成本较高，服务水平较低

各参展商的展品物流各自为政，参展商各自寻找自己的物流服务商，由后者完成展品从参展商处至展览场馆的运输、储存、保管、装卸等作业以及展览结束后的回运等工作。因为单一的参展商展品物流量较少，难以争取到较好的价格，单位物流成本较高，参展商也难以获得全面有效的服务。

2. 信息交流不畅

各物流公司必须与会展组织者事先沟通，告知对方何种展品何时到达展览场馆，展览组织者再与场馆方协商确定展品进馆时间；进馆之后，参展商才能开始展台的搭建、布置、装饰等工作。因为各参展商都有自己的物流供应商，信息的流动发生在众多的物流供应商、展览组织者、场馆方之间，线路过于繁杂，沟通过程中经常会出现信息流通受阻现象，协调困难，导致展品在场馆外滞留或者留给参展商布置展台的时间过短等现象。

三、现代会展物流系统模式

随着物流供应链理念的不断发展，物流信息技术的不断进步，传统的会展物流模式的缺点逐渐显现出来，需要一种现代的会展物流模式来取代传统的会展物流模式。目前，我国会展物流运作模式是由第三方物流公司作为整个会展活动的唯一的物流服务提供方，兼容物流过程中必然涉及的各个领域的业务服务，使物流过程的社会分工转为统一企业集团内部的分工，大大增强了协调性，有利于实现会展物流系统的整体优化。具体流程如下。

1. 会展主办方指定本次展览唯一的物流供应商，并将此物流供应商的信息告知各参展商。

2.各参展商与物流供应商沟通，确定参展商展品的种类、数量、启运时间、需要办理的手续、展位布置时间等信息。

3.物流供应商收集到所有参展商的物流信息后，应根据各参展商的不同要求，兼顾安全、快捷、经济等要求，与各参展商共同制定最佳的物流方案。

4.物流供应商与场馆方协作，将参展商的展品运输至展览场馆，参展商组织展位布置。

5.参展过程中，如有顾客购买展品，物流供应商应与顾客充分沟通，将展品运至顾客指定地点，如果是国外顾客，还需办理好出关手续。

6.参展结束时，物流供应商应及时与各参展商及场馆方协作，安排好展品的撤馆和返回等相关工作。

现代物流模式有以下特点。

1.物流供应链成本较低

会展举办方指定唯一的物流供应商，完成整个展览的所有物流活动，物流量大，能够达到规模效应，供应链成本相对传统模式可以大大降低。会展指定的物流供应商一般规模较大、网络分布广、服务水平高，能够保证所有展品的物流成功完成。

2.信息交流通畅

物流信息交流主要在参展商与物流商之间直接进行，缩短了信息渠道的长度。由于物流服务商的专业性，熟悉物流各环节，在收集到所有参展商的展品物流信息后，可以统筹安排，协调一致，使各参展商的展品进场、布置等按顺序交错进行，避免展品滞留、等待、拥挤等现象的发生，提高工作效率。

3.服务水平高

物流服务商一般具有顶尖的实力、丰富的经验，其专业水准能够为客户提供无微不至的服务。例如，在2003年青岛国际啤酒节上，青岛中远物流公司承担了全程物流服务。一般而言，国外啤酒品牌如果是第一次在中国销售的，仅标签审核就需要3个月左右的时间；而青岛中远物流公司利用其专业化、规范化、全方位的物流服务，仅用20天就完成了包括啤酒标签申请、报关、报验到仓储、运输等一系列服务，使众多海外知名品牌啤酒能够顺利在本届啤酒节亮相，得到厂商的高度评价，为啤酒节进一步拓展海外市场提供了强有力的保障。

4.对指定的会展物流服务商的要求高

在现代会展物流模式中，唯一的物流服务商作为整个会展物流系统的中心和枢纽，指挥与协调展品和信息的流动，这就要求该物流服务商拥有并且能够利用先进的信息技术，与会展主办方、参展商、展馆方随时保持联系和进行方便快捷的信息交换。企业内部的要求与相连，并且设计成方便客户使用网络浏览器查询和监控的物流信息。

在现代会展活动过程的组织中，展品的运输组织模式还有以下形式。

1. 参展商自行负责展品运输。

2. 参展商自选物流服务商进行展品运输。

3. 参展商通过邮寄或快递。

值得关注的是，如果企业自己联系物流服务商，最好找正规企业；否则，将会展物流业务交予缺少经验的物流公司难免会有一些意外状况发生，造成不必要的损失。

四、现代会展物流系统运作模式案例

厦门外代会展项目部系由厦门外轮代理国际货运有限公司和厦门外代报关行有限公司联合成立的专业会展物流服务提供商，成功代理了第五、六届“中国投资贸易洽谈会”、第六、七届“台交会”全球展品的运输、报关代理，成为厦门地区首屈一指的全方位、专业展品物流服务商。厦门外代不仅为展商提供全程一站式服务，如境外收货、境外运输、展品通关、展馆内装卸、展品回运等，还在展览期间为参展商提供现场咨询服务，并对展品进行监管，帮助参展商解决实际问题。

外代会展项目部为展商提供一站式服务。项目部就整个参展过程建立项目负责人制度，紧密联系组委会以便双方及时、方便地沟通、协调，并保证信息畅通和各项工作顺利进行以及对外联络的一致性。

1. 外代会展项目部接到组委会确定的参展商的目录和通信方式后进行核对，并与组委会保持密切联系并及时更新展商资料。

2. 项目部根据组委会提供的参展商名录，通过电子邮件、传真、电话等多种渠道在第一时间内与参展商取得联系，或通过基于 EDI 或 RFID 集成化信息平台联系，确保参展商知道展品物流方面的有关事项；参展商根据自身需要按要求填写展品清单并传给项目组。

3. 项目部将参展商的反馈信息进行整理后，将相关的需求信息在第一时间内通知海外代理商和国内的相关网点，并根据展品清单做好展品通关准备。

4. 国外代理商和国内网点根据参展商提供的展品清单收取货物（如参展商要求可上门收货），国外代理商根据展品内容制作准确的展品清单并传给项目部，项目部根据展品清单向海关报关。

5. 国外代理商和国内网点根据项目部的安排，可采用多式联运的方式将展品在规定时间内运抵厦门口岸，并将展品到达信息、到达时间、运输方式、船名、航次等通知项目部。

6.项目部根据国外代理商和国内网点提供的展品到达信息，按照接货流程做好报关工作，并根据参展商要求提供仓储、运输、拆装箱等服务。

第二节 会展物流进出口系统

进出口系统是围绕国际会展的进出口业务的报关、报检、清关等活动进行的。国际展览会的展品通常作为样品，不是直接出口给会展所在国的，这就存在一个入关和出关、报关、商检等手续。当展品进入会展所在国国境时所填写的各种单据、所办的手续都要为将来的出关做准备，增加了手续的烦琐程度、海关的审核时间等。如果手续办理的时间不同于参展企业的预期，则会影响展品到达时间。

一、我国参展物品的进出口管理

国际化会展的物流涵盖参展物品从一个国家的参展商处被转运到另一个国家的会展活动举办方处，然后在会展结束后从举办国回到参展商处的整个过程。其间必然要经过参展商所在国和会展活动举办方所在国的海关。显然，进出口管理水平以及报关、清关等海关的处理能力必然影响到整个会展物流系统的效率。因此，参展物品进出口管理是现代国际会展物流管理的一个重要环节。

从1998年1月1日起，我国在展览品暂准进出口方面使用通用的国际海关单证《暂准进口单证册》取代海关报关单。《暂准进口单证册》，简称为ATA单证册，包括出口、进口、复出口、复进口以及过境报关6个单页，可用此册办结两国海关之间报关手续。按规定，进出境展览品包括：在展览会中展示或示范用的货物、物品；为示范展示的机器或器具所需用的物品；展览者设置临时展台的建筑材料及装饰材料；供展览品做示范宣传用的电影片、幻灯片、录像带、录音带、说明书、广告等。而为举办技术交流会、商品展示会或类似活动而进境的货物，则按展览品进行监管。

展览品属海关同意的暂时进口货物，进口时免领许可证、免交进口关税和其他税费。进口展览品自进境起到复运出境止，出口展览品自出境起到复运进境向海关核销止都应在海关监督管理之下。而外国来华和我国出国举办展览会，根据不同性质都要经过有关主管部门的批准，一般由具有主办单位、承办单位资格的法人负责举办。一般情况下，出国（境）举办展览会由中国国际贸易促进委员会及其各地的分会、全国性进出口商会、中国外商投资企业协会负责举办。

为了应对展品为临时进口，展览结束后还要办理出关的问题，世界海关组织为暂准进口货物而专门创设了国际通用的《ATA单证》，就是参展企业可以在各成员国授权的各国担保商会开立 ATA 单证，表明运输的产品是参展样品，还会在展览结束后运输回发运国。申请展品的临时进口，展后直接返回发运地，暂准进口货物可以通过 ATA 单证在各国海关享受免税进口和免于填写国内等报关文件，避免烦琐关税的缴纳和退回，可以大大缩短产品在海关作为进口产品对待而耽误时间。如果展商在展览期间为展品找到合适的买家，只要更改临时进口方式、补缴纳关税即可，此种方式为目前国际较为通用且异常灵活的方法之一。

参展企业在制作通关清册的时候，报产品价值的问题上有很多学问，各国都不一样。通常在相对落后的国家要把产品价值报的低于产品实际价值，避免高额的海关征税。但在发达国家，要有技巧地围绕实际价格报税，不能一味低报，防止被起诉倾销。

二、参展物品的进出口流程

通常参展物品的进出口要通过 14 个步骤，如图 5-3 所示。

(1)参展商将自己的展品及其相关基本信息的清单交给代理人。

(2)受托人持清单一式两份，准备报关托运、租船、订舱。

(3)制定运输单据，出口展品报关单等一式三份。

(4)报关。

(5)商检及保险。

(6)装运并发出装运通知。

(7)运输提单制作、审核及交纳。

(8)运输服务商组织人员持提单运输。

(9)参展商或者其代理及时通知会展活动举办者及当地代理。

(10)参展物品在会展活动举办国海关的进口。

展览会闭幕后，根据原则，大部分的展品及其附属品，都要全部复运出境或者运到第三国继续展览。

(11)对于转为正式进口的展览品，海关根据有关规定办理进口手续，缴纳各项税费和其他费用。

(12)对于复运出境的展览品，组织者或其代理人向海关交验参展物品核销清单一份。

(13)代理人持核销单及出境许可证自己运返，或者由专业运输机构托运。

(14)展品最后运抵参展商所在国，或者到第三国继续展览。

三、来我国参加展会的报关程序

国外参展商来我国参加展会，会展活动主办单位应将有关主管部门批准文件事先抄送会展活动所在地海关。由主办单位或其委托的运输代表负责向海关办理报关手续，海关不单独接受其他展商个人的申报。

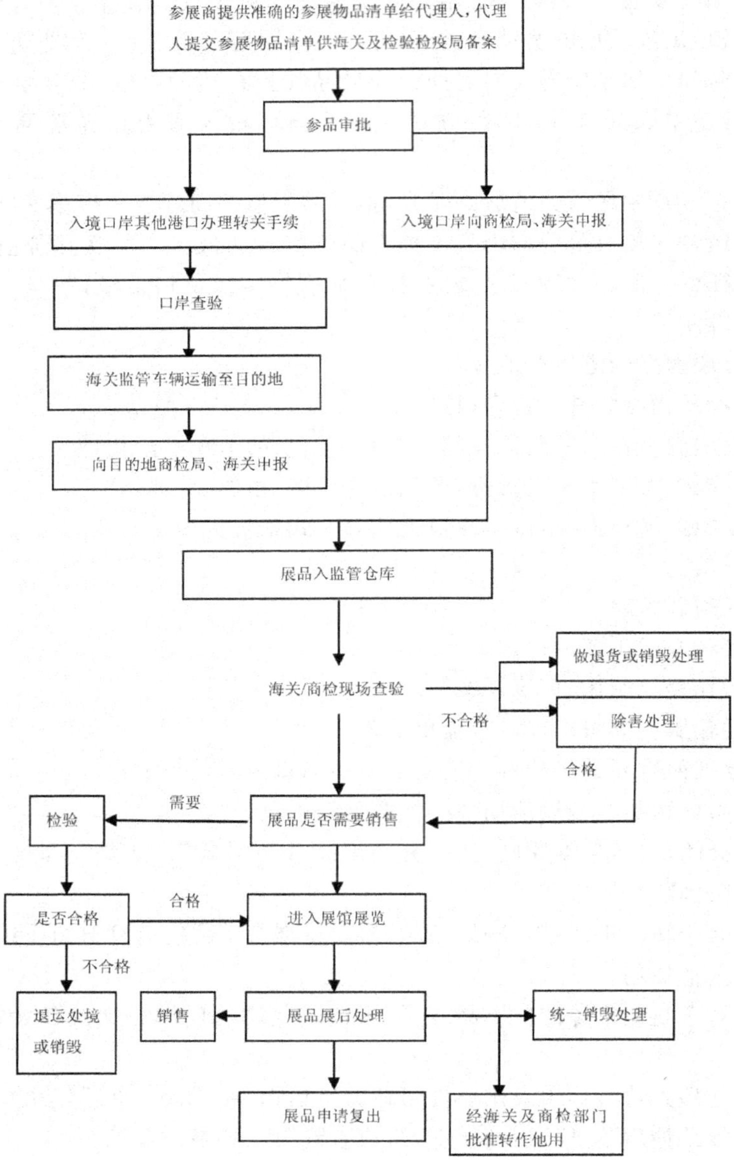

图 5-3　展品进出口流程

进口展览品的报关手续主要包括以下 9 个步骤。

(1)举办单位应会同报关、运输代理于展览品进境前,持相关文件向海关办理备案手续。相关文件一共有 6 种:国家主管机关对举办展览会的批准文件;主办单位注册登记表;主办单位备案申请表;报关、运输代理委托书;海关认可的担保;其他海关认为必要的文件。

2)展览品进口前,应向展览地海关提供展品清单一式两份。清单上应详细列明展品名称、规格、数量价值、箱号等,并按顺序编号,合订成册,清单如用英文,应译成中文对照填写。

(3)凭 ATA 单证册进口展览品,可免填进出口货物报关单且不用向海关提供进口税费的担保。ATA 单证册项下货物如属我国法令、法规限制进出口的,应按照有关规定办理检验或批准手续,如商品检验、药品检验、动植物检疫、无线电管理等展览品进口时,展方应向入境地海关直接递交驻展览地海关签发的通知单,以及运单、装箱单等进行报关,经海关审核后,按海关监管货物转运至展览场地。

而展品运至展览场所后,展方应及时通知驻场海关,同时申报准备开箱的时间,并在海关查验时派人到场。对展览所用的印刷品和音像制品应事先交海关审查同意后,方可使用。展品中如有根据中国有关法令规定应受管制的物品,展方应事前办理批准手续后,方可使用。对我国政治、经济、文化、道德有害的以及侵犯知识产权的印刷品和音像制品,不得展出或者使用,并由海关根据情况予以没收、退运出口或者责令展出单位更改后使用。

(4)展览品展出时,未经海关批准,不得擅自移出展览会场所,其他物品按以下办理。①展方运进为展览会招待用的含酒精饮料、烟叶制品及燃料,应照章纳税。②海关根据展览会的性质、参展商品的规模、观众人数等情况,在数量和总值合理的范围内,五种展品进口后不复运出境的货物,免征进口关税和进口环节税。第一种是在展出活动中能够代表国外货物的小件样品,包括原装进口的或在参展期间用进口的散装原料制成的食品或饮料(不含酒精)的样品。第二种是在展览会中专为展出的机器或器件进行操作示范所进口的并在示范过程当中被消耗或损坏的物料。第三种是展出者为修建、布置或装饰展出台而进口的一次性廉价物品,如油漆、涂料及壁纸。第四种是参展商免费提供并在展出期间专门用于向观众免费散发的与活动有关的宣传性印刷品、商业目录、说明书、价目单、广告招贴、广告日历及未装框照片等。第五种是进口供各种国际会议使用或与其有关的档案、记录、表格及其他文件。而第二、三种物品,其未使用或尚未被消耗的部分,如不复运出境,应按规定办理进口手续并照章征税。第四种物品如在展览会结束后需留在国内的,主办单位或其代理人应按照我国对印刷品进口的管理规定办理进口手续并照章纳税。

(5)对进境展览品留在国内销售的,应由主办单位或有关购买单位向展出地海关办理正式进口手续。凡出售给外贸(工贸)公司或其他有进出口经营权单位的,由购买展品的公司、单位办理进口手续。出售给外国驻华外交机构、外交官或其他驻华机构、人员的,由该机构或人员办理进口手续。出售给其他国内单位、个人的,由展览会主办单位办理进口手续。办理出售展品进口手续时,应按国家有关规定提供进口许可证或其他有关批件,并按规定缴纳进口关税和进口环节税。上述进口手续办妥后,海关放行有关展览品。

(6)展览品转异地续展时,展方应向海关申请批准,并填写《转关运输货物申报单》随附装载清单,按转关运输海关监管货物办理转运手续。

(7)如果作为礼品或样品赠送的展览品,主办单位应向展出地海关提供列明品名、数量、价值、受赠对象等内容的展品赠送确认书,由受赠对象向海关办理进口手续。海关根据进口礼品或样品的管理规定办理征免税验放手续。

(8)对展出后放弃的展览品,主办单位应向展出地海关提供列明名称、数量、价值和处理方法的放弃展品清单。有接受单位的,由接受展品单位向海关办理进口手续,并按规定缴纳进口税款;而对无接受单位的,主办单位应将放弃的展品交由海关按规定处理。此外,展览品因毁坏、丢失或被窃而不能复运出境的,展览会主办单位或其代理人应及时向海关报告,并办理有关手续。对于毁坏的展览品,海关根据毁坏程度估价征税;对于丢失或被窃的展览品按照进口同类产品照章征税。而展览品因不可抗力遭受损坏或灭失的,海关根据其受损状况,减征或免征关税和进口环节税。

(9)展览品应自进境之日起 6 个月内复运出境。展览品复运出境时,展方应向驻场海关递交"转关运输货物申报单"和"装载清单"一式两份,按海关监管货物转运至出境地海关监管出境。展览会或类似活动中展出或使用的暂准进口货物,其复运出境的期限应为自暂准进境之日起的 6 个月,延长期限需报主管海关批准。延长期满后,除经海关总署特准外,不再予以延长。展品在复出境时,如 ATA 单证册未经我国海关核销、签注,我国海关在接受他国海关出具的证明货物已远离我国关境的凭证时,我国海关按国际惯例和国际公约收取调整费。展览会结束后,展方应于 10 天内将全部展品的处理情况开列清册一份(或利用原向海关备案的展品清册逐项注明),向海关办理结案手续,并退还保证金或注销保证函。

四、出国举办或参加展览会的展品报关

在国外举办展览会的主办单位应该持有关主管部门批准文件、主办单位备案申请表、主办单位注册登记表、主办单位的报关运输代理委托书等有关文件到展览会所在地海关办理备案手续。在国外举办展览会的主办单位应该持有关主管部门批准文件、主办单位备案申请表、主办单位注册登记表、主办单位的报关运输代理委托书等有关文件到展览会所在地海关办理备案手续。

1.展品的出口报关

出国举办展览会或参加国际博览会的展品出口报关时,出展单位或其代理人应向出境地海关提交填写好的《货物暂准进口单证册》(ATA单证册)。对外贸(工贸)公司主办出国展览会所带展品,属国家限制出口或需申领出口许可证、缴纳出口税的商品,海关可要求持证人提供担保。海关在审核并履行担保手续后,在清单上注明查验放行情况和日期,一份由出境地海关留存,另一份转出展单位所在地海关。为出国举办展览会所需运出的展卖品(既展又卖,展品则只展不卖)、小卖品,在向海关申报时应在出境展品清单中注明,对属于国家实行许可证管理的商品,应提供出口许可证,对属于应征出口税的商品,还应缴纳出口关税。

2.展品复运进口的报关

出展品复运进口时,使用原《暂准进口单证册》报关。经入境地海关审核查验后,在单证册海关批注栏内签注查验放行情况和日期,留存凭证。

3.展品复运进口后的核销

出展单位在展品复运进口后,应向其所在地海关办理展品的销案,核销时应将展品在外出售、赠送、放弃、消耗或留我国驻外机构等情况向海关报明,对在外出售的展品应当另填写"出口货物报关单",供海关凭此办理核销手续。

4.展品容器内不得装入个人物品和非展品

展出单位在外购买、接受的物品、样品、礼品和其他资料,应当另行包装并开列清单,向海关申报,由海关根据有关规定办理。

提前了解对方国情,特别注意了解当地节假日、重大事件、已经告知的罢工日期、国家领导人访问的时间等,合理计算时间,留出时间提前量。

第三节 会展物流信息系统

信息是知识经济时代可供利用的最重要的资源之一。物流信息是物流作业的神经中枢。在会展活动中,对信息技术的合理利用与有效管理是整个会展物流体系高效运转的前提。

在会展物流的组织与管理过程中,物流信息管理是一项重要内容。会展参展方要同主办方及时沟通和监控各种物流信息,并根据反馈信息及时调整物流过程中的具体行动措施。会展举办方、参展商、物流商、展馆方、展位设计服务商必须就参展产品的各种信息进行沟通，信息交流的顺畅与否关系到会展活动的成功和会展物流活动的顺利与否。在构建现代化的会展物流体系时，要借助先进的科学技术手段，形成完备的信息网络。

一、会展物流信息系统(ELIS)

会展物流信息系统(The Exhibition Logistics Information System)是对会展活动进行信息管理的操作平台，它通常由会展组委会办公室、会展前台销售信息统计中心、会展物流情报中心、会展物流调度中心等核心部分组成。它包含会展主办方的信息、参展商的信息、物流代理商的信息等。

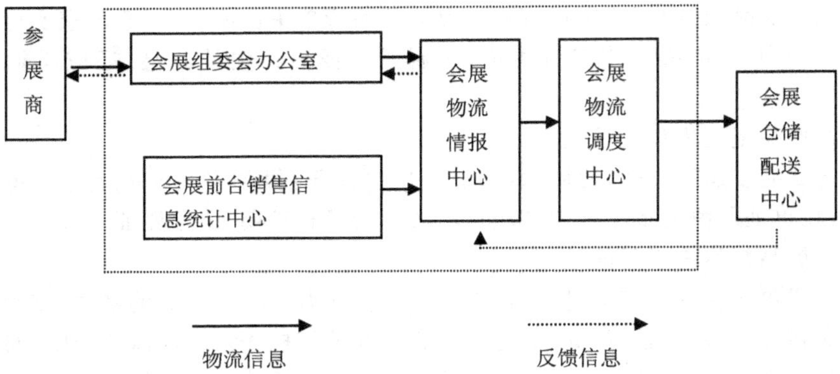

图 5-4 会展物流信息系统

会展物流信息系统以各部分的办公自动化的实现为前提条件。在图 5-4 中，会展物流的信息主要有两大来源：其一是外部输入的，即在会展活动举办前由参展企业向会展组委会提供的参展企业的资料和参展产品的详细资料；其二是内部收集的，在会展活动现场由于参展商与购买者的洽谈成功而产生的潜在物流信息，这部分信息由会展组委会前台销售统计中心负责。两部分信息汇集到会展物流情报中心加以综合分类分析，制定好物流方案后，以配送任务的形式反映到会展物流调度中心统一指挥控制。

当会展仓储配送中心接收到物流指令后，按指令组织实施物流活动，并及时将完成情况的信息反馈到会展物流情报中心，进而由会展组委会反馈给参展商，以寻求其评价意见及其他要求。

在上述会展物流的信息系统中，会展组委会办公室和会展前台销售统计中心兼具多项职能，提供物流信息只是众多工作中的一部分。会展物流情报中心和会展物流调度中心是为会展物流而专设的机构。

国际会展中，信息系统的主要功能是采集、处理和传递信息情报。会展国际物流信息的主要内容包括进出口单证的作业过程、支付方式、客户资料等信息。国际物流信息系统的特征是信息量大，交换频繁，传递量大；时间性强；环节多，点多线长。所以，建立技术先进的国际物流信息系统，是促进国际会展物流发展的保障。

二、会展物流信息系统的特点

1. 开放性

开放性是指会展物流的信息系统可以对物流服务商内部和整个物流系统各环节的外部企业进行一定程度的开放。这样不仅可以实现物流企业管理的一体化和资源的共享，还可以与企业外部物流各个环节进行有效的数据交换。全球经济的一体化还要求系统必须考虑与国际通行的标准接轨，如 EDL 标准。此外，会展物流信息系统还需要具有一定的可扩展性。

2. 动态灵活性

会展物流的信息系统反映的数据应是动态的，可随着物流情况的变化而变化，通常可以支持供应商、客户、公司员工等用户的在线查询。这就需要公司内部与外部数据及时、顺畅地通信。此外，现在社会的经济和技术发展很快，因此会展物流的信息系统在设计和建设时需要具备一定的灵活性，也就是说信息系统的功能可以随着物流服务商的发展而发展。这样就要求在建设物流信息系统时，应充分考虑企业未来的管理及业务发展的需求，以便在原有系统的基础上建立更高层次的管理模块。

3. 安全性

安全性是会展物流信息系统应该具备的首要条件。为了提高整个系统的安全性，在设计和建立会展物流系统时应该从内部安全和外部安全两方面着手。提高内部安全的措施包括：根据实际需要赋予不同部门不同人员适当操作权限；设置操作人员进入系统的密码，对操作人员的操作进行记录规定，操作人员只能在授权范围内进入系统等方法。这些措施可以避免没有权限的人看到或修改企业资料，从而造成数据资料不稳定和商业机密泄露。会展物流信息系统所遇到的外部安全性问题主要是在系统连接互联网后，可能面临的病毒、黑客或未经授权的非法用户攻击而导致的系统瘫痪。此外，系统也可能要遭受外来的非法用户入侵窃取公司的机密。因此，为了提高系统的外部安全性，要考虑采取加密、监视、防火墙等措施，使系统具备足够的安全性，以防止这些外来侵入。

4. 协同性

协同物流是会展物流的一种发展趋势，也是对现代会展物流信息系统的要求。会展信息系统的协同性主要表现为三个方面。首先，系统可以与客户的 ERP 系统或库存管理系统实现连接，从而产生信息系统和参展商及会展活动举办方信息协同效益。其次，是会展物流服务商企业内部的信息协同效益，即信息系统应该方便操作人员将与参展物品有关的数据输入系统，同时财务部门可以制作结账单、报表，进行记账、控制处理。再次，就是物流信息系统与社会各部门的协同效益，即通过网络与银行、海关、税务等部门实现信息即时传输；与银行联网，可以实现网上支付和网上结算，还可查询企业的资金信息；与海关联网，可以实现网上报关、报税。

此外，会展物流信息系统应该具有两种基本能力，即支持远程处理的能力以及检测、预警、纠错能力。由于会展物流涉及的范围广，参展商和会展的举办方往往在不同的地区或国家，所以会展物流信息系统应支持远程的业务查询、输入、人机对话等处理。另外，为了保证数据的准确性和稳定性，会展物流信息系统应在每个模块中设置检测程序，对输入的数据进行检测。这样可以把一些无用的数据排斥在外，提醒并避免操作人员输入错误信息。

三、会展物流的信息技术

（一）射频技术

射频技术（Radio Frequency，RF）的基本原理是电磁理论。射频技术的原理是采用射频技术，对标签进行电磁波射频扫描、读取数据、掌握信息。射频系统的优点是不局限于视线，识别距离比光学系统远，同时射频识别卡可智能化，具有读写能力，并可携带大量数据，难以伪造。射频及标签系统的操作特点是对静止的或运动的标签均可进行非接触识别。

射频技术主要应用于实现对参展物品在会展物流系统内的跟踪，以及运载工具和货架识别等要求非接触性数据采集和交换的场合。由于具有可读写能力，RF 标签对于需要频繁改变数据内容的场合尤为适用。RF 接收转发装置通常被安装在运输线的一些检查点上（如门柱上、桥墩旁等）以及仓库、车站、码头、机场等关键地点。接收装置收到 RF 标签信息后，连同接收地的位置信息上传给运输调度中心，送入会展物流的信息数据库中。目前，RF 技术开始运用到我国会展的物流管理中。例如，一些高速公路的收费站口，使用 RF 可以不停车收费，目前铁路系统也开始使用 RF 记录货车车厢编号。

（二）GIS 技术

地理信息系统（Geographical Information System，GIS），是 20 世纪 60 年代开始迅速发展起来的地理学研究新成果。该技术以地理空间数据为基础，采用地理模型分析方法，适时地提供多种空间的和动态的地理信息，是一种为地理研究和地理决策服务的计算机技术系统。GIS 的基本功能是将表格型数据转换为地理图形显示，然后对显示结果进行浏览、操纵和分析。GIS 系统显示范围可以从洲际地图到非常详细的街区地图，显示包括人口、销售情况、运输线路及其他内容对象。

GIS可应用于会展物流的分析，其原理主要是指利用GIS强大的地理数据功能来完善物流分析技术。完整的GIS物流分析软件集成了车辆路线模型、最短路径模型、网络物流模型和设施定位模型等。车辆路线模型通常用于解决一个起始点、多个终点的参展物品运输中，降低物流作业费用，并保证服务质量的问题，如确定使用多少辆车、每辆车的行驶路线等。网络物流模型可用于解决寻求最有效的分配货物路径问题，也就是物流网点布局问题。而设施定位模型用于确定一个或多个设施的位置。在会展物流系统中，仓库和运输线共同组成了会展的物流网络，仓库处于网络的节点上，节点决定着线路。在实际需要的基础上，运用网络物流模型可以解决在既定区域内设立多少个仓库、每个仓库的位置、每个仓库的规模以及仓库之间的物流关系等问题。目前，国内GIS技术在会展物流中的应用还处在初级阶段。

（三）GPS技术

全球定位系统（Global Positioning System，GPS）是美国从20世纪70年代开始研制的。该系统于1994年全面建成，是具有在海、陆、空进行全方位实时三维导航与定位能力的新一代卫星导航与定位系统。随着全球定位系统的不断改进，硬、软件的不断完善，应用领域正在不断地开拓。GPS系统主要包括空间卫星系统、地面监控系统和信号接收系统三大部分。

随着科技的发展，全球卫星定位系统开始被广泛地运用到会展物流的各个环节。车辆导航是全球卫星定位系统应用的主要领域之一。例如，GPS系统可以用于汽车自定位和跟踪调度，明确运输参展物品在整个物流运输过程中的位置。而GPS系统也可以用于内河及远洋船队最佳航程和安全航线的测定、航向的实时监测调度，特别是对国际会展远洋运输的船舶进行导航。GPS系统的运用对于改善会展物流的航运条件并提高航运能力至关重要。目前，我国铁路开发的基于GPS的计算机管理信息系统，可以通过GPS和计算机网络实时收集全路列车、机车、车辆、集装箱及所运货物的动态信息，实现列车、货物追踪管理。只要知道货车的车种、车型、车号，就可以立即从近10万千米的铁路网上流动着的几十万列货车中找到该列货车。此外，该系统还可提供这列货车现在何处运行或停在何处以及所有的车载货物发货等信息。这项技术的运用，可以使铁路部门大大提高路网及其运营的透明度，并为会展物流提供更高质量的服务。

（四）条形码技术

条形码技术不仅在国际范围内为参展物品提供了一套完整的代码标志体系，而且为会展物理管理的各个环节提供了一种通用的语言符号。作为成本最低的自动识别技术，条形码技术被用来在会展物流系统内实现对参展物品的物流跟踪。自动识别技术主要解决的问题是参展物品与信息之间的匹配关系，使参展物品在运输、仓储过程中，可以即时地反映到信息网络环境中，使操作者能够迅速了解物流的全部过程，尤其是在途中的情况，提高物流过程的作业效率及货物数量的准确性。

在会展物流的仓储管理中，条形码技术被广泛用于采集参展物品的单件信息，处理采集数据，建立仓库的入库、出库、移库、盘库及每件物品的库存位置等数据。而所采集的信息不但可以用来建立仓库运输信息，直接处理实际运输差错，而且可以根据采集单件信息及时发现出入库的货物单件差错（入库重号、出库无货），并且提供差错处理，从而使仓库操作的完成更加准确，并根据货物单件库存为仓库货物出库提供库位信息，使仓库货物库存更加准确。可见，基于条形码技术的会展仓储管理可以使各项仓储操作的效率和准确率大幅度提高。

此外，条形码技术可以提高铁路运输、航空运输等参展物品运输过程中的货物分拣效率并减少人工操作的误差，使大批量的货物在很短的时间内准确无误地装到指定的车厢或航班，然后送到不同的目的地。基于条形码技术的分拣操作非常简便，只要将预先打印好的条形码标签贴在发送的参展物品上，并在每个分拣点装一台条形码扫描器，不同的参展物品就可以自动分拣到不同的运输机上。

（五）电子数据交换技术

EDI（Electronic Data Interchange），即电子数据交换，是指按照同一规定的一套通用标准格式，将标准的经济信息，通过通信网络传输，在交易伙伴的电子计算机系统之间进行数据交换和自动处理。使用 EDI 能有效地减少交易过程中的纸面单证。EDI 所完成的工作包括两部分：一是用计算机处理对外传送的各种单据和票证；二是借助通信网络将这些单据和票证传递给对方。EDI 系统包含 EDI 软硬件、通信网络及数据标准化三个要素，可以划分为报文生成和处理模块、格式转换模块、通信模块、联系模块等部分。

会展物流的 EDI 是指参展商、会展活动举办方及其他相关的单位之间，通过 EDI 系统进行物流数据交换，并以此为基础，实施物流作业活动的方法。会展物流 EDI 的参与单位有参展商、会展物流服务企业、会展活动举办方、实际运送货物的交通运输企业、协助单位和其他物流相关单位。如政府有关部门、金融公司等均可算作协助单位，而仓库业者、专业报关业公司等均可算作其他物流相关单位。

除了大量降低会展物流各种业务活动的用纸量，EDI 技术的运用降低了整个会展物流系统的成本。由于单证在参展商、物流服务商及会展举办方的传递是完全自动的，所以不再需要重复输入、传真和电话通知等工作。在直接降低成本的同时，EDI 技术还通过提高物流系统的工作效率、大幅度减少人工误操作来降低物流系统的成本。此外，将 EDI 技术与会展物流的仓储管理系统、订单处理系统等物流信息管理系统集成使用之后，可以实现会展物流单证的快速交换和自动处理，并且提高整个系统对客户需求的反应速度和服务水平。因此，具有 EDI 的能力正在成为会展物流信息系统的先决条件。

复习思考题

1. 简述会展物流系统的构成。
2. 简述传统与现代会展物流系统模式的异同。
3. 简述会展物流的作业系统的构成及特点。
4. 简述会展物流的信息系统的构成及特点。

第六章

会展物流管理

学习目的

掌握物流管理的发展历程、现代物流和会展物流管理的特点、要求；掌握会展物流管理的内容、基本环节；掌握会展物流优化方法和途径

主要内容

- 物流管理的内涵与发展历史
  物流管理的发展历程　物流活动的不同角度区分
- 会展物流管理的特点与要求
  现代物流管理的特点　会展物流管理的特点　会展物流管理的要求
- 会展物流管理的环节与内容
  物流管理的阶段划分　物流管理的基本环节　会展物流管理的基本环节　会展物流管理的主要内容
- 会展物流管理优化
  会展物流集成管理　会展物流管理水平和效率提升的途径　会展物流管理系统优化　积极推行绿色会展物流

第一节　物流管理的内涵与发展历史

物流是随商品生产的出现而出现，随商品生产的发展而发展，是一种古老的传统的经济活动。物流包括物品的运输、配送、仓储、包装、搬运装卸、流通加工以及相关的物流信息等环节。物流活动的具体内容包括用户服务、需求预测、定单处理、配送、存货控制、运输、仓库管理、制造与转运中心布局与选址、搬运装卸、采购、包装、情报信息以及与之对应的资金服务。会展物流不包括前端物品

制造阶段，但是增加了后端物品展示阶段，在相关环节和具体内容上与一般的物流有较大不同。

物流管理(Logistics Management)是指在社会生产和流通过程中，根据物品实体流动的规律，应用管理原理和方法，对物流活动进行计划、组织、指挥、协调、控制和监督，使各项物流活动实现最佳的协调与配合，以降低物流成本，提高物流效率和经济效益。国家标准《物流术语》把物流管理定义为“为以合适的物流成本达到用户满意的服务水平，对正向及反向的物流过程及相关信息进行的计划、组织、协调与控制”。现代物流管理是建立在系统论、信息论和控制论的理论基础上的多学科交叉科学。

一、物流管理的发展历程

物流管理的发展经历了配送管理、物流管理和供应链管理三个层次和阶段。

物流管理起源于第二次世界大战中军队输送物资装备所发展出来的储运模式和技术。在战后，这些技术被广泛应用于工业界，并极大地提高了企业的运作效率，为企业赢得更多客户。当时的物流管理主要针对企业的配送部分，即在成品生产出来后，如何快速而高效地经过配送中心把产品送达客户，并尽可能维持最低的库存量。美国物流管理协会那时叫做实物配送管理协会，而加拿大供应链与物流管理协会则叫做加拿大实物配送管理协会。在这个初级阶段，物流管理只是在既定数量的成品生产出来后，被动地去迎合客户需求，将产品运到客户指定的地点，并在运输的领域内去实现资源最优化使用，合理设置各配送中心的库存量。准确地说，这个阶段物流管理并未真正出现，有的只是运输管理、仓储管理和库存管理。物流经理的职位当时也不存在，有的只是运输经理或仓库经理。

现代意义上的物流管理出现在20世纪80年代，人们发现利用跨职能的流程管理的方式去观察、分析和解决企业经营中的问题非常有效。通过分析物料从原材料运到工厂，流经生产线上每个工作站、产出成品、再运送到配送中心，最后交付给客户的整个流通过程，企业可以消除很多看似高效率却实际上降低了整体效率的局部优化行为。因为每个职能部门都想尽可能地利用其产能，没有留下任何富余，一旦需求增加，则处处成为瓶颈，导致整个流程的中断。又比如，运输部作为一个独立的职能部门，总是想方设法降低其运输成本，但若其因此而将一笔必须加快的订单交付海运而不是空运，这虽然省下了运费，却失去了客户，导致整体的失利。所以传统的垂直职能管理已不适应现代大规模工业化生产，而横向的物流管理却可以综合管理每一个流程上的不同职能，以取得整体最优化的协同作用。

在这个阶段，物流管理的范围扩展到除运输外的需求预测、采购、生产计划、存货管理、配送与客户服务等，以系统化管理企业的运作，达到整体效益的最大化。高德拉特所著的《目标》一书风靡全球制造业界，其精髓就是从生产流程的角度来管理生产。相应地，美国实物配送管理协会在20世纪80年代中期改名为美国物流管理协会，而加拿大实物配送管理协会则在1992年改名为加拿大物流管理协会。

现代物流不仅单纯地考虑从生产者到消费者的货物配送问题，而且还考虑从供应商到生产者对原材料的采购，以及生产者本身在产品制造过程中的运输、保管和信息等各个方面，全面地、综合性地提高经济效益和效率的问题。因此，现代物流是以满足消费者的需求为目标，把制造、运输、销售等市场情况统一起来考虑的一种战略措施。这与传统物流把它仅看作是"后勤保障系统"和"销售活动中起桥梁作用"的概念相比，在深度和广度上又有了进一步的含义。

一个典型的制造企业，其需求预测、原材料采购和运输环节通常叫做进向物流，原材料在工厂内部工序间的流通环节叫做生产物流，而配送与客户服务环节叫做出向物流。物流管理的关键则是系统管理从原材料、在制品到成品的整个流程，以保证在最低的存货条件下，物料畅通地买进、运入、加工、运出并交付到客户手中。对于有着高效物流管理的企业的股东而言，这意味着以最少的资本做出最大的生意，产生最大的投资回报。

物流管理的内容包括三个方面的内容：即对物流活动诸要素的管理，包括运输、储存等环节的管理；对物流系统诸要素的管理，即对其中人、财、物、设备、方法和信息等六大要素的管理；对物流活动中具体职能的管理，主要包括物流计划、质量、技术、经济等职能的管理等。

物流管理科学是近一二十年以来在国外兴起的一门新学科，它是管理科学的新的重要分支。随着生产技术和管理技术的提高，企业之间的竞争日趋激烈，人们逐渐发现，企业在降低生产成本方面的竞争似乎已经走到了尽头，产品质量的好坏也仅仅是一个企业能否进入市场参加竞争的敲门砖。这时，竞争的焦点开始从生产领域转向非生产领域，转向过去那些分散、孤立的，被视为辅助环节而不被重视的，诸如运输、存储、包装、装卸、流通加工等物流活动领域。人们开始研究如何在这些领域里降低物流成本，提高服务质量，创造"第三个利润源泉"。物流管理从此从企业传统的生产和销售活动中分离出来，成为独立的研究领域和学科范围。物流管理科学的诞生使得原来在经济活动中处于潜隐状态的物流系统显现出来，它揭示了物流活动的各个环节的内在联系，它的发展和日臻完善，是现代企业在市场竞争中制胜的法宝。

二、物流活动的不同角度区分

(一)宏观物流与微观物流

宏观物流是指国民经济运行和社会再生产总体的物流活动,是从国家和社会的角度来认识和研究物流活动。宏观物流主要研究国民经济运行和社会再生产过程中物流活动的运行规律以及物流活动的总体行为。微观物流是指消费者、生产者和专业的物流企业所从事的实际的、具体的物流活动。在整个物流活动过程中,微观物流仅涉及系统中的一个局部、一个环节或一个地区。对于经济总量和国土面积较大的国家来说,在宏观物流和微观物流之间,还存在区域物流这一介于宏观和微观的之间的中观物流,中观物流既不是从国家层面的宏观物流,也不是企业层面的微观物流,而是独立经济区域内,部分经济区域如某一省。或者是某一行业的宏观物流,具有宏观物流的一般性质,但是不具有宏观物流的国家或者独立经济地区的性质。会展物流在具体业务管理上属于微观物流,在业态层面属于中观物流。

(二)区际物流和区域内物流

区际物流是物流活动跨越独立经济区域,物品需要通过海关出关的物流活动,在同一国家中如果涉及不同的经济区域,也会出现区际物流。随着世界经济一体化,出现了很多自由贸易区,其一体化程度比较彻底,取消了海关壁垒的自由贸易区域内,虽然是在不同国家进行的物流活动,但是很可能是区域内物流。

区际物流是国际间贸易的一个必然组成部分,各国家、独立经济区域额之间的相互贸易最终通过区际物流来实现。区际物流是现代物流系统中重要的物流领域,近十几年有很大发展,也是一种新的物流形态。区域内物流是相对于区际物流而言的概念,指在一个国家或者独立经济区域范围之内的物流。

随着会展活动的国际化,会展物流需要从各个不同的国家和独立经济区域运送各类展品到达展会现场,属于区际物流和区域内物流结合的物流活动,但是由于展销活动和一般的商业活动的不同,跨区域的会展物流活动和一般的区际物流活动有所不同。

(三)一般物流和特殊物流

一般物流是指符合物流共同点和一般性的物流活动。特殊物流是指在遵循一般物流规律基础上,带有更高要求的物流活动,如危险品、巨大物品、贵重物品的物流,以及在物流方式上有特殊要求的物流活动。一般物流和特殊物流是相对的,生鲜食品的物流需要冷藏,属于特殊物流,但是随着生鲜食品物流的普及,冷链物流已经成为社会普遍存在的物流方式之一。会展物流由于会展的特殊性,对展品的运输和布展也都与一般的物流活动不同,属于特殊物流。

第二节 会展物流管理的特点与要求

一、现代物流管理的特点

(一)物流管理合理化

物流管理合理化,就是对物流设备配置和物流活动组织进行调整改进,实现物流系统整体优化。它具体表现在兼顾成本与服务上,即以尽可能低的物流成本,获得可以接受的物流服务;或以可以接受的物流成本达到尽可能高的服务水平。会展物流周期短、要求高,会展物流管理的合理化原则尤为重要。物流管理的目的就是要在尽可能最低的总成本条件下实现既定的客户服务水平,即寻求服务优势和成本优势的一种动态平衡,并由此创造企业在竞争中的战略优势。根据这个目标,物流管理要解决的基本问题,简单地说,就是把合适的产品以合适的数量和合适的价格在合适的时间和合适的地点提供给客户。

(二)物流管理信息化

物流管理信息化,就是物流活动对信息技术的应用。这是物流速度、效率提高的基础,也是现代物流的前提。在物流管理活动中,既是利用信息化手段进行物流管理的过程,也是对信息化的物流活动和物流作业进行管理的过程,因此,信息化的物流活动,既是物流管理的手段,也是物流管理的对象。会展物流要求在短时间内完成大量展品的计划、调运、布展以及撤收,必须充分利用信息化手段才能完成。

物流管理信息化的基本过程包括四层,如图 6-1 所示。第一层是基础技术层,包括基础网络架构,OA 办公自动化、财务管理、信息的采集条形码、RFID,GPS 技术,等等;第二层是运作执行层,包括仓储管理(WMS)、运输管理(TMS)、流程管理(PM)与事件管理(EM)等应用系统;第三层是计划协同层,包括供应链计划(Supply Chain Management)和网络设计(Network Design)、需求计划(Demand Planning)和高级计划/高级排程(AP/AS)以及 B2B 业务集成(协同)应用等;第四层是战略决策层,在这一层并没有太多的软件系统可以帮助领导者决定企业的战略方向,寻找企业的核心竞争力,决定企业采取何种竞争、发展策略,领导者的思路大概是最好的系统。供应链信息化的四个层次和供应链管理的战略、计划、执行是相对应的。

(三)物流管理系统化

随着社会经济的发展,在先进信息技术的支持下,传统的物流行业整合为现代物流业态。物流也不再是物流功能的简单组合运作,它已是一个网络和系统

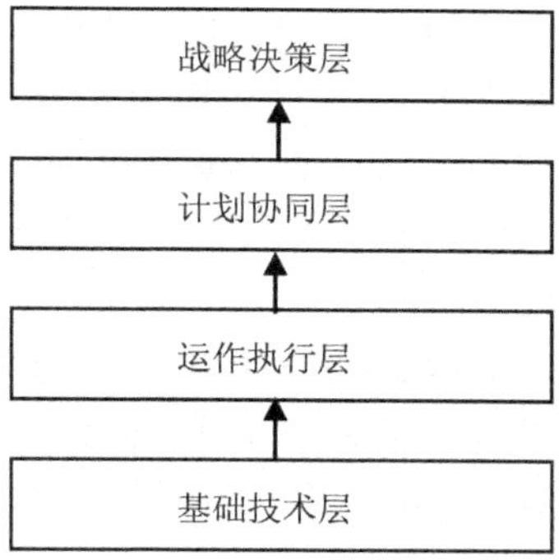

图 6-1　物流管理信息化的基本过程

的概念。加强连通物流结点的效率，加强系统的管理效率已成为物流企业和整个物流产业面临的关键问题。会展物流由于参展商和承办商以及物流服务商之间是临时的短期合作，只有更加重视系统化的原则，才能提高物流效率，更好完成会展物流任务。

物流管理必须运用系统方法解决问题。现代物流通常被认为是由运输、存储、包装、装卸、流通加工、配送和信息诸环节构成。各环节原本都有各自的功能、利益和观念。系统方法就是利用现代管理方法和现代技术，使各个环节共享总体信息，把所有环节作为一个一体化的系统来进行组织和管理，以使系统能够在尽可能低的总成本条件下，提供有竞争优势的客户服务。系统方法认为，系统的效益并不是它们各个局部环节效益的简单相加。系统方法意味着，对于出现的某一个方面的问题，要对全部的影响因素进行分析和评价。从这一思想出发，物流系统并不简单地追求在各个环节上各自的最低成本，因为物流各环节的效益之间存在相互影响、相互制约的倾向，存在着交替易损的关系。比如过分强调包装材料的节约，就可能因其易于破损造成运输和装卸费用的上升。因此，系统方法强调要进行总成本分析，以及避免次佳效应和成本权衡应用的分析，以达到总成本最低，同时满足既定的客户服务水平的目的。

二、会展物流管理的特点

会展物流具有一般物流的特征，如科学化、标准化、信息化(智能化)以及全球化、综合化。不同的是，会展物流不涉及原材料采购和产品生产，仅指参展物品的运输和展开，因此较传统供应链体系短。但是因为展品品种多、不规律，线路更为复杂。会展物流是在短期内与众多参展企业发生关联的物资流动活动，而且在短期内会展结束后又有逆向物流，因此具有自身的复杂性、及时性和安全性特点。

1. 复杂性

会展物流服务在明确了会展主体、功能和层次后，主办方要尽快联系参展商，核定其展品清单，展开展品运输并根据需要安排好仓储。由于参展企业众多，展品品类数量巨大，会展物流活动非常繁杂琐碎，因此要在物流体系的规划中科学决策，在运行中及时优化调整，在复杂中完成会展物流管理活动。

2. 及时性

参展方为精心准备展品，一般给展品运输的时间都比较少，展品如期运达展馆的压力就比较大。运输过程中稍有意外，就容易延误。因此，及时性对会展物流管理来说尤为重要，也最容易出问题。

3. 安全性

参展商都希望展品以最好的一面展示给观展者，而展品运输的急迫性和展品类别众多导致的运输以及搬运装卸的复杂性，往往容易导致展品在物流过程中损坏。因此，无论从参展商的需求上，还是在物流活动的难度上，安全性都是会展物流管理中的一个难点。

三、会展物流管理的要求

我国会展物流的发展趋势：一是会展物流服务的专业化和一体化；二是会展物流服务的信息化；三是会展物流服务的虚拟化，即将一个会展的全过程物流服务需求制定并分解为若干子方案计划。在会展物流作业管理过程中，一是同一运输单位内，展品种类繁多，包装、装卸、通关复杂，会影响运输时间；二是展品发运时间和到达时间的矛盾，参展企业通常为了展示最先进的产品和技术，都在尽可能完善地准备和研制展品，都在尽可能晚地发出展品，必然影响到运输周期的选择，如果中途环节有任何差错或者耽误，都可能导致展品不能及时运达，突发事件会引起会展物流的损失或者会展物流过程的中断。

在会展活动过程中，展品的运输主要有三种方式：一是参展商自行组织展品运输；二是参展商自选物流服务商进行展品运输；三是展览主办方指定会展物流服务商进行运输。一般来看，由主办方指定的物流服务商提供的物流服务效果最好，因为由主办方指定统一的物流服务商，信誉好、实力强、管理规范、作业标准、能形成规模效益；所以，能达到最佳效果和最好的效益。

目前，会展业存在的不足有以下几方面。

一是会展组织者管理水平低，缺乏总体设计和规划，甚至有的地方和区域政企不分，地方保护主义严重。如有的地区，不考虑本地区的市场和社会需求，举办各类名目的展会，但是只允许本地物流企业承揽业务，使会展缺乏应具有的活力，阻碍了会展物流行业的成熟和发展。

二是缺乏有实力的专业化供应商，会展物流服务能力不足。国内大多数物流企业还没有成功转型为现代物流服务企业，只能为参展商提供基本的运输、仓储服务。同时会展业务涉及商务、法律、营销策划等多方面内容，需要具有多方面综合的专业知识和经验能力。会展物流服务几乎包含了物流业务的所有环节，并具有完成时限短、安全标准高、业务情况复杂等困难，所以目前社会一方面对专业的会展物流服务需求强劲，另一方面有能力承担会展物流服务的企业，尤其是由能力成为大型会展物流服务总承包商的企业，却微乎其微。

因此，会展物流管理要求：一是按时；二是完整安全；三是成本最低。这就要求会展物流管理必须做到：即时筹备展品，要求高效的物品准备和有效地实施计划；即时运输，以最佳的运输组合方式，快捷、安全、高效、低成本地将展品运达会展场馆或者仓储配送中心；要选择有良好的社会关系和良好的信誉的专业大型运输代理公司；要尽量减少周转和库存，提高过度环节效率。即时会场反应指会场现场物流代理对会场信息反馈的即时反应。会场信息随着会展的推进，不断更新变化，会有很多超出计划的情况。要求现场物流代理能够准确、快捷把握信息并作出迅速反应，能够短时间解决现场搬运工具提供、仓储调货、会场物流等诸如此类问题，保证会展顺利高效进行。

会展物流服务商的服务水平高低是关系到会展能否顺利开展的重要因素。会展物流一般比运输、配送更具有专业性和服务性，属于具有特殊需求和高质量标准的高端物流，一般也需要提供专业性服务，其管理体系和运作模式具有高附加值、高利润、高效率、高技术标准以及高风险的特征，会展物流的利润率一般可以达到30%～40%，比一般的物流企业10%的利润率高出很多。但是内地企业具有会展物流服务功能和服务水平的却很少，这和内地会展业快速发展的状况正好相反并形成矛盾：一方面会展发展快速，另一方面会展物流服务主要都由UPS、DHL等外资公司以及中远等个别内地公司承担，还远远不能满足会展业发展的需要。

第三节　会展物流管理的环节与内容

一、物流管理的阶段划分

物流管理按管理进行的顺序可以划分为三个阶段，即计划阶段、实施阶段和评价阶段。

（一）物流计划阶段的管理

计划是作为行动基础的某些事先的考虑。物流计划是为了实现物流预想达到的目标所做的准备性工作。物流计划首先要确定物流所要达到的目标，以及为实现这个目标所进行的各项工作的先后次序。其次，要分析研究在物流目标实现的过程中可能发生的任何外界影响，尤其是不利因素，并确定对这些不利因素的对策。第三，做出贯彻和指导实现物流目标的人力、物力、财力的具体措施。

（二）物流的实施阶段管理

物流的实施阶段管理就是对正在进行的各项物流活动进行管理。它在物流各阶段的管理中具有最突出的地位。这是因为在这个阶段中各项计划将通过具体的执行而受到检验。同时，它也把物流管理与物流各项具体活动进行紧密的结合。

物流的组织是指在物流活动中把各个相互关联的环节合理地结合起来，而形成一个有机的整体，以便充分发挥物流中的每个部门、每个物流工作者的作用。物流的指挥是指在物流过程中对各个物流环节、部门、机构进行的统一调度。通过监督和检查可以了解物流的实施情况，查找物流活动中的矛盾，找出存在的问题，分析问题发生的原因，提出克服的方法。在执行物流计划的过程中，物流的各部门、各环节总会出现不平衡的情况。遇到上述问题，就需要根据物流的影响因素，对物流各部门、各个环节的能力作出新的综合平衡，重新布置实现物流目标的力量。这就是对物流活动的调节。

（三）物流评价阶段的管理

在一定时期内，人们对物流实施后的结果与原计划的物流目标进行对照、分析，这便是物流的评价。通过对物流活动的全面剖析，人们可以确定物流计划的科学性、合理性如何，确认物流实施阶段的成果与不足，从而为今后制订新的计划、组织新的物流提供宝贵的经验和资料。

按照对物流评价的范围不同，物流评价可分为专门性评价和综合性评价。按照物流各部门之间的关系，物流评价又可分为物流纵向评价和物流横向评价。应当指出无论采取什么样的评价方法，其评价手段都要借助于具体的评价指标。这种指标通常表示为实物指标和综合指标。

二、物流管理的基本环节

物流管理的基本环节包括订单处理作业、采购作业、进货入库作业、库存管理作业、补货及拣货作业、流通加工作业、出货作业、配送作业、会计作业、营运管理及绩效管理等环节，如图 6-2 所示。

（一）订单处理作业

物流中心的交易起始于客户的咨询、业务部门的报表，而后由订单的接收，业务部门查询出货日的存货状况、装卸货能力、流通加工负荷、包装能力、配送负荷等来答复客户，而当订单无法依客户的要求交货时，业务部加以协调。

由于物流中心一般均非随货收取货款，而是于一段时间后，予以结账，因此

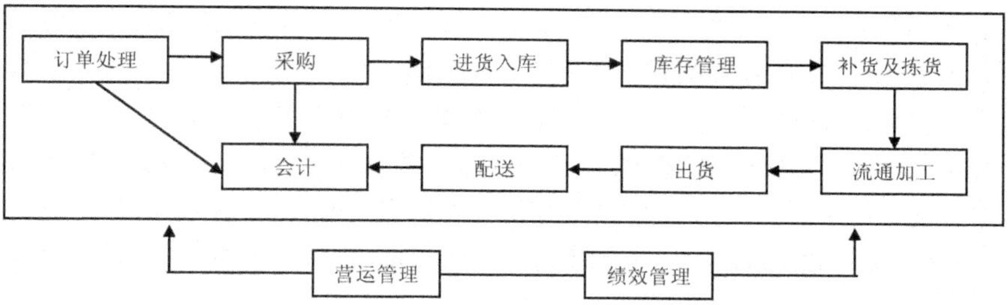

图 6-2　物流管理基本流程图

在处理订单资料的同时，业务人员应依据公司对该客户的授信状况查核是否已超出其授信额度。此外在特定时段，业务人员应统计该时段的订货数量，并予以调货、分配出货程序及数量。退货资料的处理也该在此阶段予以处理。另外，业务部门要制定报表计算方式，做报表历史资料管理，制订客户订购最小批量、订货方式或订购结账截止日。

（二）采购作业

自交易订单接受之后由于供应货品的要求，物流中心要由供货厂商或制造厂商订购商品，采购作业的内容包含商品数量需求统计、对供货厂商查询交易条件，而后依据我们所制订的数量及供货厂商所提供较经济的订购批量，提出采购单。而于采购单发出之后则进行入库进货的跟踪运作。

（三）进货入库作业

当采购单开出之后，于采购人员进货入库跟踪催促的同时，入库进货管理员即可依据采购单上预定入库日期，做入库作业排程、入库站台排程，而后于商品入库当日，当货品进入时做入库资料查核、入库品检，查核入库货品是否与采购单内容一致，当品项或数量不符时即作适当的修正或处理，并将入库资料登录建档。入库管理员可依一定方式指定卸货及栈板堆叠。对于由客户处退回的商品，退货品的入库也要经过退货品检、分类处理后登录入库。

一般商品入库堆叠于托盘之后有两种作业方式。一种为商品入库上架，储放于储架上，等候出库，需求时再予出货。商品入库上架由电脑或管理人员依照仓库区域规划管理原则或商品生命周期等因素来指定储放位置，或于商品入库之后登录其储放位置，以便于日后的存货管理或出货查询。另一种方式即为直接出库，此时管理人员依照出货要求，将货品送往指定的出货码头或暂时存放地点。在入库搬运的过程中由管理人员选用搬运工具、调派工作人员、并做工具和人员的工作时程安排。

（四）库存管理作业

库存管理作业包含仓库区的管理及库存数控制。仓库区的管理包括货品于仓库区域内摆放方式、区域大小、区域的分布等规划；货品进出仓库的控制遵循先进先出或后进先出的原则；进出货方式的制定包括：货品所用的搬运工具、搬运方式；仓储区储位的调整及变动。库存数量的控制则依照一般货品出库数量、入库所用时间等来制定采购数量及采购时点，并做采购时点预警系统。订定库存盘点方法，于一定期间印制盘点清册，并依据盘点清册内容清查库存数、修正库存账册并制作盘亏报表。仓库区的管理更包含容器的使用与容器的保管维修。

（五）补货及拣货作业

由客户订单资料的统计，我们即可知道货品真正的需求量。而于出库日，当库存数足以供应出货需求量时，我们即可依据需求数印制出库拣货单及各项拣货指示，做拣货区域的规划布置、工具的选用及人员调派。出货拣取不只包含拣取作业，更应注意拣货架上商品的补充，使拣货作业得以流畅而不至于缺货。这中间包含了补货水准及补货时点的订定、补货作业排程、补货作业人员调派。

（六）流通加工作业

商品由物流中心送出之前可于物流中心做流通加工处理，在物流中心的各项作业中以流通加工最易提高货品的附加值，其中流通加工作业包含商品的分类、过磅、拆箱重包装、贴标签及商品的组合包装。而欲达成完善的流通加工，必执行包装材料及容器的管理、组合包装规则的订定、流通加工包装工具的选用、流通加工作业的排程、作业人员的调派。

（七）出货作业处理

完成货品的拣取及流通加工作业之后，即可执行商品的出货作业，出货作业主要内容包含依据客户订单资料印制出货单据，制定出货排程，印制出货批次报表、出货商品上所要的地址标签及出货检核表。由排程人员决定出货方式、选用集货工具、调派集货作业人员，并决定所运送车辆的大小与数量。由仓库管理人员或出货管理人员决定出货区域的规划布置及出货商品的摆放方式。

（八）配送作业

配送商品的实体作业包含将货品装车并实时配送，而达成这些作业则须事先规划配送区域的划分或配送路线的安排，由配送路径选用的先后次序来决定商品装车的顺序，并于商品的配送途中做商品的追踪及控制、配送途中意外状况的处理。

（九）会计作业

商品出库后销售部门可依据出货资料制作应收账单，并将账单转入会计部门作为收款凭据。而于商品购入入库后，则由收货部门制作入库商品统计表以作为供货厂商请款稽核之用。并由会计部门制作各项财务报表以供营运政策制定及营运管理的参考。

（十）营运管理及绩效管理作业

除了上述物流中心的实体作业之外，良好的物流中心运作更要基于上层管理者透过各种考核评估来达成物流管理流程中心的效率管理，并制订良好的营运决策及方针。而营运管理和绩效管理可以由各个工作人员或中级管理阶层提供各种资讯与报表，物流管理流程包含出货销售的统计资料、客户对配送服务的反应报告、配送商品次数及所用时间的报告、配送商品的失误率、仓库缺货率分析、库存损失率报告、机具设备损坏及维修报告、燃料耗材等使用量分析、外雇人员、机具、设备成本分析、退货商品统计报表、作业人力的使用率分析等。

三、会展物流管理的基本环节

会展物流的操作流程主要包括以下三个环节。

1. 会展主办方指定物流服务商

物流服务商根据会展主办方提供的信息与参展商联系，洽谈具体的物流服务需求。参展商也可以与会展主办方沟通，自己选择物流服务商。

2. 物流服务方案的设计与完善

承担会展物流业务的物流服务商，根据参展商的要求，与参展商充分沟通，设计物流服务方案，包括了解展品的运输、保管、布展及回收等内容，如果是国际展览还需要涉及国际保险、报关等服务。

3. 物流服务方案的实施

根据会展主办方的展会日程安排，物流服务商依据服务方案进行提货、运输、保管等物流作业，活动过程中要与参展商和会展主办方及时沟通，确保操作无误和及时交换临时调整方案的信息。物流服务商应在展览结束后及时启动展品的逆向物流，并在展览中根据情况为参展商提供布展、展览管理、展品回收等增值服务。

四、会展物流管理的主要内容

会展物流管理主要包括作业管理、成本管理、信息管理、服务与质量管理等内容。我们这里主要介绍会展物流成本管理和质量管理。会展物流作业管理和会展物流信息管理在其他部分已经讲到，更多内容请参考相关设备和技术类课程，这里不再展开。

（一）会展物流成本管理

1. 会展物流成本形成

在对会展物流进行整体规划和控制的同时，需要对会展物流成本进行预测，寻求降低会展物流成本的措施，并作为最后绩效考核的主要指标之一。在会展物流作业开始执行后，要对人力、物力、财力消耗进行归类统计，并以货币形式量化。

2. 会展物流成本分析

首先要收集、统计会展物流成本的费用数据和资料，对会展物流成本构成、影响因素有深入了解。同时运用各种分析方法对会展物流统计数据结果进行客观计量分析，详细考察物流成本计划的完成情况，确定会展物流作业环节成本项目因素的影响程度和会展物流成本结构，进行比较分析，找到影响成本变化的因素，提出有效降低会展物流成本的措施。

3. 会展物流成本控制

在会展物流业务开始后，对会展物流各个作业环节的费用成本支出，采取各种方法进行严格控制和管理，要建立完善的配送、验收、保管和设备设施维护保养、报审批等制度，经过调查分析和测算制定成本消耗标准，作为成本控制的依据。同时在会展物流成本分析的前提下，提出对会展物流成本优化和改进措施，不断提升运作效率，从而以最小的成本消耗，获得最大的物流服务效果。

（二）会展物流质量管理

1. 会展物流的质量目标

会展物流的服务质量，可以用会展物流服务指标完成率和客户满意度来衡量。客户满意度包括参展商和观展者对会展物流服务和会展物流作业以及相关服务（如标签申请、报关、报检、信息传递等）的满意度。

2. 物流作业是会展物流质量的基础

展品都是具有固定尺寸、规格、外观等要素的物品，会展物流作业系统的设计要充分考虑这些展品的属性特征，必须采取相应的保护和保障措施，确保展品质量。会展物流作业质量包括会展物流作业的各个环节、各工种、各岗位的具体工作质量，通过对运输、仓储、装卸搬运、流通加工、包装、配送、信息服务等方面的具体指标，如运输环节的整点运输率、满载率、运力利用率，仓储环节的收发正确率、商品完好率、库存商品残缺率、单位展品仓储成本等。对会展物流质量的控制必须着眼于细节，从而保证物流服务整体的质量。

第四节　会展物流管理优化

一、会展物流集成管理

（一）会展物流集成管理的要素

会展物流集成管理主要包括四个方面的要素：集成管理主体、集成管理对象、集成管理方法和集成管理手段。从会展物流管理的过程来看，其管理主体是所有与会展物流活动相关的人员，管理对象是与会展物流活动相关的过程以及过程的输入、输出。

（二）会展物流集成管理的主要工作

1. 会展物流的标准化工作

会展物流服务体系只有局部的标准化是不够的，这些标准化局部之间标准如果不统一、互相缺乏配合，就难以形成会展物流服务体系整体和纵向的标准化。这些标准化不但包括物流设施软硬件接口、仓储运输包装和通道口径一致，而且包括数据、表单、文档、工作规范和工作术语等都要标准化。只有形成整体标准化，才能形成会展物流服务体系的整体高效的前提。

2. 会展物流的信息化工作

从供应链的角度来看，会展物流的功能模式是反应型的供应链，其服务的核心是按时、安全地将参展商的展品运至展馆，布展在展位，基本目标是迅速对展商不可预测的需求作出准确反应。因此，不但会展物流服务商与主办者、参展商等供需主体的有效沟通很关键，而且展品本身的安全等要素，使得对展品的实时监控尤为重要。因此，会展物流信息系统建设是会展物流集成管理模式的关键之一。

二、会展物流管理水平和效率提升的途径

1. 完善会展物流配套设施

展馆布局要考虑人流、车流、物流分离，要考虑充分的停车场面积和位置，要考虑卸货区和展品周转区。在展馆选址上，要充分考虑交通便利条件和环境条件。

2. 创新会展物流管理模式

要注意会展物流服务的局部效率推进和优化，更要注意整体的最优；要注意决策的科学，更要注意决策方式的选择；要注意管理流程的规范化，更要注意管理行为的标准化。

3. 培养会展物流管理人才

人才是发展的关键。要提升我国会展物流水平，首先必须培养专业化的会展物流人才。目前，专业化的会展物流人才已经成为制约我国会展物流发展的瓶颈。我们必须通过学历教育和社会职业培训等多种途径培养会展物流专业化的策划人员、管理人员（作业）、包装人员、装卸人员。

4. 更新会展物流技术

传统的物流运输和仓储技术，虽然有利于物资周转的安全准确快捷，有利于提高物品养护能力，但是已经远远不能满足现代会展物流对于及时安全准确的要求和复杂性特点。条码技术、无线射频技术、电子数据交换技术和全球卫星定

位系统等技术，已经在全世界各领域较为广泛应用，但是在会展物流管理中的应用还比较少。应加大新技术在会展物流管理中的应用，提高管理效率和服务准确率。

三、会展物流管理系统优化

会展物流管理系统包括会展物流作业管理系统和会展物流信息管理系统。前者包括展品的储存、包装、装卸搬运、运输、布展，国际会展物流还包括进出口报关和清关、国际运输等。后者包括各方信息反馈、最佳运输路线和物流服务方案选择、各类信息收集、分类、汇总、跟踪、查询、统计等。二者是紧密结合、互为依托的，会展物流作业为物流服务商提供信息，信息为物流作业提供依据。但是二者的流向是不同的，物流作业中，展品是随着物流作业从参展商和主办方流向展馆和观展者，而会展物流信息则是从展馆、观展者流向参展商和主办者，并最终流向会展物流服务商。

会展物流配送系统是会展物流作业系统和会展物流管理信息系统交叉组成的综合系统，是会展物流管理的核心内容。会展物流配送系统从活动要素的角度可以将其分为信息管理系统、仓储配送系统、进出口系统、运输系统、包装系统装卸与搬运系统。

物流体系的整体优化是为了实现会展物流的合理化，会展组织者和参与者在物流体系规划和实施过程中不断作出科学决策和适时调整。物流集成服务商需要对物流体系整体进行优化整合，协调解决局部最优和整体优化的矛盾，找到用户最优和系统最优的最佳平衡点，争取全局最优。同时物流商应研究不影响整体优化的局部优化方案，如配送路径的优化等。会展物流系统优化应进行系统优化研究和设计，建立系统优化模型，并通过计算机求解后进行实施应用。

四、积极推行绿色会展物流

会展一般都在人群密集的城市举办，保护环境、节能减排，就成为会展物流管理的一项重要任务。我们必须牢固树立绿色观念，采用先进技术，使用清洁能源，设计更加精确、优化的物流方案，让城市更加清洁，让城市物流更加绿色。

会展物流，必须发展绿色运输，选用清洁能源运输设备，注意运输设备的节能减排以减少对环境的污染。采用即时运输方式提高运输效率，减少运输过程的污染和能耗；提倡绿色包装，既增强包装对展品的保护，也防止包装不善导致特殊展品泄露对环境的污染；废旧物处理绿色化，加大对废旧物处理的力度，尽可能提高废旧品利用率，减少社会能源消耗。确实没有实际用途的，要妥善处理，防止对环境的污染。

复习思考题

1. 现代物流的特点是什么?
2. 会展物流管理有什么要求?
3. 会展物流管理的基本环节是什么?
4. 会展物流管理的主要内容有哪些?
5. 如何进行会展物流管理优化?

第七章

会展供应链

学习目的

了解供应链的发展过程、特征和理念；掌握会展供应链的构成、结构特征；掌握供应链的基本优化方法和会展供应链优化的途径

主要内容

- 会展供应链的内涵

  供应链的发展阶段　供应链的分类　会展供应链的构成

- 会展供应链的运行与特征

  供应链战略与理念　会展供应链体系的特征　会展供应链集成

  供应链与电子商务

- 会展供应链的优化

  基于优化基础的供应链　供应链优化的主要方面　供应链管理与优化

  会展供应链优化　供应链与纵向一体化　供应链常用的优化方法

第一节　会展供应链的内涵

供应链(Supply Chain)是围绕核心企业，通过对信息流、物流、资金流的控制，从采购原材料开始，制成中间产品以及最终产品，最后由销售网络把产品送到消费者手中的，将供应商、制造商、分销商、零售商，直到最终用户连成一个整体的企业网链结构。它不仅是一条连接供应商到用户的物流链、信息链、资金链，而且是一条增值链，物料在供应链上因加工、包装、运输等过程而增加其价值，给相关企业带来收益。

国家标准《物流术语》将供应链定义为“生产与流通过程中所涉及将产品或

服务提供给最终用户的上游与下游企业所形成的网链结构”。

一、供应链的发展阶段

1. 物流管理阶段

早期的观点认为供应链是指将采购的原材料和收到的零部件，通过生产转换和销售等活动传递到用户的一个过程。因此，供应链仅仅被视为企业内部的一个物流过程，它所涉及的主要是物料采购、库存、生产和分销诸部门的职能协调问题，最终目的是为了优化企业内部的业务流程、降低物流成本，从而提高经营效率。

2. 价值增值链阶段

进入20世纪90年代，人们对供应链的理解又发生了新的变化。由于需求环境的变化，原来被排斥在供应链之外的最终用户、消费者的地位得到了前所未有的重视，从而被纳入了供应链的范围。这样，供应链就不再只是一条生产链了，而是一个涵盖了整个产品运动过程的增值链。

3. 网链阶段

随着信息技术的发展和产业不确定性的增加，今天的企业间关系正在呈现日益明显的网络化趋势。与此同时，人们对供应链的认识也正在从线性的单链转向非线性的网链，供应链的概念更加注重围绕核心企业的网链关系，即核心企业与供应商、供应商的供应商的一切向前关系，与用户、用户的用户及一切向后的关系。供应链的概念已经不同于传统的销售链，它跨越了企业界限，从扩展企业的新思维出发，并从全局和整体的角度考虑产品经营的竞争力，使供应链从一种运作工具上升为一种管理方法体系，一种运营管理思维和模式。

二、供应链的分类

根据不同的划分标准，可以将供应链分为以下几种类型。

1. 根据范围不同，可以把供应链分为内部供应链与外部供应链

内部供应链是指企业内部产品生产和流通过程中所涉及的采购部门、生产部门、仓储部门、销售部门等供应链组成的供需网络。

外部供应链则是指企业外部的，与企业相关的产品生产和流通过程中涉及的原材料供应商、生产厂商、储运商、零售商以及最终消费者组成的供需网络。

内部供应链和外部供应链的关系：二者共同组成了企业产品从原材料到成品再到消费者的供应链。可以说，内部供应链是外部供应链的缩小化。如对于制造厂商，其采购部门就可看作外部供应链中的供应商。它们的区别只在于外部供应链范围大，涉及企业众多，企业间的协调更困难。

2. 根据供应链存在的稳定性不同，可以将供应链分为稳定的供应链和动态的供应链

对于相对稳定、单一的市场需求而组成的供应链稳定性较强，而基于相对频繁变化、复杂的需求而组成的供应链动态性较高。在实际管理运作中，需要根据不断变化的需求，相应地改变供应链的组成。

3. 根据供应链容量与用户需求的关系不同可以划分为平衡的供应链和倾斜的供应链

一个供应链具有一定的、相对稳定的设备容量和生产能力（所有节点企业能力的综合，包括供应商、制造商、运输商、分销商、零售商等），但用户需求处于不断变化的过程中，当供应链的容量能满足用户需求时，供应链处于平衡状态；而当市场变化加剧，造成供应链成本增加、库存增加、浪费增加等现象时，企业不是在最优状态下运作，供应链则处于倾斜状态。平衡的供应链可以实现各主要职能（采购/低采购成本、生产/规模效益、分销/低运输成本、市场/产品多样化和财务/资金运转快）之间的均衡。

4. 根据供应链的功能模式（物理功能、市场中介功能和客户需求功能）可以把供应链划分为有效性供应链（Efficient Supply Chain）和反应性供应链（Responsive Supply Chain）

有效性供应链主要体现供应链的物理功能，即以最低的成本将原材料转化成零部件、半成品、产品以及在供应链中的运输等；反应性供应链主要体现供应链的市场中介的功能，即把产品分配到满足用户需求的市场，对未预知的需求作出快速反应等。

5. 根据供应链中企业地位不同，可以将供应链分成盟主型供应链和非盟主型供应链

盟主型供应链是指供应链中某一成员的节点企业在整个供应链中占据主导地位，对其他成员具有很强的辐射能力和吸引能力，通常称该企业为核心企业或主导企业。如以生产商为核心的供应链奇瑞汽车有限公司，以中间商为核心的供应链中国烟草系统、我国香港利丰公司，以零售商为核心的供应链沃尔玛、家乐福等等。非盟主型供应链是指供应链中企业的地位彼此差距不大，对供应链的重要程度相同。

会展物流中，供应链的核心是会展物流服务的总包商和会展组织单位，所有参展商的展品必须通过总包商的具体安排，把展品运输到会展现场。会展虽然也存在着销售，但是会展是以展览为主要目的的。所以，会展物流不以商流为主导，而是以会展展品的物品流动为主要导向。

三、会展供应链的构成

（一）供应链的构成

一般来说，供应链的基本要素包括以下几点，如图 7-1 所示。

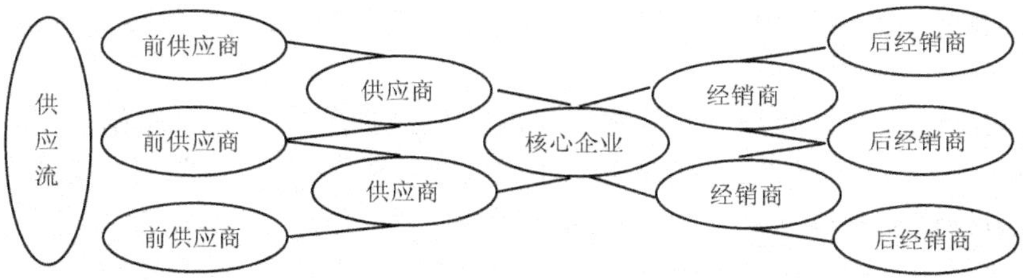

图 7-1　供应链结构图

1. 供应商

供应商指给生产厂家提供原材料或零部件的企业。

2. 核心企业

一般来说,核心企业即产品制造业。产品生产的最重要环节,负责产品生产、开发和售后服务等。

3. 分销企业

分销企业为实现将产品送到经营地理范围每一角落而设的产品流通代理企业。

4. 零售企业

零售企业将产品销售给消费者的企业。

5. 物流企业

物流企业即上述企业之外专门提供物流服务的企业。其中批发、零售、物流业也可以统称为流通业。

(二)会展供应链的构成

会展供应链由展览商、参展商、采购商、物流集成商和物流分包商构成,其体系结构如图 7-2 所示。

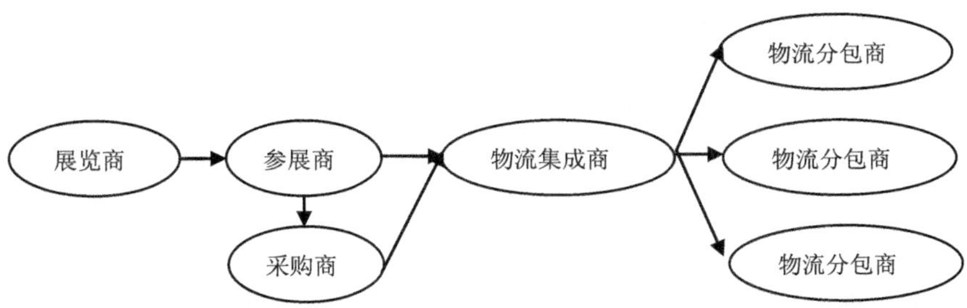

图 7-2　会展供应链结构图

1. 参展商是提供展品的制造或者经销企业，需要把自己的产品运输到会展现场布展，参展商是会展物流（分包）服务商的上游企业，是会展物流服务的委托人。

2. 物流（分包）服务商。在会展物流集成（总包）商的统一计划组织下，负责把参展商的展品外运送到展会现场来。在运送的过程中，运送的距离会有不同，有的会从国外很远的地方来，有的可能离展会现场很近；运送展品的尺寸会有不同，有的可能很大，需要起重机等特殊机械设备，有的可能很小，很容易运送；运送的条件要求会有不同，可能会有危险品、贵重物品以及有其他条件要求的展品，会有各不相同的个性化要求。物流（分包）服务商是会展物流的核心环节和要素，只有通过物流（分包）服务商来实现物流集成（总包）商的总体策划方案，会展物流服务才能实现。

3. 物流集成商，也称为物流总包商，是对会展物流进行总体承包，并进行策划提出实施方案的会展物流服务集成者。物流集成商必须对会展物流有准确的总体把握，但是可以寻找物流服务的具体实施者进行合作，把会展物流服务分包出去。物流集成商是会展物流的又一个核心环节，是链接参展商、展览商、物流服务（分包）商的纽带，也是会展物流服务的总体设计和控制者。

4. 展览商，是会展的举办者，是所有会展内容的设计者。所设计的会展活动，是会展物流需求的基础。

5. 采购商，是会展过程中和展会后，采购了展品的一方，物流服务商会为他们采购的展品提供运输服务，从而使他们成为会展后期物流服务商的服务对象之一。

第二节　会展供应链的运行与特征

一、供应链战略与理念

（一）供应链战略

一条供应链可能由多个供应链阶段组成，供应链战略的视角和广度必须做到最优选择，以实现整个供应链的利润的最大化。全球供应链战略的视角和广度可以分为四类。

1. 公司经营部门内范围

最小局部成本的观点。这是战略匹配的最小范围。在中国许多快速成长的企业中经常可见，典型表现是不同产品线建立自己的销售网络、队伍和后勤系统，即，使客户资源大部分是共享的。

2.公司职能部门内范围

职能部门成本最小化观点。战略匹配范围扩展到供应链某个阶段的所有职能部门。如销售经理能够不仅考虑运输成本,而且考虑仓储及其他供应链成本。尽管采用卡车运输每件产品可以节约4元,但仓储和库存成本要增加8元;而采用快递每件产品运费6元但无须额外的仓储成本,销售经理仍会选择快递。

3.公司间职能部门间的范围

供应链剩余最大化的观点。供应链剩余即供应链中所有公司共享的总利润。与公司内范围相比,公司间范围引起的供应链剩余会更大。这个结果会使供应链或者通过共享额外剩余来增加利润,或者通过将部分剩余转移给顾客而降低价格,这使供应链更具竞争力。

4.公司供应链伙伴间的范围

在今天看来,这是必须的,因为竞争领域从公司之间的竞争转化为供应链之间的竞争。公司在供应链的伙伴可能决定公司的成败。它要求公司以整条供应链为背景,来评价其每项行动,这个宽广的范围使供应链各个阶段共享的剩余规模更大。

(二)供应链理念

全球商业世界的竞争已经演变为供应链战略之间的竞争。在动态变化的商业社会中,基于价格和商品的传统竞争方式已经不是真正的竞争能力。仅仅在生产和销售做到最好是不够的。什么是真正的竞争力?以合适的成本生产合适的产品,并按照客户要求在正确的时间送到正确的地点。这是一个供应链与供应链之间竞争的世界。我们知道,沃尔玛、戴尔等公司利用其出色的供应链管理能力成为市场领导者。当我们的企业走出国门时,也必须借鉴这些企业的经验,快速适应全球化的竞争。

怎样选择供应链?“一招鲜吃遍天”的单一供应链,已经落后于这个日新月异的时代。企业决策者必须在满足客户需求的基础上,结合自身产品和服务的特性,在不同的供应链类型中作出选择。

如今,越来越多的企业决策者认识到投资供应链管理的意义和紧迫性。但我们也要看到,在供应链得到越来越多重视的同时,很多人对它的认识还停留在较低的水平上。比如,在供应链设计上,很多人只知道不同行业、不同公司可能会需要不同类型的供应链;但他们没有意识到,一个企业内部由于业务不同可能会需要不同的供应链。而现代企业拥有多项业务已经是一种普遍现象,如果想要在竞争中获得优势地位,就必须考虑如何为自己的各项产品设计出合适的供应链。

原因在于,不同的产品或服务在供应链各个环节上可能会需要不同的策略。

以一家经营休闲服的公司为例，它的季节性、时尚性产品和它的常规性产品在生产制造、库存管理、运输等环节上就会存在不同的方式。因此，为不同的业务选择设计合适的供应链成了企业管理者的一个重要任务。

二、会展物流体系的特征

1. 过程控制的复杂性

会展期间物流管理与组织工作是一项很复杂的系统工程，在明确了会展主题、功能与层次等方面的定位后，需要立即依据项目策划书中对会展场馆内部的布局和风格设计，购置或租借装潢材料和布台的设备、物品。同时还要尽快与参展企业取得联系，核定其参展产品的申报单，进行展品运输、仓储。以上这些工作会显得非常复杂而琐碎，每一个环节的衔接都要按照既定的程序展开。

2. 专业化程度相对较高

会展业本身的特点决定了其各项工作必须有较高的专业化水平才能突出个性、保证质量。尤其在会展物流方面，对专业化的要求更高。为了做好这项工作，必须拥有具备现代物流管理专业知识和技能的人才、通畅的物流渠道、有效的物流手段和功能齐全的物流系统作为支撑。这些都体现了会展物流较高的专业化特征。

3. 信息化要求相对较强

信息化是我国会展产业与国际接轨的一个重要衡量标准，也是会展产业发展的一个必然趋势。在会展物流服务的组织与管理过程中，会展组织者会同各参展企业的有关人员必须不断地对各种参展信息进行实时监控，并根据反馈信息及时调整会展物流服务中的具体服务内容。在构建现代化的会展物流体系时，必须要借助先进的科学技术手段，形成完备的信息网络，充分运用信息技术提高服务效率。

三、会展供应链集成

会展物流活动的本质是会展相关物资产品的空间流动与管理。会展物流网络的核心在于由会场现场和会展仓储配送中心所组成的“展品—信息”综合体，是会展物流的起点和终点之间的桥梁和必经之路。

会展物流集成的三个阶段。

1. 物流功能集成

物流功能集成主要集中在物流各功能要素的整合上。一方面是物流作业系统，包括运输、仓储、配送、装卸搬运、包装、进出口报关、清关等；另一方面是物流管理系统，包括信息交互系统，将参展商、主办方和物流服务商的信息实时交换。物流功能集成，首先是各个功能内部的集成化管理，然后是各个功能之间集成化管理。

2. 供应链管理

会展活动中，存在着多个与物流相关的主体，主办者、搭建商、物流服务商、展馆方、信息服务商、参展商，等等，这些主体在纵横之间形成了多条链条，也就是说，在会展物流中同时并存着多个供应链，每一个链条的任何一个环节的效率低下，都会影响到整体的效率。

3. 物流服务商联盟

在会展物流中物流服务商是物流活动的主体，并且提供了第三方物流服务，逐渐也形成了专业化和规模优势。但是随着会展的国际化和规范化，会展物流也逐渐走向一站式和一体化服务，这一趋势要求，单一的物流服务商难以满足会展物流需求，物流服务商必须联合起来，能够完成完整的会展物流服务内容。这也要求物流服务商联盟形成规模效益，降低成本，提升核心竞争力。国际展览物流协会(IELA)，在全球由七十多家展品物流货运代理会员，会员之间可以互相制定合作协议，共享当地货运资源，保证了服务水平和成本，有助于解决本地物流的一系列问题。

四、供应链的流动影响

供应链一般包括物资流、商业流、信息流、资金流四个方面的流动。四个方面的流动有各自不同的功能以及不同的流向。

1. 物资流

这个流程主要是物资(商品)的流通过程，这是一个发送货物的程序。该流程的方向是由供货商经由厂家、批发与物流、零售商等指向消费者。由于长期以来企业理论都是围绕产品实物展开的，因此目前物资流程被人们广泛重视。许多物流理论都涉及如何在物资流通过程中在短时间内以低成本将货物送出去。

2. 商业流

这个流程主要是买卖的流通过程，这是接受订货、签订合同等的商业流程。该流程的方向是在供货商与消费者之间双向流动的。目前商业流通形式趋于多元化，既有传统的店铺销售、上门销售、邮购的方式，又有通过互联网等新兴媒体进行购物的电子商务形式。

3. 信息流

这个流程是商品及交易信息的流程。该流程的方向也是在供货商与消费者之间双向流动的。过去人们往往把重点放在看得到的实物上，因而信息流通一直被忽视。甚至有人认为，国家的物流落后同他们把资金过分投入物质流程而延误对信息的把握不无关系。

4. 资金流

这个流程就是货币的流通，为了保障企业的正常运作，必须确保资金的及时回收，否则企业就无法建立完善的经营体系。该流程的方向是由消费者经由零售商、批发与物流、厂家等指向供货商。

五、供应链与电子商务

（一）电子商务基础上的供应链模式变化

供应链是指借助互联网服务平台，实现供应链交易过程的全程电子化，彻底变革传统的上下游商业协同模式。

1. 实现供应链业务协同：可以完善企业的信息管理，通过平台帮助企业快速地实现信息流、资金流和物流的全方位管理和监控。同时，利用供应链电子商务可以把供应链上下游的供应商、企业、经销商、客户等进行全面的业务协同管理，从而实现高效的资金周转。

2. 转变经营方式：供应链电子商务可以帮助企业从传统的经营方式向互联网时代的经营方式转变。随着互联网技术的深入应用、网上交易习惯的逐渐形成，使得企业的经营模式也需要相应转变，借助供应链电子商务平台，可以帮助企业分享从内部管理到外部商务协同的一站式、全方位服务，从而解放了企业资源、显著提升企业的生产力和运营效率。

供应链电子商务以企业级内部 ERP 管理系统为基础，在统一了人、财、物、产、供、销各个环节的管理，规范了企业的基础信息及业务流程的基础上，采用金蝶友商网的在线管理服务，建立全国范围内经销商的电子商务协同平台，并实现外部电子商务与企业内部 ERP 系统的无缝集成，实现商务过程的全程贯通。

（二）基于供应链的电子商务的主要功能

1. 在线订货

企业通过 ERP 将产品目录及价格发布金蝶友商网在线订货平台上，经销商通过在线订货平台直接订货并跟踪订单后续处理状态，通过可视化订货处理过程，实现购销双方订货业务协同，提高订货处理效率及数据准确性。企业接收经销商提交的网上订单，依据价格政策、信用政策、存货库存情况对订单进行审核确认以及后续的发货及结算。

2. 经销商库存

通过经销商网上确认收货，自动增加经销商库存，减少信息的重复录入；提升了经销商数据的及时性和准确性；通过经销商定期维护出库信息，帮助经销商和企业掌握准确的渠道库存信息，消除“牛鞭效应”，辅助企业业务决策。

3. 在线退货

企业通过在线订货平台，接收经销商提交的网上退货申请，依据销售政策、退货类型等对申请进行审核确认，经销商通过订单平台，实时查看退货申请的审批状态，帮助企业提高退货处理效率。

4. 在线对账

通过定期从 ERP 系统自动取数生成对账单，批量将对账单发布在网上，经销商上网即可查看和确认对账单，帮助企业提高对账效率，减少对账过程的分歧，加快资金的良性循环。

第三节　会展供应链的优化

一、基于优化基础的供应链

由于一条完整的供应链往往包含了从原材料采购一直到销售终端，涉及的环节比较多，加上行业和产品的差别，因此存在着形形色色不同类型的供应链。但是，如果从服务对象的物流特性来划分，则可以分为三种类型：即高效率供应链、快速反应供应链和创新供应链。

1. 高效率供应链

高效率供应链是指在满足了产品或服务供给要求的同时，成本能达到最低的供应链，它在设计时以如何降低成本为主题，它应用的对象大都为产品差异性小、竞争激烈、利润率不高的企业。最典型的例子如连锁超市，它的目标是对每个门店的货物配送做到准确、及时，并力求让成本达到最低。这要求供应链的各个环节，包括搜寻产品、采购、运输、货物接收、库存、销售、退货等环节，都要在不影响销售额的条件下，进行低成本运作。

2. 快速反应供应链

快速反应供应链则是以如何快速地响应客户的需求为宗旨的供应链。它的应用对象包括设备维修、电信维修所需要的紧急零部件供应等，其目标是要在短时间内满足客户提出的要求。它与客户的联系比较紧密，需要具备额外的生产能力和运输能力，以满足应急要求。除了维修外，还有医疗紧急救助所需产品和器材等也需要应用快速反应的供应链。

3. 创新供应链

创新供应链则是以如何满足客户不断变化的需要为重点，它与客户的关系更加紧密，强调灵活性。它主要应用在市场产品变化较快的行业，如时装、手机、汽车的设计等，其目标是以最大程度满足客户不断变化的需求为主，对供应链考虑更多的是如何针对多变的市场需求进行及时灵敏的反应。

一个企业同时拥有多条供应链的情况在企业中也不少见。上海通用汽车公司就拥有上述三条不同类型的供应链。首先我们来看看它的业务构成：最大的一块是整车业务，整车配送的供应链包括将成品车发送给全国各地的经销商；第二块是向经销商及维修中心发送汽车零配件;第三块则是它的泛亚汽车设计中心。

对于其第一块业务,考虑到整车的库存、发送、运输等环节经过多年的发展已经比较成熟,而汽车制造的利润日趋降低,因此从提高效率、降低成本的角度出发,公司对整车物流采用了高效率的供应链,将这一块业务主要外包给安吉天地汽车物流有限公司;而在汽车维修零部件的配送方面,考虑到售后服务的质量不仅直接影响自己的品牌形象,而且是可持续性提高营收的新渠道,对于客户要求一定要作出快速、准确的反应,因而将零部件的供应链采用快速反应供应链;最后,其设计中心是企业取得市场领先地位的灵魂,如何根据市场变化进行及时灵敏的反应是供应链的关键,因而需要创新供应链。

二、供应链优化的主要方面

供应链优化的三个重点方面是流程、人、技术。

1. 供应链流程优化

流程指的是为某一特定目的,诸如满足顾客需求,而采取的一项运作、一系列活动。客户对供应商的期望越来越高,不论你的公司规模有多大,也不论你处于什么行业,这都是既存的事实。并且,供应链管理对顾客满意度也是至关重要的。

供应链流程是以满足某一顾客需求为目的的一连串活动。它包括诸如物流、配送、采购、客服、销售、制造和会计在内的所有内部职能以及公司外部的相关企业。同时供应链流程也是一个逆向的过程——从满足客户订单,到通过供应商提供成品、配件和装配来获取每份订单所要的货物。

流程有它的构造,这与一些公司所说的流程不同,他们所说的流程可能只是一系列重复的、相对独立的事务。流程都有其相应的标准,这些标准对于流程所要完成的工作都有其自身的理解。虽然流程有其相应的标准,但它在应对现实业务中的突发事件和变化方面也有一定的弹性。

2. 供应链主体优化

组织由人构成,人对供应链的成功非常重要。他们需要有实用的专业知识和技能,需要了解仓库、库存、运输和采购的管理和运作方法。他们对每天的作业应该有战术上的见解,而针对他们在供应链上的作用、如何适应供应链以及如何促进供应链发展,他们应有战略眼光。

个人成功对于组织文化也非常的重要,影响到公司内外怎么样看待自己、定义自己以及公司的运作方式。组织文化可以是流程的推动力,也可以是抑制剂。如果公司目光短浅,这就会对公司的响应能力产生消极的影响。

同样地,如果组织的设置是层级式的,那么就会给水平式的供应链流程制造障碍，组织模块会使供应链流程产生中断。每个模块都有其内部目标，并共同来完成供应链流程。尽管供应链流程关注的是顾客、销售规划、物流和财务，在各个功能领域它们可能都会实现最优化，但是这可能只是流程的局部优化。

3. 供应链技术优化

供应链管理有时会被错误地定义为一种技术。流程如果过分强调软硬件，而不是目的的话，那它确实可以被定义为技术。

供应链管理软件在销售时，可能被宣称为解决供应链问题的灵丹妙药。这就导致了用户对这些软件的过度期望，而伴随着软件的安装使用和实际上达到的效果，随之而来的可能又是失望。

三、供应链管理与优化

供应链管理(Supply Chain Management，SCM)是一种集成的管理思想和方法，它执行供应链中从供应商到最终用户的物流的计划和控制等职能。从单一的企业角度来看，是指企业通过改善上、下游供应链关系，整合和优化供应链中的信息流、物资流、资金流，以获得企业的竞争优势。

供应链管理是企业的有效性管理，表现了企业在战略和战术上对企业整个作业流程的优化。整合并优化供应商、制造商、零售商的业务效率，可以使商品以正确的数量、正确的品质，在正确的地点，以正确的时间、最佳的成本进行生产和销售。

供应链管理的意义有以下几点。

1. 供应链优化的最终目的是满足客户需求，降低成本，实现利润，有以下具体表现。

(1)提高客户满意度。这是供应链管理与优化的最终目标，供应链管理和优化的一切方式方法，都是朝向这个目标而努力的，这个目标同时也是企业赖以生存的根本。

(2)提高企业管理水平。供应链管理与优化的重要内容就是流程上的再造与设计，这对提高企业管理水平和管理流程，具有不可或缺的作用；同时，随着企业供应链流程的推进和实施、应用，企业管理的系统化和标准化将会有极大的改进，这些都有助于企业管理水平的提高。

(3)节约交易成本。结合电子商务整合供应链将大大降低供应链内各环节的交易成本，缩短交易时间。

(4)降低存货水平。通过扩展组织的边界，供应商能够随时掌握存货信息，组织生产，及时补充；因此企业已无必要维持较高的存货水平。

(5)降低采购成本，促进供应商管理。由于供应商能够方便地取得存货和采购信息，应用于采购管理的人员等都可以从这种低价值的劳动中解脱出来，从事具有更高价值的工作。

(6)减少循环周期。通过供应链的自动化,预测的精确度将大幅度地提高,这将导致企业不仅能生产出需要的产品,而且能减少生产的时间,提高顾客满意度。

(7)收入和利润增加。通过组织边界的延伸,企业能履行它们的合同,增加收入并维持和增加市场份额。

(8)网络的扩张。供应链本身就代表着网络,一个企业建立了自己的供应链系统,本身就已经建立起了业务网络。

2.通过供应链管理和优化,企业可以达到以下多方面的效益

(1)总供应链管理成本(占收入的百分比)降低超过10%。

(2)中型企业的准时交货率提高15%。

(3)订单满足提前期缩短25%~35%。

(4)中型企业的增值生产率提高超过10%。

(5)绩优企业资产运营业绩提高15%~20%。

(6)中型企业的库存降低3%,绩优企业的库存降低15%。

(7)绩优企业在现金流周转周期上比一般企业保持40~65天的优势。

四、会展供应链优化

由会展主办方指定会展物流服务商,并及时将信息通报给各参展商,确保各参展商和物流服务商及时沟通,掌握展品种类、数量、起运时间、需要办理的手续、展位布置时间等信息。物流服务商根据信息及时进行布展、撤收、回运等,并在各个阶段以协议、合同等规范方式与参展商办理手续、提供咨询。

1.传统企业的供应链网络

在传统企业的供应链网络中(如图7-3),一种情况,产品或零部件的流动是由大中型生产企业或商业连锁企业自有的物流配送中心来完成的。这种情况下

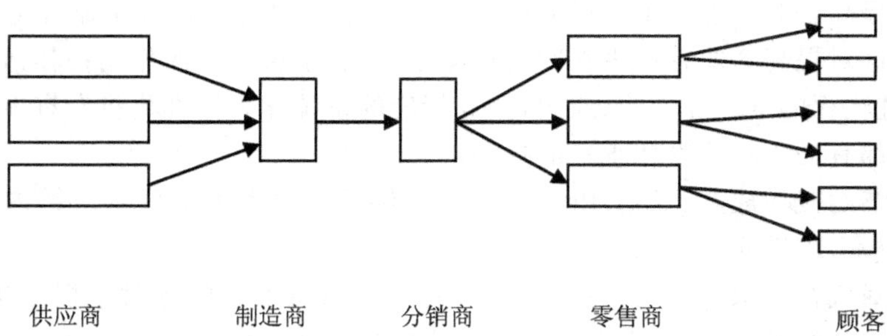

图7-3 传统企业的供应链网络

的物流配送中心是企业的内部机构,是企业内部物流系统专业化的产物,它按照

企业产品或商品的综合特性进行设计，只对企业自身负责，服务口径非常狭小。建设这样的自有配送中心，需要额外成立专职机构并为购买运装设施设备投入大量资金，大大增加了企业的经营管理成本。另外一种情况，企业会把这部分工作外包给第三方物流企业。

2. 会展活动开始前的供应链网络

一个会展，无论是政府机构主办的，还是专业会展公司经行业协会认可后举办的，对展览的运输和物流需求基本上是一致的，都同样需要举办方、参展商、物流运输商、展馆方、展位设计服务商等的通力合作。从供应链的角度来分析，会展活动开始之前，会展的举办方是这个供应链的核心企业，参展商、物流运输商、展馆方、展位设计服务商是其战略伙伴，如图 7-4 所示。会展运输商所要做的工作就是保证展会参展商的展品安全、及时地到达展馆，展会结束后进行回运工作。

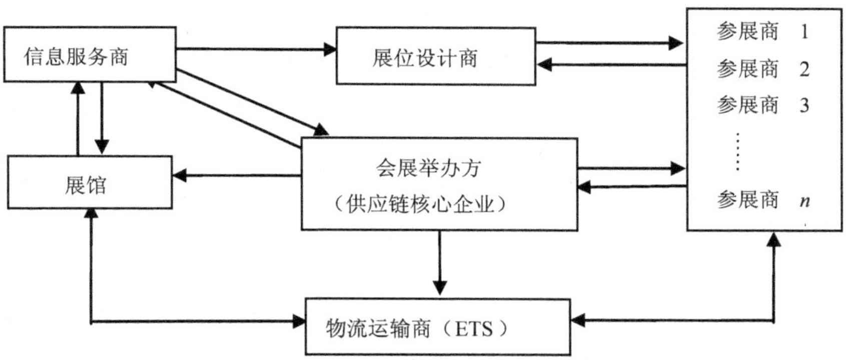

图 7-4　会展活动开始前的供应链网络

图 7-4 中的所有节点都围绕供应链核心企业，在会展主办方的邀请下，物流运输商、信息服务商、展馆方、展位设计商和各个参展商共同配合、通力协作，为使会展顺利召开而形成一个供应链网络，结成利益共同体。一家物流运输商服务的参展商可能不止一家，同时会展举办方为了比较和成本的原因，可能会同时选择几家物流运输服务商为参展商提供物流服务。会展供应链体现了较强的动态利益共同体的特征。

3. 会展活动开始后的供应链网络

在会展活动开始后，会展业的供应链中（见图 7-5 所示），会展仓储配送中心则具有区域公共性的特质，它与不同参展商及会展场馆之间的信息是多向流通的，它与会展现场之间信息共享，便于快速反应和精确地提货配送。

如图 7-5 所示，会展活动开始后，物流网络的核心在于由会展现场（会展场馆）和会展仓储配送中心所组成的“物资—信息”综合体。从宽泛的层面讲，它是会展活动物流起点(参展企业群)和物流终点(购买者群体)进行物资传送和信息互动的交换器,物资流分别从会展仓储配送中心向购买者呈现出单向传递形态,信息流则以会展现场为集散中心,呈双向发射状传递形态。

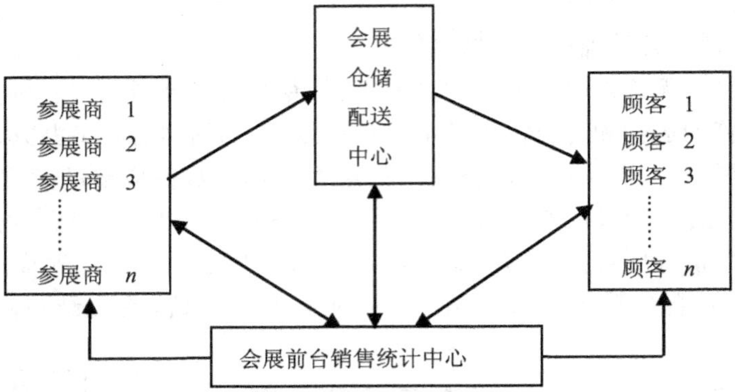

图 7-5 会展活动开始后的供应链网络

会展物流供应链仅关联展销产品的供销和运输,而不涉及原料采购和生产环节;由于会展展销产品众多,它可能同步运行有多条供应链。因此,传统物流系统的供应链在会展物流系统中被缩短且多线化了,供应链管理理论会针对会展物流系统管理的适用范围和方式有相应的变化。

4. 会展供应链优化后的效果

会展物流系统网络的核心在于具有完善的信息系统,即参展商一物流商一会展仓储配送中心一会展场馆一主办/承办方之间的信息都是共享的,优化后的会展供应链能达到以下效果。

第一,供应链成本比较低。会展主办/承办方指定物流供应商,完成整个展览的物品流动,物流量大,能够达到规模效应,物流成本相对传统物流系统可以大大降低。会展指定的物流供应商一般规模较大、网络分布广、服务水平高,能够保证所有展品的物流顺利完成。

第二,信息交流及时顺畅。优化后的物流体系,要求信息高度集成并及时畅通,这就要求必须有先进的信息技术,保持会展主办方、参展商、场馆进行密切沟通交换信息。及时通畅的信息交换,先进的信息技术,是会展物流体系优化的前提和基础。

第三,服务水平较高。具有较强的储运、装卸、包装水平,快速准确的反应能力,规范、专业的报关、商检等能力。

五、供应链与纵向一体化

纵向一体化一般指上游供应商与下游顾客之间拥有产权关系,而供应链上的企业集合一般不具备产权关系，它们一般是建立在共同的理念基础上的默契关系或通常的契约关系。

供应链将取代纵向一体化。这里涉及企业的组织理论中企业的组织成本和交易成本的演变过程。传统上，企业是以一种小规模、单一组织形态而存在的，企业之间会发生大量的交易，这就产生了巨大的交易成本。随着社会生产力的发展，一些实力较强的企业就以产权投资的形式控制其上下游企业，在其扩大规模的同时，达到了市场内部化，降低交易成本的目的。这就是纵向一体化产生和迅速发展的原因。

但随着企业集团规模的迅速扩张，使得企业的组织成本变得越来越惊人。其表现在：企业的效率也越来越低；企业越来越失去了自己的特色；企业适应市场变化的能力越来越低。到后来，市场需求向小批量、多品种、多规格方向发展，市场竞争也越来越激烈。另一方面，电子商务和物流无论是硬件方面还是软件方面都有了根本的发展，这就使得企业原来的市场交易成本大幅度降低。这两方面的因素使得供应链取代纵向一体化将成为一种必然。

六、供应链常用的优化方法

1. 常用的供应链优化方法

（1）线性规划。这种方法最好，是应用最广泛的优化工具，通常用于资源分配问题中。任何有决策变量、线性目标函数和线性约束条件的问题都属于线性规划。

（2）约束传播。受约束条件的影响，每一约束都有一定的变量范围。变量域的减少会引起与约束条件相关的变量数目减少。此法在大网络约束条件时尤其有效。

（3）遗传算法。通过改进已有的解找出最优解。尽管为了得到最优解，遗传算法要做很多次叠代，但它求解过程简单，运行速度也很快。此类优化方法特别适合那些约束条件和目标函数比较复杂的问题，如非线性函数。

2. 供应链中的不同优化层次包括：

对规划过程中的不同程度的优化作了比较分析之后，可以得出，供应链有三种优化层次，如图 7-6 所示。

（1）战略层。即高层规划，周期通常为长期。

（2）战术层。即中层规划，周期通常为一季或一月。

（3）经营层。即底层规划（规划、再次规划和实施），周期通常为 1 周、1 天或 1 班。

3. 供应链优化问题

（1）战略分析。用于分析获取资源和其他决策，如新设施的建立、新产品供

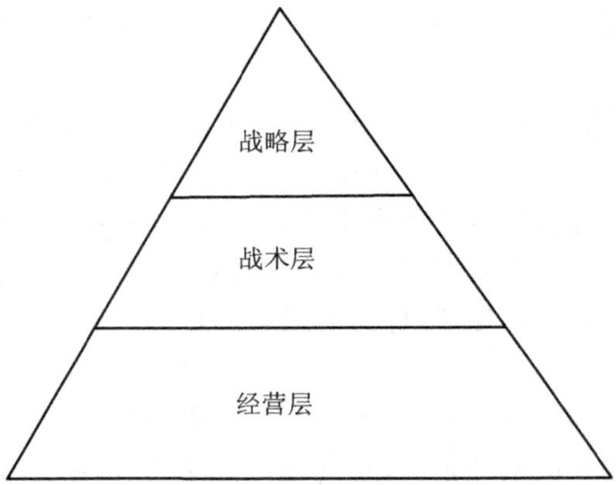

图 7-6 供应链优化的层次

应链的设计；

(2)长期战术分析。决策公司一年内的整个供应链的供应、制造、配送、库存计划；

(3)短期战术分析。包括物流优化、生产计划优化系统。

(4)经营分析。包括生产规划优化系统、配送优化系统。

尽管上面描述了不同的计划层次，然而它们没有完全解释不同决策对其他决策的影响，如战略决策优化必须假定战术和经营规划最优。下面将详细描述各种不同层次的优化问题。

(1)战略

供应链管理战略决策主要根据链的网络设计来决定车间、配送中心和供应商的地点、规模和数目，如"每一车间、配送中心和客户的采购及部署计划"。战略决策检测网络设计，同时也考虑供应链中的物流。一般认为，库存管理是战术决策，然而，仓库选址属于战略决策。

(2)战术

战术优化是"给定供应链结构的供应计划、物流设施优化"。供应链网络已经有如下实体：供应商、车间、配送中心和运输路线；供应计划基于时间缓冲理念(供应链计划一般是 1 月或 1 周)；供应计划集成考虑车间生产计划和产品原料计划；考虑开工和改建周期，但不是制造设施的影响。

(3)经营

经营层供应链规划可以理解为生产规划，包括人员、设备和材料的分配；运输路线和规划；此类规划实施频率高，需要定期规划以适应机器失效、物料库存、其他延误等。

复习思考题

1. 供应链的发展分为几个阶段？
2. 为什么说供应链是一种理念？
3. 会展供应链的上下游企业构成如何？
4. 会展供应链应怎样进行优化？

第八章

会展第三方物流

学习目的

本章主要了解第三方物流、会展第三方物流的内涵与发展趋势，了解会展第三方物流企业的经营业态和运作方式，掌握会展第三方物流组织模式、会展第三方物流企业的发展与培育

主要内容

- 会展第三方物流的内涵与发展
  第三方物流的内涵　第三方物流的基本特征　会展第三方物流的发展
- 会展第三方物流的运行模式
  会展第三方物流企业的经营业态　第三方物流运作方式
  会展第三方物流组织模式
- 会展第三方物流企业的发展与培育
  第三方物流发展的影响因素　会展第三方物流的发展趋势
  会展第三方物流发展的方式与途径　会展第三方物流发展的战略选择
  会展第三方物流企业发展

第一节　会展第三方物流的内涵与发展

一、第三方物流的内涵

第三方物流(Third-Party Logistics，简称 3PL；也简称 TPL)是相对“第一方”发货人和“第二方”收货人而言的，是由第三方专业物流企业来承担物流服务的一种物流业态。3PL 既不属于第一方，也不属于第二方；而是通过与第一方或第二方的合作来提供其专业化的物流服务。它不拥有商品，不参与商品的买

卖；而是为客户提供以合同为约束、以结盟为基础的，系列化、个性化、信息化的物流代理服务。随着信息技术的发展和经济全球化趋势，越来越多的产品在世界范围内流通、生产、销售和消费，物流活动日益庞大和复杂，而第一、二方物流的组织和经营方式已不能完全满足社会需要；同时，生产和贸易企业为赢得行业竞争，必须确立核心竞争力，加强供应链管理，降低物流成本，把不属于核心业务的物流活动外包出去。于是，第三方物流应运而生。

国家标准《物流术语》对第三方物流的定义为"独立于供需双方为客户提供专项或全面的物流系统设计或系统运营的服务模式"。最常见的3PL服务包括设计物流系统、EDI能力、报表管理、货物集运、选择承运人、货代人、海关代理、信息管理、仓储、咨询、运费支付、运费谈判等。由于服务业的方式一般是与企业签订一定期限的物流服务合同，所以有人称第三方物流为"合同契约物流（Contract Logistics）"。

第三方物流的内部构成一般可分为两类：资产基础供应商和非资产基础供应商。对于资产基础供应商而言，他们有自己的运输工具和仓库，他们通常实实在在地进行物流操作；而非资产基础供应商则是管理公司，不拥有或租赁资产，他们提供人力资源和先进的物流管理系统，专业管理顾客的物流功能。广义的第三方物流可定义为两者结合。第三方物流因其所具有的专业化、规模化等优势，在分组担企业风险、降低经营成本、提高企业竞争力、加快物流产业的形成和再造等方面所发挥的巨大作用，已成为21世纪物流发展的主流。

二、第三方物流的基本特征

从发达国家物流业的状况看，第三方物流在发展中已逐渐形成鲜明特征，突出表现在五个方面。

（一）关系合同化

首先，第三方物流是通过契约形式来规范物流经营者与物流消费者之间关系的。物流经营者根据契约规定的要求，提供多功能直至全方位一体化物流服务，并以契约来管理所有提供的物流服务活动及其过程。其次，第三方物流发展物流联盟也是通过契约的形式来明确各物流联盟参加者之间的权责利相互关系的。

（二）服务个性化

首先，不同的物流消费者存在不同的物流服务要求，第三方物流需要根据不同物流消费者在企业形象、业务流程、产品特征、顾客需求特征、竞争需要等方面的不同要求，提供针对性强的个性化物流服务和增值服务。其次，从事第三方物流的物流经营者也因为市场竞争、物流资源、物流能力的影响需要形成核心业务，不断强化所提供物流服务的个性化和特色化，以增强物流市场的竞争能力。

(三)功能专业化

第三方物流所提供的是专业的物流服务。从物流设计、物流操作过程、物流技术工具、物流设施到物流管理必须体现专门化和专业水平,这既是物流消费者的需要,也是第三方物流自身发展的基本要求。

(四)管理系统化

第三方物流应具有系统的物流功能,是第三方物流产生和发展的基本要求,第三方物流需要建立现代管理系统才能满足运行和发展的基本要求。

(五)信息网络化

信息技术是第三方物流发展的基础。物流服务过程中,信息技术发展实现了信息实时共享、促进了物流管理的科学化、极大地提高了物流效率和物流效益。

三、会展第三方物流的发展

20 世纪 90 年代以来,特别是加入世界贸易组织以来,中国的会展业以每年 15～20%的速度递增,截止到 2009 年,我国可供展览的面积达到 260 万平方米,超过了德国的 240 万平方米,仅次于美国的 615 万平方米。我国已有 46 种展览会加入了国际展览业协会(UFI)。据 2009 年的不完全统计,我国有主营展览公司 3500 多家,每年举办展览会近 4000 个,约占全球的 10%。

加入世界贸易组织以来,世界各国物流公司涌入我国内地,我们的物流企业体现出了比较明显的差距。但是我国暂时实行了半开放的物流企业准入政策,如在会展物流方面,我国规定外企不能成为国内展览的物流总承包商,只能以技术投资、信息集成、分段服务等承担会展物流中的一部分工作,为我国物流企业迎头赶上提供了一个好机会。

会展物流一体化,由会展主办方指定本次会展的唯一物流服务总承包商。物流服务总承包商根据参展商和主办方展览方案和场馆情况,制定物流服务的总体方案,并根据各项物流服务需求组织物流服务商实施方案,或者将其中某一部分物流服务需求直接外包出去。各参展商根据物流服务总体方案,与物流服务总承包商和分包服务商一起配合,及时将展品运送到位。

会展物流服务虚拟化、会展物流服务一体化的趋势,要求会展物流服务总承包商首先要制定会展物流服务的总体方案,在根据总体方案制定会展物流服务的分项方案和计划,总承包商自身不一定需要完成物流服务,可以将这些功能型物流服务分包出去。这种总承包商不需要完成实际物流服务内容,而只进行虚拟策划和分包的做法,我们称之为会展物流服务的虚拟化。会展物流服务虚拟化对会展物流服务总承包商的规划设计能力、沟通协调能力、及时应变能力、组织管理能力要求都非常高,并且要求总承包商在把会展物流服务分项内容外包时，要充分考察承包公司的能力、资质、信誉等，以更好地完成会展物流服务。

会展物流是一种高回报、高投入和高风险的高端物流活动。高回报和高风险是紧密相连的。专业的会展物流公司，在会展物流人力、物力、财力上的投入都是比较大的。展品集中运输和展开，要求必须有比一般物流活动更集中的人员、设备随时等待提供物流服务活动，这些特点决定了会展物流无法准确估算成本和收益，虽然具有高回报，但是也具有高风险的特点。

第二节　会展第三方物流的运行模式

一、会展第三方物流企业的经营业态

（一）第三方物流企业接受客户委托，根据客户要求处理相关货物。

其实这种业态的经营模式实质是一个委托的法律关系，从物流学理意义上属于初级业态。其表现形式是以处理委托人事务为目的，根据委托事项支付一定费用，受托人（物流企业）根据实际成本加上利润收受费用并提供相应服务。如果委托人没有尽到告知义务致使受托人设备和其他委托人设备，货物造成损失的，且受托人已尽了审查义务（《合同法》第四百零六条受托人有关义务），受托人免责，造成第三人损失的，由第三人直接向有过错的委托人追索。在实际操作过程中，也是往往根据委托合同有关条款加以调整。如《合同法》第四百零七条受托人处理委托事项，因不可归责于自己事由受到损失的，可以向委托人要求赔偿损失。故第三方物流的初级业态实质是委托法律关系。目前中国物流刚刚起步，因此大多数物流企业都是基于这层委托关系而成立的。

（二）另外一种模式是物流企业根据客户要求，以物流企业名义向外寻求供应商、代理商、分销商，同时又向客户提供相应的仓储、运输、包装等服务，为客户设计物流计划。

该模式往往是从事第三方物流服务的企业通过与固定客户（通常是连锁企业）建立稳定的契约关系，以物流企业名义与生产企业建立广泛的商品关系，是第三方物流和终端客户建立长时间联盟合作。这种经营模式是第三方物流的高级经营业态。在实际活动中，根据第三方物流企业活动特征，笔者认为这是隐名代理行为而非行纪行为。隐名代理（Agency of Unnamed Principal）是英美法系的概念，指代理人以自己名义，在被代理人授权范围内与第三人订立合同，第三人在订立合同时，明知代理人与被代理人的代理关系，只要是代理人为被代理人利益，由被代理人承担责任。其与行纪最根本区别在于行纪人只能以自己名义对外活动，因而其与第三人订立合同不能对抗委托人。实践中，生产企业、供应

商等上家都与第三方物流企业有买断，代理关系并由第三方物流企业根据终端客户订单进行处理、配送、加工等。可以看出在这种模式下，第三人明知物流企业其实是某终端客户的代理人，只不过第三方物流企业没有以终端客户名义而以自己名义与其发生关系，责任由最终客户承担。需要指出的是，在此过程中，物流企业为了自己利益越权代理，行为无效；而且由于第三人过错造成终端客户损失，由第三人直接向终端客户承担责任（通常厂家的商品造成超市损失，由厂家承担过错责任向超市赔偿）。上述种种经营活动可以说明，第三方物流的高级经营业态实际上是一种隐名代理的行为。

二、第三方物流运作方式

第三方物流服务供应商面临的挑战是要能提供比客户自身物流运作更高的价值。他们不仅要考虑同类服务的提供者的竞争，还要考虑到潜在客户的内部运作。第三方物流提供商一般需要从提高物流运作效率、与客户运作的整合、发展客户运作三方面创造运作价值。

（一）提高运作效率

物流运作效率的提高意味着对每一个最终形成物流的单独活动进行开发（如运输仓储等）。例如，仓储的运作效率取决于足够的设施与设备及熟练的运作技能。在作业效率范围内另一个更先进的作用是协调连续的物流活动。除了作业技能外，还需要协调和沟通技能。协调和沟通技能在很大程度上与信息技术相关联，协调与沟通一般是通过信息技术这一工具来实现的。如果存在着有利的成本因素，并且公司的注意力集中在物流方面，那么用较低的成本提供更好的服务是非常有可能的。

（二）客户运作整合

第三方物流服务带来增值的另一个方法是引入多客户运作，或者是在客户中分享资源。例如，多客户整合的仓储和运输网络，可以利用相似的结合起来的资源，整合的运作规模效益成为提高效率的重要方面。第三方物流整合运作的复杂性很高，需要更多的信息技术与技能。这一整合增值方式对于单个客户进行内部运作的很不经济的运输与仓储网络也适用。因此表现出来的规模经济效益是递增的，如果运作得好，将导致竞争优势及更大的客户基础。当然，一些拥有大量货流的大客户也常常投资协调和沟通技能及其资产，自行整合公司的物流资源。

（三）横向或者纵向整合

前面讨论的主要是第三方物流客户的内部运作外包化带来的效率的提高，其实从第三方物流服务供应商角度，也需要进行资源整合，业务外包。对无资产主要是以管理外部资源为主的第三方物流服务提供商，这类公司为客户创造价值的技能是强有力的信息技术和物流规划管理与实施等技能，它可以通过纵向整合，购买具有成本和服务优势的单项物流功能作业或资源，发展同单一物流功能提供商的关系，也是创造价值的一种方法。这样，物流供应商可以专注于自己和新的能力的服务。在横向上，第三方物流公司如果能够结合类似的但不是竞争的公司，可以联合为客户服务，扩大为客户提供服务的地域覆盖面。

（四）发展客户运作

第三方物流公司为客户创造价值的另一类方式是通过发展客户公司及组织运作来获取价值，这种第三方物流服务基本上接近传统意义上的物流咨询公司所做的工作，所不同的是，这时候提出的解决方案要由物流供应商自己来开发，完成运作。增值活动中的驱动力在于客户自身的业务过程，所增加的价值可以看作其与供应链管理的整合。

在竞争激烈的市场上，降低成本、提高利润率往往是企业追求的首选目标。这也是物流在20世纪70年代石油危机之后其成本价值被挖掘出来作为"第三利润源"受到普遍重视的原因。物流成本通常被认为是企业经营中较高的成本之一，控制物流成本，就等于控制了总成本。完整的企业物流成本，应该包括物流设施设备等固定资产的投资、仓储、运输、配送等费用（即狭义的物流费用），以及为管理物流活动所需的管理费、人工费和伴随而来的信息传递、处理等所发生的信息费等广义的物流费用。在衡量物流成本的增减变动时，应全面考虑所有这些有关的费用构成的物流总成本，而不能仅以运输费用和仓储费用的简单之和作为考察物流成本变动的指标；否则企业在进行物流成本控制或采用第三方物流后，最终核算时有可能会得出企业物流成本不降反升的错误结论。

三、会展第三方物流组织

传统的会展物流运作模式，参展商各自为政，用各不相同的方式把自己的展品运送到展览场馆展开布展，在物流管理水平较低的情况下被广泛采用。2010年前举办的各类会展活动还大量采用传统的物流模式提供服务。这种会展物流模式具有成本高、服务水平低、信息交流不畅等问题，会造成信息交流效率低下、会展和相关物流活动经常出现信息交流受阻、协调困难。随着现代物流信息技术的不断进步，传统的会展物流服务模式将不能适应需要。

新的会展物流服务模式，应具有供应链成本低、信息交流通畅、服务水平高等特点。会展物流具有管理过程短、展品数量少但是品种多且复杂等特点，因为其管理过程控制起来也相对比较复杂，因此在其管理中需要物流信息和信息技术的支撑。

（一）会展第三方物流组织的信息技术基础

随着信息技术的发展和 Internet 的普及应用，会展物流企业能够建立管理信息系统实现企业信息的组织和集成。通过 Internet,会展物流企业可以与位于不同地域的参展商、主办方、场馆方等多方进行信息交流与信息收集,也可以与会展活动期间的展品选购者进行及时的信息沟通,企业也可以通过 Internet 进行数据传递和处理。

基于物流管理信息系统,会展物流企业内部大量与会展活动相关的物流信息、内部事务信息也可以实现共享,同时通过标准接口,物流管理信息系统和其他系统之间也能够进行信息交换,并在系统结构、通信协议、文件标准等方面实现统一,从而形成集成化的信息处理系统环境。

在会展物流管理信息系统的基础上实现信息集成,就为物流信息管理提供了更广阔的空间,使得很多专业信息技术工具得以使用。应用于物流信息管理的信息技术有 EDI、RFID 等。

国际标准化组织(ISO)对 EDI 的定义为:"将商业或行政事务处理,按照一个公认的标准,形成结构化的事务处理或者信息数据格式,从计算机到计算机的数据传输。"EDI 是现代物流管理中信息集成与数据传递的重要方式。随着信息技术的发展和有关标准的确立,EDI 在传输数据时的安全性以及存在于合作者之间的通信壁垒等问题也将逐步得到解决。如对于一个国际展览会,其相应的会展物流活动涉及展品和其他实体的出入境管理、报关、商检等环节,在这样的会展物流管理中,可以通过 EDI,与海关、银行、参展商等进行数据处理和 EDI 单据等票据的传递。采用 EDI 进行数据处理,能极大地提高会展物流管理活动的效率。

RFID 是本世纪最重要的技术之一。RFID 通过射频信号自动识别目标对象并获取相关数据。通过射频传输技术来传递数据信息,并在有效范围内,RFID 电子标签能够将内存的信息自动发送到 RFID 阅读器,从而实现物品信息的实时自动采集。RFID 通过技术集成已经广泛应用到现代物流管理中。现代会展活动涉及大量的、复杂的展品临时流动信息,大量的信息流产生于众多参展商、会展仓储配送中心、会展场馆和观展采购者中,这些信息的跟踪和实时获取将成为会展期间物流控制与管理的关键。利用 RFID 技术进行集成的会展物流管理信息系统,能够及时对以上信息进行获取、传递和控制处理,为管理者进一步利用这些信息奠定了基础。

会展主办方、参展商可以通过 Internet 和 Web 浏览器浏览并提交相关信息,与会展物流服务商就会展活动事宜进行信息交流,如对展品的运输安排、协助主办方对会展活动进行设计等;物流服务商通过 Web 浏览器可以与海关、银行、保险等部门进行有关的 EDI 数据处理,包括各种电子单据票证的传递、资金的结算等;观展与选购者也可以同样的方式浏览系统平台以了解需要的展品信息，甚至可以与物流服务商进行在线交流。另一方面，将 EDI 和 RFID 技术集成为子系统或者其中的一部分，比如技术支持等，可以帮助物流服务商对会展物流活动和信息进行高效处理、协调和控制，如基于时间、距离、容量等因素的车辆调度问题的处理与决策等。

（二）会展第三方物流组织模式

1. 分散组织模式

这种模式是参展商各自寻找自己的物流服务商来完成展品从参展商处至展览场馆的运输、储存、保管、装卸等作业，以及展览结束后展品回运等工作。在分散物流模式下，各参展商首先将展品信息通知会展组织者，会展组织者再与展馆方协商展品的进馆时间，会展组织者将展品的进馆时间通知参展商，各参展商委托各自的物流服务商开展相关物流活动，将展品运输至展馆。在这种模式下，信息流会发生在会展组织者、展馆方以及众多的参展商和他们的物流服务商之间，信息链较长、分支较多，信息沟通和活动协调较为困难，容易出现失误。同时，由于每个参展商都有自己的物流服务商，对于每个物流服务商而言，展品物流量少，难以形成规模效应，单位物流成本高。

2. 集中物流模式

这种模式是指由本次会展主办方指定本次展会的唯一的物流服务商，由该物流服务商完成本次展览的全部物流活动。如图 8-1 所示，在集中物流模式下，首先，各参展商将展品信息通知会展组织者，会展组织者、物流服务商、展馆方初步商定各部分展品的进馆时间，会展组织者将展品的进馆时间和物流服务的信息通知参展商，参展商和物流服务商协同完成相应的展品物流活动。在这种模式下，信息链相对较少较短，方便进行沟通协同解决问题。这种物流服务模式，由于整个会展的所有物流活动集中在一个物流服务商手中，物流量大，并且易于沟通协调解决问题，有利于实现会展物流服务体系的整体优化，达到规模效应，降低物流成本。但是作为被指定为唯一物流服务商的企业，需要有较大规模和较强实力，有足够的物流服务网络和较高服务水平，能够为参展商提供物流服务。

图 8-1　集中物流模式

3. 方案集成商模式

随着会展规模的扩大和展品的增多，作为会展物流服务的唯一提供商，很难以自身一家企业实力完全提供会展所需要的所有物流服务。在这种情况下，由一家综合实力最强的物流企业作为会展物流服务的总承包商，提供会展物流服务的总体方案并确定各部分物流服务的具体实施方案，而将所有或者部分会展物流服务的内容分配或者外包给其他物流企业的模式，就成为最佳选择（见图8-2）。这种情况下的会展物流总承包商，甚至可以没有物流具体业务，但是对会展物流服务这种错综复杂的物流服务活动，必须能够进行总体的准确把握，能制定、核准物流服务的总体和具体方案并能组织实施。这种高端的去留活动，要求该企业必须具备物流策划、设计和实施的顶级水平，并有丰富的实战经验和对诸多物流企业的组织协调能力，才能够胜任。因此，会展物流的总承包商一般必须为第四方物流企业。这种模式，可以集中多家物流企业的实力，并根据各企业特点和长处由总承包商分配其物流服务内容，既在总承包商的统一协调组织下，达到物流服务体系的最佳配合和体系的优化，又能集各家物流企业的之长，是目前会展物流服务模式的最佳选择。

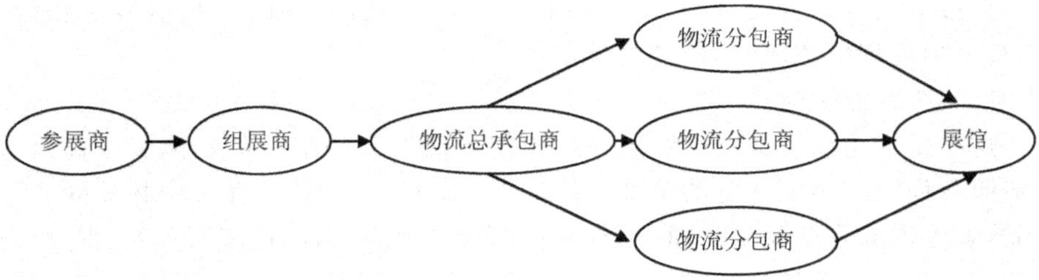

图 8-2 方案集成商模式

第三节 会展第三方物流企业的发展与培育

一、第三方物流发展的影响因素

中小企业在国家“放小”、“扶小”政策指导下，进行改制和新机制规范运作的改变，国家对中小企业的信贷金融政策以及引导中小企业调整、改革和发展的主要措施，市场竞争、社会的发展变化都将成为影响中小企业的外部环境因素。但是，中小企业长期采用“大而全”“小而全”的生产模式和经营观念，物流活动及其组织管理呈现分割和封闭状态，必定对第三方物流发展产生内在的重要的影响，主要表现为观念、结构、技术、管理、人才等方面，如图 8-3 所示。

（一）观念的影响

中小企业一般实行单一的生产管理，企业经营范围封闭，缺乏进入市场和社

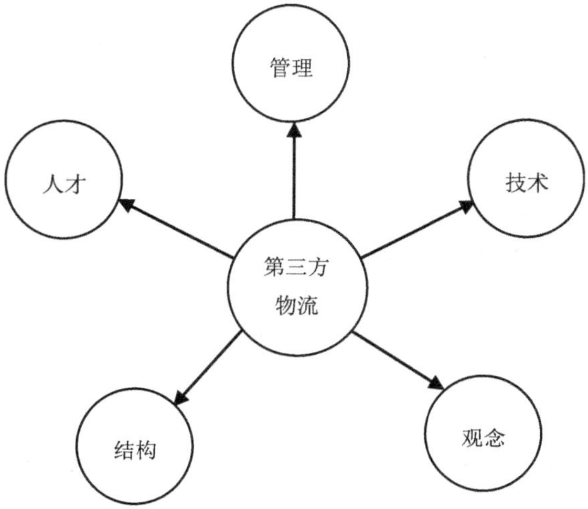

图 8-3　第三方物流影响因素

会的一体化模式，习惯于传统的企业储运方式，重生产、轻储运，难以形成现代物流管理思想，对第三方物流存在认识上和观念上的障碍，是影响第三方物流发展的根本因素。

（二）结构的影响

中小企业量大面广、总规模不小，但组织和产业结构不合理、低水平重复建设，重复投入，在相当多行业形成产品供大于求、结构性过剩，普遍存在产业关联度较低，缺乏社会化、专业化分工协作，是影响第三方物流发展的重要因素。

（三）技术的因素

虽然信息产业给中小企业注入了大量高新技术，但资源与技术构成不合理，普遍存在设施设备老化，物流技术水平低，难以适应现代化专业物流发展的需要，是影响第三方物流发展的主要因素。

（四）管理的因素

大多数中小企业在较大程度上缺乏较为科学的内部管理制度，缺乏管理组织能力，在生产管理上处于混乱状态，在组织经营上处于无序状态。产前没有市场调研，没有严格的成本核算；产中没有生产控制，没有营销策略；产后没有售后服务，是制约第三方物流发展的基础因素。

（五）人才的因素

中小企业普遍存在员工素质低、知识构成不合理、人才匮乏、缺乏创新能力的情况，是制约第三方物流发展的核心因素。

二、第三方物流的发展趋势

基于我国当前中小企业的实际状况，我国第三方物流的发展应突出以下几点。

（一）资源要素

物流企业发展第三方物流，需要集中把握和有效运用企业经营资源，主要表现在：首先，准确认识和深入分析企业经营资源的基础状况，正确选择第三方物流发展的方向；其次，积极探索企业资源的有效配置方式，有力促进第三方物流发展的速度；最后，认真研究企业资源的可持续发展问题，确保第三方物流的健康发展。因此中小企业实施战略资源，以供应链管理重构业务流程，构筑第三方物流发展优势，就应把握资源转换方式，不断提高资源产出效益。

（二）联盟发展

物流企业发展第三方物流需要本着“优势互补、利益共享”的原则，借助产权方式、契约方式实行相互合作，共同拓展物流市场，降低物流成本，提高物流效益。首先是物流资源的联盟，将中小工业企业分散的物流资源、物流功能要素通过一定的方式联合在一起，形成物流一体化的资源优势。其次是物流地理区域和行业范围的联盟，根据各行各业中小企业的特性，在一定地理区域或一定行业范围实行物流联盟，形成高效直辖市运作体系。最后是与中小企业建立发展第三方物流的联盟，通过组建服务协会，协调和指导物流企业与中小工业企业在发展第三方物流中的各种关系。

（三）服务要素

物流企业发展第三方物流必须依托中小工业企业的发展，做到“来自中小企业、服务于中小企业”。主要把握四点：第一，必须依据中小工业企业的实际需要，设计和提供个性化物流服务理念。第二，必须关注市场需求变化，提供保障企业产品服务质量的服务措施。第三，必须深刻理解中小企业物流规律，建立完善的物流运作与管理的服务效益。

（四）创新发展

物流的发展过程就是一个不断创新的过程。物流企业发展第三方物流，实施创新战略，首先要创新观念，打破传统思想，借鉴国际先进物流管理思想，与中小企业实践有机结合起来，探索具有中小企业物流特色的新思想和新方法。其次要创新组织，充分运用现代信息技术手段，借助中小企业数量大、涉及面广的特点，建立网络化物流新型组织。再次要创新服务，深入研究中小工业企业物流需求，通过引进、模仿和创新物流技术手段，不断设计、创新和提供有效的物流服务。最后要创新制度，既要建立以产权制度为核心的现代企业制度，也要根据发展需要建立完善、合理的物流管理体制。

（五）品牌要素

物流企业发展第三方物流必须确立品牌战略，充分发挥品牌效应，获取良好效益。首先要树立物流发展的精品品牌意识，严格制定各项物流质量标准，才会不断提高物流服务水平。其次要引进先进技术手段，设计出物流服务的精品内容、名牌项目。最后要强化物流技术与管理人员素质培训，建立优秀的物流人才队伍，确保企业名牌战略的实现。

三、会展第三方物流发展的方式与途径

（一）会展第三方物流发展的方式

1. 渐进式发展

通过自身物流业务不断壮大力量，积累资源和运作管理经验，再发展成为会展物流集成经营者，为参展企业提供全面物流服务。

2. 跨越式发展

通过联盟契约与中小企业进行资源整合，迅速壮大物流服务能力，超常规成为专业化第三方会展物流企业。

（二）会展第三方物流发展的途径

1. 政策途径

会展物流企业面向中小企业发展第三方物流存在一定的障碍，需要各级政府制定鼓励政策，给予积极指导，从信贷、金融政策等方面营造有利于发展的政策环境，并切实扶持和指导中小会展物流企业积极重组和发挥资源力量，启动和促进会展第三方物流企业的发展。

2. 市场途径

随着会展物流企业的发展，物流需求不断增长，会展物流企业应深入研究会展物流的发展规律，以需求为导向，迅速有效地拉动会展第三方物流的发展。

3. 企业途径

会展物流发展能够创造价值和利益，是驱动会展物流企业主导自身发展会展第三方物流的基本动力。

4. 社会途径

发展会展第三方物流要全社会的积极协作和支持，在社会各方力量的作用下，实现产业联动，全面发展。

四、会展第三方物流发展的战略选择

除了高度垄断的行业，单体企业很难改变其所处的市场环境，那么其成功的决定因素就在于如何适应市场环境并采取正确的发展战略。按照国际上比较流行的市场营销理论，企业主要的竞争战略选择有三种：一是成本领先战略；二是集中化战略；三是差异化战略。这个理论基本可以覆盖或解释其他竞争理论，会

展物流行业的竞争战略也可以用这个理论框架来解释。

(一)成本领先战略

该战略适合有实力的会展物流企业。当企业与其竞争者提供相同的产品和服务时,只有想办法做到产品和服务的成本长期低于竞争对手,才能在市场竞争中最终取胜,这就是成本领先战略。在生产制造行业,往往通过推行标准化生产,扩大生产规模来摊薄管理成本和资本投入,以获得成本上的竞争优势;而在会展第三方物流领域,则必须通过建立一个高效的物流操作平台来分摊管理和信息系统成本。在一个高效的会展物流操作平台上,当加入一个相同需求的客户时,其对固定成本的影响几乎可以忽略不计,自然具有成本竞争优势。那么,怎样才能建成高效的物流操作平台呢?

会展物流操作平台由以下几部分构成:相当规模的客户群体形成的稳定的业务量,稳定实用的会展物流信息系统,广泛覆盖业务区域的网络。

稳定实用的信息系统是会展第三方物流企业发展的基石,会展物流信息系统不但需要较高的一次性投资,还要求企业具有针对客户特殊需求的后续开发能力。企业可以根据自身的需求选择不同的物流系统,但任何会展第三方物流企业都不可能避开这方面的投入。

对于一个新的会展第三方物流企业,除非先天具有来自其关联企业的强大支持,一般不大可能直接拥有广泛的业务网络和相当规模的客户群体,万事开头难,能否在一定时间内跨越这道门槛是企业成功与否的关键。对于一个会展第三方物流企业来讲,这是企业发展的一个必经阶段。如果能够在两到三年中完成业务量的积累和网络的铺设,企业将迎来收获的季节;如果不能达成,往往意味着资金的浪费和企业经营的寒冬。

对于一个全新的企业,主要有三个途径能够完成这一任务。第一个途径是在严密规划的基础上,采用较为激进的方式,先铺设业务网络和信息系统,再争取客户。这种方式较为冒险,只有资金实力非常强的企业才可能这样做。一些外资公司就声称要在很短的时间内在全国成立几十家分公司或办事处。第二个途径是与某些大公司结成联盟关系,或成立合资物流公司以获取这些大公司的物流业务。在国内家电行业和汽车行业都有这类案例。这种方式较为稳妥,使企业在短期内获得大量业务,但这种联盟或合资物流由于与单一大企业的紧密联系,会在一定程度上影响其拓展外部业务的能力。最后一种途径是建立平台,它是更为缓慢的方式,边开发客户、边铺设网络。走这条道路的企业,必须认真考虑企业竞争的第二种战略,集中化战略。

(二)集中化战略

集中化战略就是把企业的注意力和资源集中在一个有限的领域,这主要是基于不同的领域在物流需求上会有所不同，如 IT 企业更多采用空运和零担快运，而快速消费品更多采用公路或铁路运输，适合有一定自身优势的企业。每一个企业的资源都是有限的，任何企业都不可能在所有领域取得成功。会展第三方物流企业应该认真分析自身的优势所在及所处的外部环境，确定一个或几个重点领域，集中企业资源，打开业务突破口。在物流行业中，我们不难发现，BAXGlobal、EXEL 等公司在高科技产品物流方面比较强，而马士基物流（Maersk Logistics）和美集物流（APLL）则集中于出口物流，国内的中远物流则集中在家电、汽车及项目物流等方面。集中化战略也告诉我们，在国内企业对会展第三方物流普遍认可以前，会展第三方物流企业必须集中于那些较为现实的市场。应该强调的是，这种集中化战略不仅仅指企业业务拓展方向的集中，更需要企业在人力资源的招募和培训、组织架构的建立、相关运作资质的取得等方面都要集中；否则，简单的集中只会造成市场机遇的错过和资源的浪费。

（三）差异化战略

差异化战略是指企业针对客户的特殊需求，把自己同竞争者或替代产品区分开来，向客户提供不同于竞争对手的产品或服务，而这种不同是竞争对手短时间内难以复制的。起步较晚的新企业最适合这种战略。最可取的是企业集中于某个领域后，就应该考虑怎样把自己的服务和该领域的竞争对手区别开来，打造自己的核心竞争力。如果具有特殊需求的客户能够形成足够的市场容量，差异化战略就是一种可取的战略。在实际市场拓展中，医药行业对物流环节 GMP 标准的要求、化工行业危险品物流的特殊需求、VMI 管理带来的生产配送物流需求，都给物流企业提供差异化服务提供了空间。其实，对于一个起步较晚的新的会展物流企业，差异化战略是最为可取的战略。

会展物流企业不仅要考虑选择差异化战略，而且要考虑选择什么样的差异化战略。战略选择的焦点在于，一要维护预期战略目标的实现，另一个是要清醒地避免和缩小由于战略选择可能带来的风险。选择差异化战略可能带来的一个结果是顾客群缩小和单位成本的上升。从而导致服务价格的攀升。因此在差异化战略中要十分注意以优质的独特服务来降低客户的价格敏感性，以差异化独特性的深化来阻挡替代品的威胁而维护顾客的忠诚，并通过差异化品牌的创建来集中和壮大顾客群，在企业效益不断提高的同时，实现单位服务成本和单位服务价格的下降。为此，在物流企业差异化战略的选择中，定位差异化和服务差异化是可供参考的两条基本思路。

1. 定位差异化

定位差异化就是为顾客提供与行业竞争对手不同的服务与服务水平。通过顾客需求和企业能力的匹配来确定企业的定位，并以此定位来作为差异化战略的实质标志。差异化战略是以了解顾客的需求为起点，以创造高价值满足顾客的需求为终点。因此在企业决定其服务范围与服务水平时，首先要考虑的是顾客究竟需要的是什么样的服务和服务要达到何种水平。

企业可以先选出在物流行业内顾客可能比较关注的服务要素，如价格、准确性、安全性、速度等要素。然后根据这些要素来设计调查表，每个要素设计 0～10 的 11 个分数等级，让顾客根据自己的期望和要求给各个要素打分。目的是找出大多数顾客普遍认为重要的要素、不重要的要素以及企业提供的多余的因素。调查表的最后要设计两个开放性问题：A. 您认为还应该提供哪些重要的服务项目？B. 您认为应该去掉哪些冗余的服务项目？这样企业可以明确了解到顾客需要哪些服务以及哪些服务要素对顾客来讲最重要。

接下来企业要对自身的能力进行评估，看看自己能为顾客提供哪些服务。满足顾客的需求必须要与自己的能力相匹配，否则要么满足不了顾客的需求，而这种提高了顾客的期望值又实现不了的承诺反而会让顾客感到更加失望；要么就是虽然是满足了顾客的需求，但成本却太高让企业得不偿失。根据顾客的需求与企业自身能力的协调匹配，让企业明确自己可以在哪些方面有所为和有所不为。

在决定企业的服务方向后，企业要制定自己的服务水准。服务水准的制定要根据顾客对服务要素重要性的感知程度和竞争对手所提供的服务水平相结合来考虑。如果顾客认为重要的关键的服务要素，企业就应努力把自己的服务提高到行业最高水平之上。顾客认为是必要的但不是关键的服务要素，企业就只需保持在行业的平均水平。对顾客认为是锦上添花的服务要素，企业可保持在行业平均水平之下，因为这些服务并非是顾客所看重的。而那些顾客认为是可有可无的服务要素，企业完全可以取消，以此来降低成本。因此，在决定整体定位差异化的时候，必须要把顾客的需求、企业自身能力与竞争对手的服务水平三个要素综合考虑。要做到三者的协调统一。

2. 服务差异化

服务差异化就是对不同层次的顾客提供差异化的服务。定位差异化强调的是与竞争对手不同，而服务差异化则强调的是顾客的不同。对顾客再怎么强调其重要性也丝毫不过分。因为顾客是有差异的，想要以一种服务水平让所有顾客都满意是不可能的。顾客本身的条件是各不相同，对满意的期望自然也各不相同。因为每个顾客对企业利润的贡献也各不相同，所以不同的顾客对企业的重要性也不会完全一样；并且重要的顾客对企业利润贡献大，自然他们要求企业提供的服务水平也要高。由于企业选择差异化战略，因此企业差异化的不同，它对重要顾客的认同，也会不一样。每个企业都会因其差异化战略而确定其重要的顾客群。

企业在实施差异化服务中与不同重要性的顾客建立不同的客户关系，提供不同水平的服务。一般来说，物流企业依据其差异化战略可以把顾客分为三类。第一类是对企业贡献最大的前5%的顾客；第二类是排名次之的后15%的顾客；第三类是其余的80%的顾客。根据著名的帕托累20/80原理，20%的顾客创造了企业80%的利润，所以保留住这两类顾客就可保留住企业大部分利润来源。可见第一类顾客是企业最重要的顾客，第二类顾客也是很重要的顾客，而第三类顾客则是相对次要的顾客。对于这三类顾客分别采取差异化的服务方针。

对这三类顾客，第一类顾客提供VIP服务，第二类顾客提供会员制服务，第三类顾客提供标准化服务，从而形成物流企业的服务差异化战略。

对第一类顾客的VIP化服务就是企业与这类顾客保持最紧密联系甚至结成战略联盟，采取主动积极的服务甚至作出一些超前的服务设想和服务储备。企业可以在组织结构业务流程等多方面上去适应对方，为对方提供专人专项的服务，尽最大的努力去满足对方的需求。可以为顾客提供一体化的物流服务，从顾客角度出发为顾客设计系统的物流流程，来降低总的物流成本和提高顾客满意度。

五、会展第三方物流企业发展

物流业在二次世界大战后得到迅速发展，是由社会生产力发展水平决定的。二次大战以后，企业内部生产水平的进一步下降，伴随着存货管理已实现生产与分配间的“零库存”的优化，这意味着原材料、部件与组件的备货时间应该大大减少。同时全球经济一体化进程的迅速发展和新兴市场的形成，迫使企业采用全球战略，以寻找他们的生产资源，越来越多的产品作为全球产品在世界范围销售。这些需求构成了物流发展的源动力，其中企业内部生产水平的降低是主要原因。同时，为参与世界性竞争，企业必须降低产品的成本（包括生产成本和销售成本）、降低库存（包括仓储和运送过程中的库存）、增加效益；企业要求准确及时的信息，要求增加整个供应链流程的可视性。第三方物流提供者为企业解决了上述难题，因此越来越多的企业纷纷选择了物流业务的外派。

中国加入WTO，使国内市场国际化，会有更多的外资物流供应商进入国内物流市场，对中国第三方物流业形成严峻的挑战。当务之急是采取切实有效的措施，加快中国会展第三方物流的发展，缩小与发达国家的差距。

1.加快产权制度改革，激发企业活力

中国现有的第三方物流企业多数是从国有仓储、运输企业转型而来，带有许多计划经济的遗迹，不能适应国际市场竞争。因此，必须建立股权多元化的股份制会展第三方物流企业和完善的法人治理结构，理顺权益关系，实现政企分开、所有权和经营权分离，保证会展第三方物流企业按市场规则运作，激发会展第三方物流企业活力，向现代会展第三方物流业转化。特别是规模较大的会展第三方物流企业，一方面要进行内部的整合，优化内部资源配置；另一方面，借助资本市场的力量，进行企业改制上市，吸收和利用社会闲散资金，克服资本金不足的缺陷，促使企业快速成长，促使现代企业制度的建立和运作。

2. 以信息技术应用为核心，加强网点建设

信息化是衡量现代会展第三方物流企业的重要标志之一，许多跨国物流企业都拥有"一流三网"，即订单信息流、全球供应链资源网络、全球用户资源网络，计算机信息网络。借助信息技术，企业能够整合业务流程，能够融入客户的生产经营过程，建立一种"效率式交易"的管理与生产模式。在加入 WTO 的新形势下，物流市场从国内扩展到国际，能否有四通八达的网络愈发重要。企业要双管齐下抓网络建设：一方面，要根据实际情况建立有形网络，若企业规模大、业务多，可自建经营网点；若仅有零星业务，可考虑与其他会展物流企业合作，共建和共用网点；还可以与大客户合资或合作，共建网点。另一方面，要建立信息网络，通过因特网、管理信息系统、数据交换技术(EDI)等信息技术实现会展第三方物流企业和客户共享资源，对物流各环节进行实时跟踪、有效控制与全程管理，形成相互依赖的市场共生关系。

3. 培育具有国际竞争力的物流集团，实行集约化经营

中国仓储协会 2001 年调查显示，企业在选择第三方物流企业时最看重的是物流满足能力和作业质量。同时，第三方物流企业只有具备一定规模，才有可能提供全方位的服务，才能实现低成本扩张，实现规模效益。目前，许多第三方物流企业都是计划经济时期商业、物资、粮食等部门储运企业转型而来，都有特定的服务领域，彼此间竞争不大。若要适应入世后激烈的竞争需要，必须打破业务范围、行业、地域、所有制等方面的限制，树立全国一盘棋的思想，整合会展物流企业，鼓励强强联合，组建跨区域的大型集团，而且只有兼并联合，才能合理配置资源和健全经营网络，才有可能延伸触角至海外，参与国际会展物流服务市场竞争。

4. 强化增值服务，发展战略同盟关系

根据会展物流业的发展趋势看，那些既拥有大量物流设施、健全网络，又具有强大全程物流设计能力的混合型公司发展空间最大，只有这些企业能把信息技术和实施能力融为一体，提供"一站到位"的整体会展物流解决方案。因此，中国会展物流企业在提供基本物流服务的同时，要根据市场需求，不断细分市场，拓展业务范围，以客户增效为己任，发展增值会展物流服务，广泛开展加工、配送、货代等业务，甚至还提供包括会展物流策略和流程解决方案、搭建信息平台

等服务，用专业化服务满足个性化需求，提高服务质量，以服务求效益；公司要通过提供全方位服务的方式，与大客户加强业务联系，增强相互依赖性，发展战略伙伴关系。

5.要重视会展物流人才培养，实施人才战略

企业的竞争归根到底是人才的竞争。我们与物流发达国家的差距，不仅仅是装备、技术、资金上的差距，更重要的是观念和知识上的差距。只有会展物流从业人员素质不断提高，不断学习与应用先进技术、方法，才能构建适合中国国情的第三方会展物流业。要解决目前专业会展物流人才缺乏的问题，较好的办法是加强物流企业与科研院所的合作，使理论研究和实际应用相结合，加快物流专业技术人才和管理人才的培养，造就一大批熟悉物流运作规律并有开拓精神的人才队伍。物流企业在重视少数专业人才和管理人才培养的同时，还要重视所有员工的物流知识和业务培训，提高企业的整体素质。

发展会展第三方物流是一项系统工程，仅靠会展物流企业自身的努力是远远不够的，还需要政府和行业协会的推动和调控作用，为会展第三方物流企业发展创造良好的外部环境。一是尽快建立健全相应的政策法规体系，特别是优惠政策的制定和实施，使会展第三方物流的发展有据可依；二是尽快建立规范的行业标准，实施行业自律，规范市场行为，使会展物流业务运作有规可循；三是发挥组织、协调、规划职能，统一规划，合理布局，建立多功能、高层次、集散功能强、辐射范围广的现代会展物流中心，克服条块分割的弊端，避免重复建设和资源浪费现象，促进会展第三方物流健康、有序地发展。

六、第三方会展物流企业发展建议

（一）提高第三方会展物流服务水平至关重要

这不仅仅是服务质量有所提高，对会展物流作业各个环节、各个步骤、各个岗位设立具体的工作指标，对细节进行指标性控制。要切实能提供个性化增值服务，使参展商能真切感受到通过会展物流公司的服务而带来的方便和快捷。

（二）加强信息化建设

随着科技水平的提高，会展物流公司要加快信息化建设步伐，根据公司业务需要配备物流管理和物流作业的信息设备和系统，使用高效率信息技术，如条形码技术、射频技术、电子数据交换系统、卫星定位系统等，提高运作效率。

（三）加快软硬件协调

一方面企业应加大硬件改善，同时政府也要为会展物流的发展营造良好的外部环境，比如加快铁路、海港、国际空港的建设，完善配套设施，改善城市物流和交通体系，提供先进、充裕的交通和运输条件，建造功能齐全、设施先进的会展中心和容量足够大的停车场等；另一方面，在软件方面，应该积极培养世界一流、

经验丰富的会展物流专业人才，加强会展物流业的学科建设，提高会展物流水平，丰富会展物流服务内容，使课程设计、教学设备、教材选用等更加符合社会需求。

（四）创新会展第三方物流模式

各物流公司应加强合作，发挥各自长处，互惠互利，通过资源整合降低成本，创新会展物流模式，形成多赢的局面。

复习思考题

1. 第三方物流的基本特征是什么？
2. 我国会展第三方物流的发展趋势是怎样？
3. 会展第三方物流企业的经营状态和运行模式是什么？
4. 会展第三方物流发展的影响因素是什么？
5. 会展第三方物流的发展途径是什么？

第九章

会展物流实务

学习目的

通过本章的学习,学生应了解展品运输指南的写法,国际展会物流的一般概况,展品进出口一般流程及相关单证,理解展品进出口基本通关程序,掌握展品仓储、运输合同的写法,以及展品进出口合同的缮制

主要内容

- 国内展品运输指南
  国内展品运输具体流程　国内展品运输指南的缮制
- 国际展品运输流程
  国际会展物流的特有业务　展品关税与政府对策　租船与订舱　展品出口单据、保险
- 仓储运输合同缮制
  仓储合同的概念和法律特征
  仓储合同的内容
  运输合同的内容
- 进出口单证缮制
  进出口单证
  进出口货物的基本通关程序

第一节　国内展品运输流程

一、国内展品运输具体流程

国内企业参展的展品运输流程相对简单。展品运输可以分为两种形式,一

种是委托展会指定的主运输商进行运输;一种是自行运输。

在委托主运输商运输的情况下,只需在展会前指定时间段内联系主运输商,确定运输事宜,签订运输合同后,主运输商即可将展品进行运输并送达指定展位;展会结束后,主运输商将空箱送往展台,展品装箱后按照参展商的要求将展品送往指定的目的地。

在自行运输的情况下,参展商既可以协调第三方物流来进行运输,也可以自行运输。如果委托给第三方物流进行运输,则由第三方物流负责办理展馆的运输车辆出入证,展品从展馆门口委托给主运输商运至展台,或自行将展品从展馆门口运至展台,空箱由主运输单位统一收存,待展览结束后,主运输商将空箱送回展台,参展商协调第三方物流装箱并运至指定目的地。如果由参展商自行运输,那么所有的流程都由参展商自行完成。如图 9-1 所示。

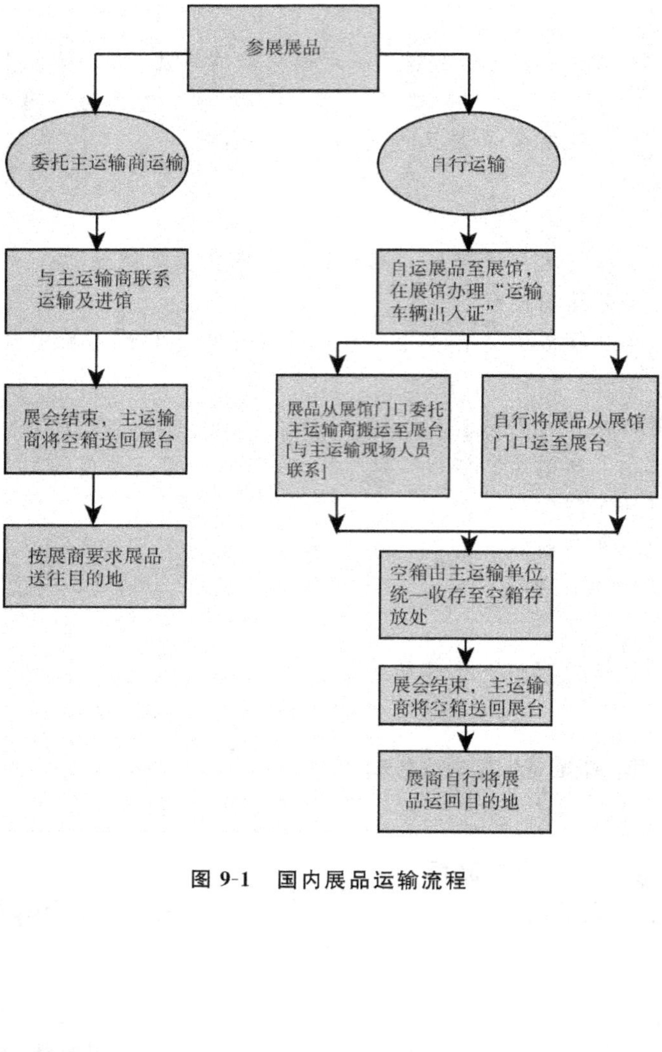

图 9-1 国内展品运输流程

二、国内展品运输指南的缮制

会展物流服务商在与展商签订物流服务合同后，必须及时向参展商提供会展物流服务方案。方案一般分为两部分：一部分是展品运输指南，向参展商阐明会展服务的各个环节和注意事项；另一部分是意外事件防范措施及应急解决方案。下面主要介绍展品运输指南的写法。

展品运输指南是指对参展商将展品等物品运到展览现场所作的必要指引和说明，主要包括海外运输指南和国内运输指南等。不管是海外运输指南还是国内运输指南，都要对展品的运输方式和运输线路、各种货品的交运和文件提交的期限、货运文件的准备和交付、收费标准、包装、海关报关、回程运输、可供选择的自选服务等作出具体说明。展品运输指南由展会指定的物流服务商撰写，其内容一般按通知文体书写。国内运输指南正文内容包括物流服务商的通信地址及联系人、时间安排、箱件标志、收货人、到货通知、保险、服务项目及收费标准。附注及回执部分主要介绍说明正文未尽事宜及参展商参展确认。

展品运输指南正文格式范文如下。

××公司国内展品运输指南

各参展单位：

××公司受主办单位的委托，承揽"××博览会及研讨会"的国内展品运输业务，统一处理展品运输及相关文件的事宜，并提供展览会的现场服务。展商可就有关运输事项与我司联系。为确保展览会的顺利进行，请各展览商依照本指南的有关规定作出安排，以免延误展出及产生附加费用。

1. 通信地址与联系人

××公司

××市××路××号××大楼××室　　邮编：

电话：　　　传真：

联系人：

2. 时间安排

请展商特别注意文件和展品抵达××市的截收日期（以本公司文件为准）。因文件延误交付和展品晚到所引起之后果，本公司不能承担责任。

托我司代理提货的陆运/空运展品必须在发货前与我处联系确认；

托运展品需在××年××月××日之前到达展览馆现场。

展览开馆日期：××年××月××日～××月××日；

闭馆日期：××年××月××日（上述开馆及闭馆日期仅供参考，确切日期以主办单位最后确定的为准）。

在开馆期间，我公司将集中精力处理现场事务。为了大多数展商的利益，将无法优先考虑展品在截止期后到达的展商的要求。

3.展品运输途径

展商可将展品通过铁路、空运或陆路卡车自行安排运往××市。如需我处安排提货，请事先与我们联系，以便确定有关费用以及托运单证的缮制。

铁路发运货物，收货人请按照以下指示制作：

××储运仓库

联系人：　　　　电话：　　传真：

地　址：××市××号

请将正本运单寄给××公司并传真通知，本公司不负责由于未接到通知而引起的任何延误及由此产生的加急费用。

4.服务项目及收费标准

(1)办理提货、市内运输及展馆现场送至展台

①服务内容

展品到达××市后的有关文件处理；

把展品从××车站、机场等地送至展览馆现场存放地点；

进馆将展品送至展台。

②收费

陆运到货：RMB××/立方米，最低收费 RMB××/票；

空运到货：RMB××/千克，最低收费 RMB××/票；

机场、码头及车站所产生的费用实报实销。

(2)展馆现场服务(指从展厅门口送货至展台)

①服务内容

卸车并将展品送至展台(单件展品不超过××千克/××米长×××米宽×××米高)；

帮助展商开箱并安装重件(不含组装)；

运送空箱和包装材料至现场存放处存放。

②收费(立方米或吨，取体积或重量大的收费)

人民币××元/立方米/吨；

最低人民币××元/票。

(3)展馆现场服务

①服务内容

在展览期间存放空箱和包装材料；

将空箱和包装材料从现场存放地运回展台；

帮助展商装箱并将展品运送至展厅门口、装车。

②收费

人民币××元/立方米/吨；

最低人民币××元/票。

(4)办理展品回运及市内运输服务

①服务内容

办理展品回运的必要手续和文件；

从展览馆运至××车站、机场等；

通知展商有关回运信息。

②收费

陆运到货：RMB××/立方米，最低收费 RMB××/票；

空运到货：RMB××/千克，最低收费 RMB××/票；

机场、码头及车站所产生的费用实报实销。

(5)其他费用

临时到货附加费：在基本操作费上加收××%；

超限附加费：××kg～××kg 收费按基本操作费上加收××%；××kg 以上的，价格另议；

吊机费：小于××kg 按人民币××元/台班收取；小于××kg 按人民币××元/台班收取；小于××kg 按人民币××元/台班收取。

在展览进馆之前，电汇，账号另行通知。

负责人签字：____ 日期：____

注：回执请传真至：××公司

电话：

传真：

联系人：

第二节　国际展品运输流程

一、国际会展物流的特有业务

一次成功的展览，需要整个展览服务供应链中的各个节点(包括展览举办方、参展商、物流商、展馆方、展位设计服务商等)密切配合、相互合作、协调一致。

(一)国际展览物流

展览物流，即参展物品与其他辅助用品从参展商处到达展览场馆，然后返回至参展商或直接流向展品购买者处的物理运动过程。它是国际会展物流业务的一个至关重要的环节。

国际会展物流特有业务的研究主体是展品的流动。展品的流动是为满足商品展览的特殊需要，将展品及时准确地从参展商所在地转移到参展目的地，展览结束后再将展品从展览地运回的过程。因此，国际会展物流的特有业务包括制定展品物流方案、海关检验、装载、运输、搬卸、仓储和配送。现代物流信息及服务技术和物流装备自动化技术，为便捷地通关、高效地装卸、安全快速地运输、经济合理的仓储服务和及时高效地配送提供了有力的信息和技术支持。

（二）展览物流业务系统的划分

根据展览的时间段，可以将展览物流分为展前物流、展中物流、展后物流等三个主要环节。其中，展前物流与展后物流构成了一个回收物流的循环。

1. 展前物流

展览开始之前所有的物流活动，包括展品进口报关、装箱、运输、卸载、布展等过程，如图 9-2 所示。展前物流的要求在于准确、及时、标准。展品必须在展览开始前，如期进入展馆施工安装，因此，所有的展品必须丝毫不差地到达，并且按照展览设计的标准要求准确到位。

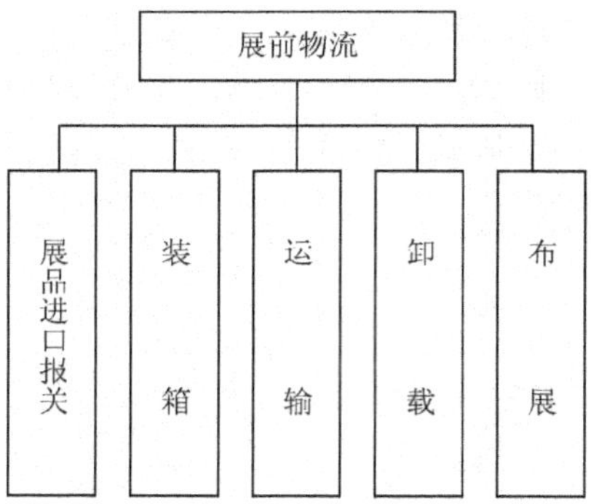

图 9-2 展前物流

2. 展中物流

展览进行中的物流活动，包括展品的库存管理、配送、展位管理、补充及流通加工等，如图 9-3 所示。展中物流的要求在于及时。展览过程中的展品补充或配送需要及时性；否则，发生的缺货损失会对展览效果大打折扣，会造成参展商满意度的下降。

3. 展后物流

展览结束之后的物流活动统称为展后物流，包括展品装箱、回运及废弃品物流等活动(见图 9-4)。展后物流的要求在于环保、安全。展览结束之后,展品必须完好准确地返回给参展商,因此保证展品的安全是至关重要的。此外,强调环保性也是对展后物流十分重要的要求,在做好展品物流工作的同时,对废弃物的物流也必须按照绿色环保的要求准确完成。

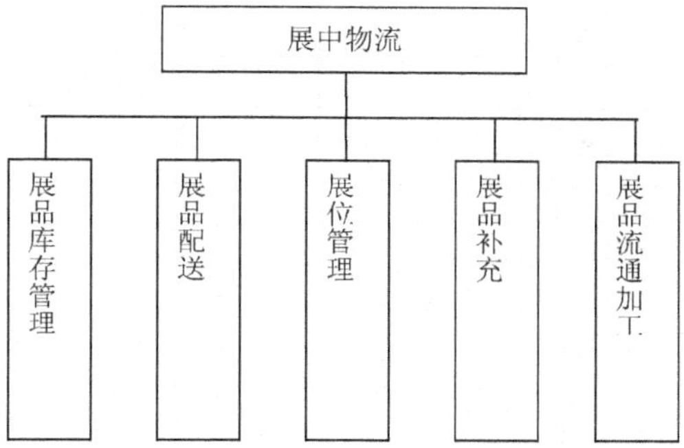

图 9-3　展中物流

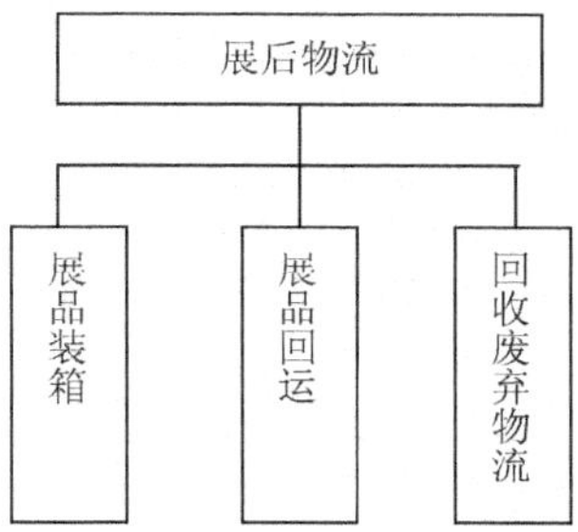

图 9-4　展后物流

(三)展览物流服务的流程

国际展览物流服务的流程包括海关检验、展品装箱、展品装卸、运输、储存等众多环节,国际展览物流还涉及海关的监管等环节,如图 9-5 所示。

1. 展品海关检验

如果是国际展览会,很多展品都是从国外运来,入境之前必须经过报关、商检等环节。根据海关要求,制作报关单证,在报关清单中列明展会名称、参展单位、展品的件数、单件货物的名称(中、英文)、商品编码、体积(尺寸)、毛重、净重、单价和总价。

2. 展品装箱

根据货物的特性设计装箱图(此项工作主要针对大型的展会)和特殊展品的

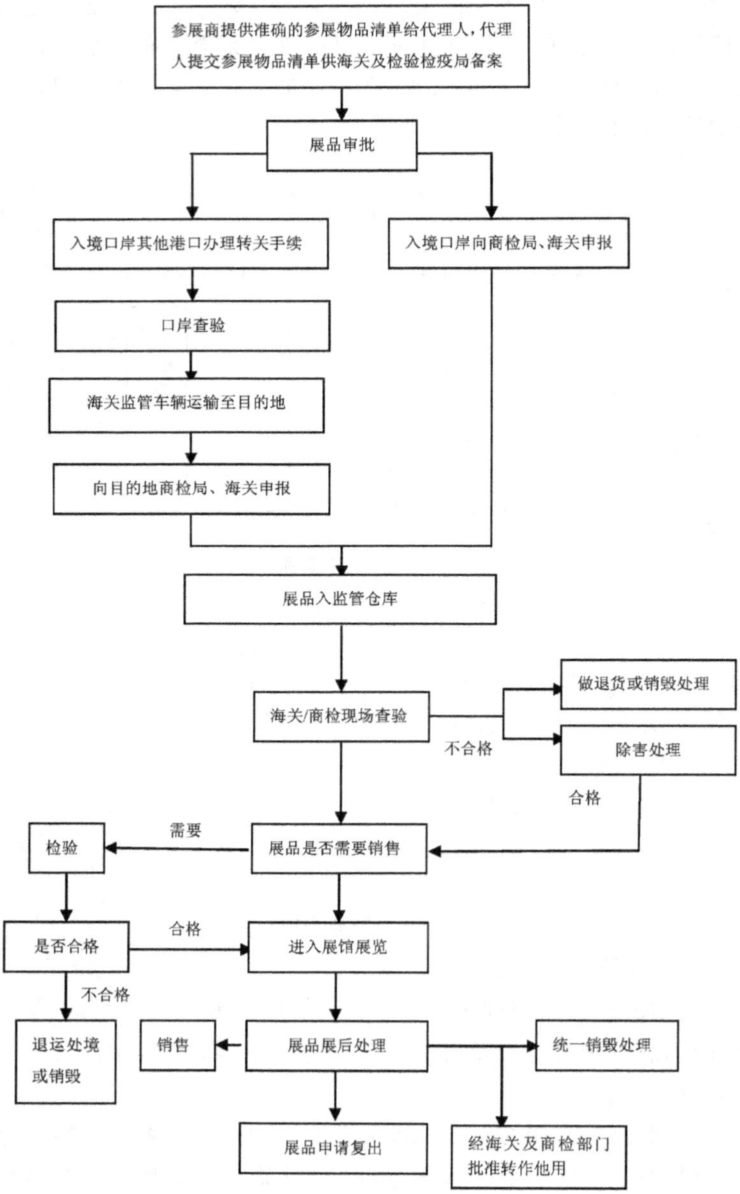

图 9-5　国际展览物流流程

包装和加固方案，方案中应考虑便于布展和节约空间等因素。如果自己没有包装和装箱能力，要及时寻找合作伙伴完成该项任务。

接货前了解货物情况、场地情况，提前准备好机械、人力、通行证等一系列准备工作。根据展品具体情况接货，做好交接手续；对包装箱不符合运输要求的，不能发运。张贴统一唛头，同时唛头内容要填写完整，在装箱前核对清单，检查是否单、货相符，进行展品装箱；如果是大型的展品，装箱时要进行认真地加固，保证每件展品在运输过程中的安全。

在展品装箱后，要进行刷唛的工作，不同展览所使用的唛头不同，内容应根据具体展览项目而定，组展公司会通知参展企业按要求填写。唛头的内容包括以下几点。

(1)展览名称(Exhibition)。

(2)参展企业名称(Exhibitors)。

(3)参展企业摊位号(编号)和箱号：摊位编号是展团自编号，只作为展品发运和制作单证之用，它与实际摊位号无关。根据组展公司安排给各参展单位的摊位号(或编号)，箱号写在公司摊位号(或编号)的后面。例如，某公司的摊位号(或编号)为9A，第一箱为9A-1，第二箱为9A-2……依次类推。此标记一般要求写在展品箱的左上角。

(4)体积(Measure)：长×宽×高(以米为单位)。

(5)毛重、净重(G. W. /N. W.)：以千克为单位。

3. 展品运输

展品运输必须保证时间上的准确，必须在展期开始前到达展馆。物流服务商将客户展品进行装箱包装，然后通过各种运输方式运送到参展场馆。如果是国际性的展览会，多式联运是必不可少的一环，各种不同形式的运输方式结合在一起，共同完成展品运输。

空运方式快捷安全，但是成本较高，适用于价值高、体积小、时间紧的展品。海运价格低廉，不过速度较慢，出现意外情况的可能性也相对较高。铁路运输的好处在于展馆一般都可以接收集装箱，运到指定的存放地，可以省去很多转运的麻烦。缺点在于费用比较高昂、周期比较长，对前期工作的准备造成很大的压力。公路运输，由于高速公路的日益发达，显示出越来越强劲的趋势，运输时间逐渐缩短，灵活性大大强于铁路货运，价格也较低；但公路货运对包装的要求要大大高于铁路。同城展览或者参展商到展馆的距离不是很远时，大多会选择公路运输。

由于许多展品具有特殊的规格和设计，因此普通的运输工具很难满足特异性的需求，因此，一定的专用设备是保证展品有效运达展览地的重要保障。

4. 展品装卸

展品装卸包括展前物流的卸货及展后物流的装载。在展览施工和拆除期，展品装卸需要由熟悉现场的有经验的搬运工使用合适的设备来完成。现场的搬运工作人员应为非常规的、大尺寸的物品的运输装卸准备好相应的特殊设备，并且避免展品外观上受损而影响展出效果。展品装卸必须高效、安全、环保。

5. 展品的储存

对于参展商而言，每次参展都会备有一定的展品作为库存，以作为展览过程中的展品损坏及其他方面原因需求的补充。因此，物流供应商必须提供一定的仓储空间，并进行展品及配件的库存管理。

6. 展品配送

展览结束时，展览中的样品通常会被预订一空，或者参展商会将样品就地卖出，因此展后物流将包括展品的配送。展览进行过程中，即时发生的展品缺货与补货申请同样需要有效的配送体系来及时完成。

7. 展览物流的信息服务

展览信息服务是展览物流的重要组成部分，贯穿于整个展览物流的全过程。物流服务商通过实时追踪技术实现展览货物实时跟踪与查询，通过自动化识别技术实现展品的现代化安装布置，通过路径规划技术实现展品的有效流转。

由于展品的特殊性和差别性较大，对于展览物流的方案和实施应该将上述七大模块有机地整合在一起，保证展览物流的准确完成。

对物流服务商而言，展览物流市场规模的日益庞大为其提供了难得的发展机遇。我国的物流服务商应充分把握展览物流的特点，培养展览物流能力，学会应用现代展览物流的模式和技术，为展览经济的发展作出贡献。

二、展品关税与政府对策

展品关税政策对于会展行业的国际化起着一定的制约作用。

1997 年海关总署颁布的《中华人民共和国海关对进口展览品监管办法》（以下简称《监管办法》），在“展品临时进口规定”条款中规定：“展览品自进境之日起6 个月内复运出境。如需延长复运出境期限，应报经主管海关批准，延长期限最长不超过 6 个月。举办为期半年以上的展览会，应由主办单位或其代理人事先报海关总署审核。”在“关税及增值税”条款中规定：“对于转为正式进口的展览品，按照有关规定交税。展览会期间出售的小卖品，应向海关缴纳进口关税和其他税费。符合规定的小件样品不交税。”

该《监管办法》中的规定与国际上比较具有代表性的国家——德国、巴西等国在展品临时进口、关税及增值税等方面的规定有明显的差别。特别是在时限方面，在这两个国家中，以巴西的办展期限最长（5 年），而德国的最短（3 个月）。较长的展品临时进口期限，有利于吸引境外企业参展，但同时也会带来海关管理上的混乱及偷漏税现象；而期限较短，对展会自身要求就会很高，也只有像德国这样的展览王国，才有可能以高品质的品牌展会吸引参展单位和目标观众。事实上，即便这样，德国还是以低进口担保金额作为其竞争优势，弥补其期限的不足。

(一)展品进出口通关

1.出国参展展品的出国申请

随着对外经济交往的逐步扩大，国外形形色色的展览会吸引了众多欲打出国门将产品和技术销售到海外的企业。作为国际商贸活动的一种重要形式，国内企业参加国外举办的展览无疑有如下好处。

(1)扩大商务接触面，开阔视野，启发思路。

(2)货比三家，寻求最佳的供货厂商与合作对象。

(3)直接面对客户，便于寻求客户和商贸机会，开拓国际市场。

(4)可直接订货，免去寻求海外客户与市场的中间环节，花费少，时效性高。

由于出国参展涉及展品出口、兑换外汇等问题，一般来说，企业要出国参加展览会，必须由经国家批准的有出展权的主办单位来组织。目前，全国有两百多家这样的主办单位，包括贸促会系统(地方分会与行业分会)、各地经贸委、大型外贸工贸总公司、大型商会等。一般企业可通过这些主办单位的全年组展计划，了解可出国参加的展览会概况，并要向这些单位交纳一定的费用。

企业出国参展前一定要做好准备工作，制订参展准备工作日程表，内容主要如下。

(1)参展企业填写参展申请表；

(2)参展企业付参展定金；

(3)送交参展企业资料(展前三个月)；

(4)了解展团出访路线(展前两个半月)；

(5)办理护照等出访手续(展前两个月)；

(6)展品报关单证和展品集中发运(展前两个月)；

(7)参展企业确认摊位位置和装修方案(展前一个半月左右)；

(8)参展费余额汇入组展公司(展前一个半月)；

(9)集中护照，统一申请签证(展前一个月)；

(10)展前会议(展团出发前一天或当天)；

(11)展团出发(展前三天)。

2.出国展品的通关

(1)展览品复运出口通关流程

展览品复运出口海关申报—海关查验、施封—展览品放行、核销。

展览品复运出口申报，提交出口货物报关单、复运出口展品清单及相关单证；海关接单审核；展览品查验、施封；展览品放行、核销。展览品复运出口通关流程如图 9-6 所示。

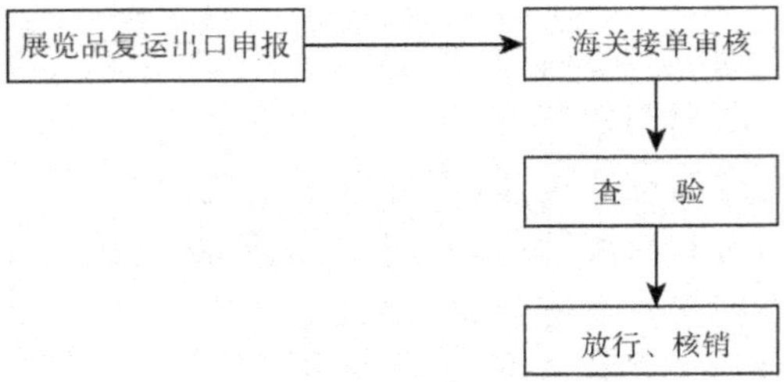

图 9-6　展览品复运出口流程

(2)出国展览品进出境报关

第一，申报。

为举办出国展览(销)会而筹集的展品出口时，组织出国展览(销)的单位需持下列单证向出境地海关申报。

1)归口审批部门的批件。

2)展品清单一式两份。

3)如由外贸、工贸公司主办又属实行许可证管理的商品，须提交出口货物许可证；非外贸单位主办的，不论是否属实行许可证管理的商品，一律须提交货物许可证。

4)出口货物报关单一式三份。

5)运输单据。

展品从境外复运入境时，组织出国展览(销)的单位持下列单证向入境地海关申报。

1)展品清单一式两份，注明原出境日期、地点、运输工具名称、展出国家或地区以及在国外展出期间对展品的出售、赠送、放弃、消耗或留给驻外机构使用等；

2)运输单据；

3)《进口货物报关单》一式三份。

第二，海关查验放行。

上述出口展品和复运回国展品清单，经出入境地海关检查后予以验放。其中需要将复运回国的展品运至其所在地海关办理手续的，由入境地海关核准，将清单注明后，一份寄给组织出国展览单位所在地的海关，以便办理核销工作；也可按照“海关监管货物”办理转关运输手续。

(3)特别说明

1)展品如明确为在国外销售的,又属于应征出口税的,由海关征税放行。如未明确,而在国外发生销售,则在其余展品复运回国时,予以补征。

2)组织出国展览(销)的单位,进口在国外展出期间购买、接受的物品、样品及其他资料,则须按海关规定,另行包装并开列清单,向入境地海关申报进口。对购买的物品,除供工作人员在国外集体使用的食宿用具外,还须交验国家外经贸部的批准文件,由海关征税或者免税后验放。

3. 进口展品报关、检疫

(1)展览品进口通关流程

展览品进口通关流程如下:主办单位或其代理人向海关提交转关运输申报单、进口货物报关单、展览品清单及相关单证办理展览品进口申报手续;海关接单审核;海关查验、批注监管情况;海关放行。

展览品进口通关流程如图 9-7 所示。

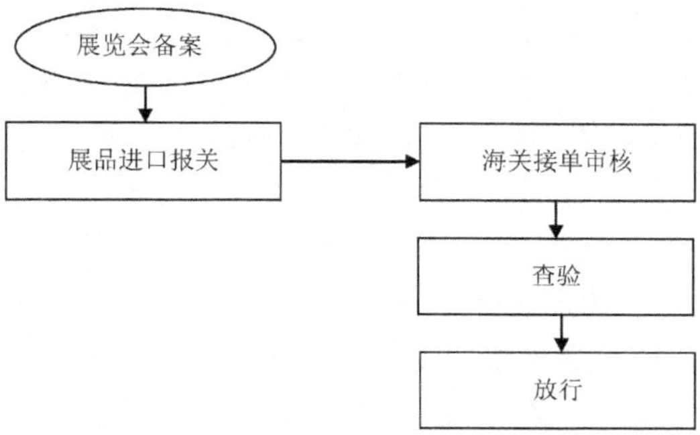

图 9-7　展览品进口通关流程

(2)海关报关手续

海关对进出口货物的通关手续,包括接受申报、审核单证、查验货物、征税、结关放行五道手续。

1)出口申报及审核单证。出口货物的发货人或其代理人应在装货的 24 小时之前向运输工具所在地或出境地海关申报。报关时应向海关提交下列单证:

出口货物报关单;

许可证;

装货单或运单;

发票;

装箱单;

出口收汇核销单；

海关认为必要时应交验的贸易合同、产地证和其他有关证明。

2)查验货物和结关放行。海关以出口报关单为依据，在海关监管区域内对出口货物进行查验。报关单位应派员在现场负责开箱装箱，协助海关完成查验工作。经查验合格，在报关单位照章办理纳税手续后，海关在装货单或运单上加盖关印，即为结关放行。

3)展品检验。展品检验包括包装检验、品质检验、卫生检验及安全性能检验等项目。

①包装检验。包装检验是根据外贸合同、标准和其他有关规定，对进出口商品的外包装和内包装及包装标志进行检验。

②品质检验，又称质量检验。品质检验是指运用各种检验手段，包括感官检验、化学检验、仪器分析、物理测试、微生物学检验等，对进出口商品的品质、规格、等级等进行检验，确定其是否符合外贸合同(包括成交样品)、标准等规定。品质检验的范围很广，大体上包括外观质量检验与内在质量检验两个方面。外观质量检验，主要是对商品的外形、结构、花样、色泽、气味、触感、疵点、表面加工质量、表面缺陷等的检验；内在质量检验，一般指对有效成分的种类含量、有害物质的限量、展品的化学成分、物理性能、机械性能、工艺质量、使用效果等的检验。同一种商品，根据不同的外形、尺寸(大小)、造型、式样、定量、密度、包装类型等有各种不同的规格。

③卫生检验。卫生检验主要是对进出口食品检验其是否符合人类食用卫生条件，以保障人民健康和维护国家信誉。根据《中华人民共和国食品卫生法(试行)》规定："进口的食品、食品添加剂、食品容器、包装材料和食品用工具及设备，必须符合国家卫生标准和卫生管理办法的规定。进口上款所列产品，由国境食品卫生监督检验机构进行卫生监督检验。""进口单位在申报检验时，应当提供输出国(地区)所使用的农药、添加剂、熏蒸剂等有关资料和检验报告。海关凭国家卫生监督检验机构的证书放行。"又规定："出口食品由国家进出口商品检验部门进行卫生监督、检验。海关凭国家进出口商品检验部门的证书放行。"

④安全性能检验。安全性能检验是根据国家规定和外贸合同、标准及进口国的法令要求，对进出口商品有关安全性能方面的项目进行的检验，如易燃、易爆、易触电、易受毒害、易受伤害等，以保证生产使用和生命财产的安全。目前，除进出口船舶及主要船用设备材料和锅炉及压力容器的安全监督检验，根据国家规定分别由船舶检验机构和劳动部门的锅炉、压力容器安全监察机构负责监督检查外，其他进出口商品涉及安全性能方面的项目，由商检机构根据外贸合同规定的国内外的有关规定和要求进行检验，以维护人身安全和确保经济财产免

遭侵害。

三、租船与订舱

（一）租船订舱等业务

国际贸易的运输方式多种多样，传统的运输方式主要有海洋运输、铁路运输、航空运输等单一形式。随着科学技术的发展，运输方式也不断革新，以集装箱运输和国际多式联运为代表的联合运输方式的产生，极大地提高了运输效率，促进了国际贸易的发展。

1. 海洋运输

海洋运输简称海运。海运相对于其他运输方式来说，具有如下优点。

(1)运输量大。巨型货轮一次就可运送几万、十几万甚至几十万吨的货物。

(2)通过能力大。海上航道宽阔，不像陆路运输和铁路运输要受公路或轨道的严格制约。

(3)运费低廉。由于运量大和不需投资修建航道，故海运成本较为低廉。

海运的这些优点，使得它成为展品出国的首选运输方式。

当然，世界上没有尽善尽美的事物。海洋运输也有它的不足之处，主要表现在运输速度慢(货轮一般每小时仅能航行 20 海里左右)，容易受风暴等自然条件的影响，致使航行中风险较大。海运的这些不尽人意之处，决定了会展档期紧的展品和不能长距离运输的展品不宜选用这种运输方式。

海运可以从不同的角度来分类，从与国际贸易直接联系的经营方式来划分，可以分为班轮运输和租船运输两种基本形式。

(1)班轮运输

班轮(Liner)，也称定期船。班轮运输是指由轮船公司经营的、按照预定的航行时间表、沿固定的航线和港口停泊载货的轮船。班轮运输具有四个特点：一是有固定的船期、航线和停靠港口；二是承运人和托运人之间不需要订立租船合同，双方的权利、义务及责任等均以提单条款为依据；三是按固定费率收取运费，班轮公司负责装卸费和理货费；四是委托班轮运输的货物量可多可少，承运人负责理仓、配载和装卸货物。班轮运输的这四个特点，表明它在海洋运输中具有较大的灵活性和适应性，特别适合于运输那些数量少、批次多、交货港口分散的参展展品。

(2)租船运输

租船(Charter)，也称不定期船。租船运输是指货主或其代理人向船主租用整条船运输货物。与班轮运输相比较，租船运输也具有四个特点：①没有固定的航期、航线和装卸港口；②租船人和承运人之间要订立租船合同，双方的权利与义务以租船合同为依据；③运价不固定，受国际航运市场船舶供求状况调节，运输费用较之班轮要低，装卸费用可由船方负担，也可由租船人负担，还可由两者分担；④所运货物量大，因是整船租赁，由运量少所形成的空舱损失要由租船人自己承担。

租船运输的特点决定了它特别适合于运送那些批量大、价值低、交货期集中的散装展销货物，如粮食、竹、木、矿石、煤炭、水泥、化肥等。租船运输按其租用方式的不同，又可分为定程租船和定期租船两种。

1)定程租船(Voyage Charter or Trip Charter)，简称程租船或航次租船，是指按航程租船，可租赁单程、双程或连续单程、连续来回程等。采用这种租船方式时船舶由船方负责经营管理。

2)定期租船(Time Charter)，简称期租船，是指按时间租船。租期可短可长，在租赁期间，船舶交租船人经营管理，但船方要负责船舶的维修。

2. 租船业务

租船是通过租船市场(Chartering Market)进行的。在租船市场上，船舶所有人是船舶的供给方，而承租人则是船舶的需求方。在当今通信技术十分发达的时代，双方当事人从事的租船业务，绝大多数是通过电话、电传、电报或传真等现代通信手段洽谈的。

(1)租船经纪人

在国际租船市场上，租船交易通常都不是由船舶所有人和承租人亲自到场直接洽谈，而是通过租船经纪人代为办理并签约的。租船经纪人非常熟悉租船市场行情，精通租船业务，并且有丰富的租船知识和经验，在整个租期交易过程中起着桥梁和中间人的作用，对顺利成交起着十分重要的作用。

(2)租船询价

询价又称询盘，通常是指承租人根据自己对货物运输的需要或对船舶的特殊要求通过租船经纪人在租船市场上要求租用船舶。询价主要以电报或电传等书面形式提出。承租人所期望条件的内容一般应包括：需要承运的货物种类、数量、装货港和卸货港、装运期限、租船方式或期限、期望的运价(租金)水平以及所需用船舶的详细说明等内容。询价也可以由船舶所有人为承揽货载而首先通过租船经纪人向租船市场发出。由船舶所有人发出的询价内容应包括出租船舶的船名、国籍、船型、船舶的散装和包装容积、可供租用的时间、希望承揽的货物种类等。

(3)租船报价

租船报价又称发盘，当船舶所有人从船舶经纪人那里得到承租人的询价后，经过成本估算或者比较其他询价条件，通过租船经纪人向承租人提出自己所能提供的船舶情况和运费率或租金率。

报价的主要内容，除对询价的内容作出答复和提出要求外，最主要的是关于租金（运价）的水平和选定的租船合同范本及对范本条款的修改、补充条款。报价有“硬性报价”和“条件报价”之分。“硬性报价”是报价条件不可改变的报价，询价人必须在有限期内对报价人的报价作出接受订租的答复，超过有效期，这一报价即告失效。与此相反，“条件报价”是可以改变报价条件的报价。

（4）租船还价

租船还价又称还盘。在条件报价的情况下，承租人与船舶所有人之间对报价中不能接受的条件提出修改或增删的内容，或提出自己的条件称为还价。还价意味着询价人对报价人报价的拒绝和新报价的开始。因此，船东对租船人的还价可能全部接受，也可能接受部分还价，对不同意的部分提出再还价或新报价。这种对还价条件作出答复或再次作出新的报价称为反还价（Recounter Offer），或称反还盘。

（5）租船报实盘

在一笔租船交易中，经过多次还价与反还价，如果双方对租船合同条款的意见一致了，一方可以用报实盘的方式要求对方作出是否成交的决定。报实盘时，要列举租船合同中的必要条款，将双方已经同意的条款和尚未最后确定的条件在实盘中加以确定。同时还要在实盘中规定有效期限，要求对方答复是否接受实盘，并在规定的有效期限内作出答复。若在有效期限内未作出答复，所报实盘即告失效。同样，在有效期内，报实盘的一方对报出的实盘是不能撤销或修改的，也不能同时向其他第三方报实盘（firm offer）。

（6）接受订租

接受订租（Acceptance）又称受盘。指一方当事人对实盘所列条件在有效期内明确表示承诺。至此，租船合同即告成立。原则上，接受订租是租船程序的最后阶段。接受订租后，一项租船洽商即告结束。

（7）订租确认书

接受订租是租船程序的最后阶段，一项租船业务即告成交。通常的做法是，当事人之间还要签署一份“订租确认书”（Fixture Note）。“订租确认书”无统一格式，但其内容应详细列出船舶所有人和承租人在洽租过程中双方承诺的主要条款。

3. 租船订舱流程

进出口公司委托外运公司办理托运手续，填写托运单（Shipping Note），亦称“订舱委托书”，递送外运公司作为订舱依据。

外运公司收到托运单后，审核托运单，确定装运船舶后，将托运单的配舱回单退回，并将全套装货单（Shipping Order）交给进出口公司填写，然后由外运公司代表进出口公司作为托运人向外轮代理公司办理货物托运手续。

货物经海关查验放行后，即由船长或大副签收“收货单”(又称“大副收据”，Mate Receipt)。收货单的船公司签发给托运人表明货物已装妥的临时收据。托运人凭收货单向外轮代理公司交付运费并换取正式提单。

拼箱订舱业务具体流程如图 9-8 所示。

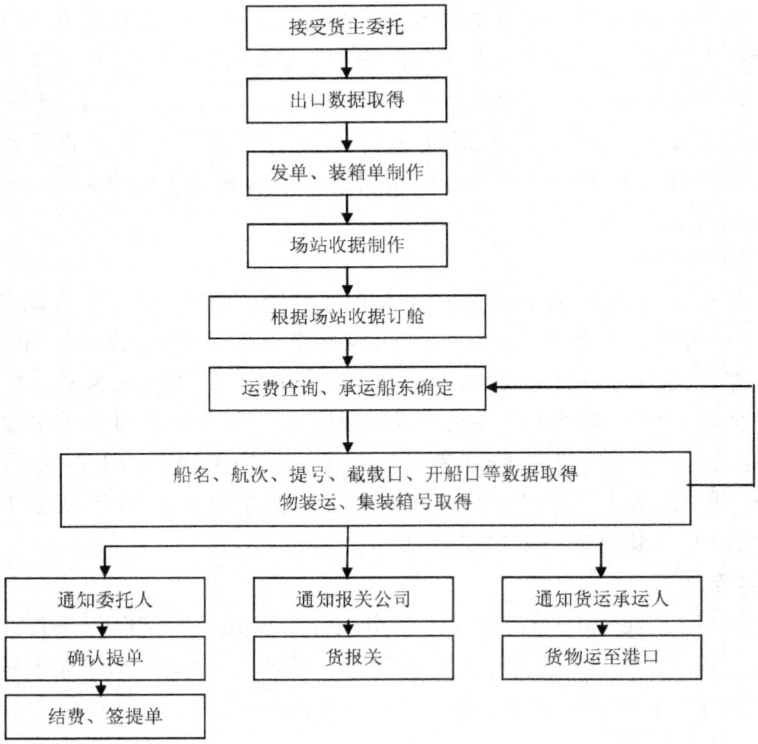

图 9-8　拼箱订舱业务具体流程

四、展品出口单据

通过海运运输展品，从办理展品托运手续、装船，直到卸货和交货的整个运输过程中，需要编制各种货运单证。这些单证主要起着会展物流服务商与船方之间货物交接的证明作用，同时也是划分货、船、港三方责任的依据。

(一)托运单

托运单又称订舱委托书，由托运人根据贸易合同条款及信用证条款的内容填制，并凭此单向承运人或其代理人办理货物托运。其内容包括托运人、起运港、目的港、货名、标记及号码、件数、重量、体积、装船日期、运费支付方式、结汇日期、能否转船及分批装运等项目，为承运人配载提供参考，如有特殊条款，也需列出。

由于托运单内容与装货单、收货单的内容大致相同。因此，我国港口各有关单位为了提高工作效率、减少重复劳动，将数单合并成联单，一次打印制成，再添上不同的项目即可。

（二）装货单

装货单是接受了托运人提出装运申请的船运公司签发给托运人的并凭以命令船长将承运的货物装船的单据。按国际航运惯例，装货单一般是一式三联：第一联留底，为船方缮制装货清单之用（即可用作装船依据）；第二联托运人凭以向海关办理出口货物申请手续时作为报关单，是货主凭以向海关办理出口货物申报手续的主要单据之一，所以装货单又称“关单”；第三联即为收货单，对托运人而言，装货单是办妥货物托运的证明。对船运公司或其代理而言，装货单是通知船方接受装运该批货物的指示文件。

（三）收货单

收货单又称“大副收据”，是船舶收到货物的收据及货物已经装船的凭证。船上大副根据理货人员在理货单上所签注的日期、件数及舱位，并与装货单进行核对后，签署大副收据。托运人凭大副签署过的大副收据，向承运人或其代理人换取已装船提单。

（四）海运提单

提单是一种货物所有权凭证。提单持有人可据以提取货物，也可凭此向银行押汇，还可在载货船舶到达目的港交货之前进行转让。

由于上述四份单据的主要项目基本一致，我国一些主要口岸的做法是将托运单、装货单、收货单、运费通知单等合在一起，制成一份多达九联的单据。各联作用如下：第一联由订舱人留底，用于缮制船务单证；第二、三联为运费通知联，其中一联留存，另一联随账单向托运人托收运费；第四联装货单经海关加盖放行章后，船方才能收货装船；第五联收货单及第六联由配舱人留底；第七、八联为配舱回单；第九联足缴纳出口货物港务费申请书。货物装船完毕后，港区凭以向托运人收取港杂费。

（五）装货清单

装货清单是承运人根据装货单留底，将全船待装货物按目的港和货物性质归类，依航次、靠港顺序排列编制的装货单汇总清单，其内容包括装货单编号、货名、件数、包装形式、毛重、估计尺码及特种货物对装运的要求或注意事项的说明等。装货清单是船上大副编制配载计划的主要依据，又是供现场理货人员进行理货、港方安排驳运、进出库场以及承运人掌握情况的业务单据。

(六)舱单

舱单是按照货港逐票罗列全船载运货物的汇总清单。它是在货物装船完毕之后,由船公司根据收货单或提单编制的。其主要内容包括货物详细情况、装卸港、提单号、船名、托运人和收货人姓名、标记号码等,此单作为船舶运载所列货物的证明。

(七)货物积载图

货物积载图是按货物实际装舱情况编制的舱图。它是船方进行货物运输、保管和卸货工作的参考资料,也是卸港据以理货、安排泊位、货物进舱的文件。

(八)提货单(Delivery Order)

提货单是收货人凭正本提单或副本提单随同有效的担保向承运人或其代理人换取的、可向港口装卸部门提取货物的凭证。

五、保险

出国参展,对于参展企业而言展品物流风险是不可回避的,风险是在一定条件下、一定时期内预期结果与实际结果的偏差。展品物流保险可以帮助参展企业将风险降低到最小程度。

(一)展品物流风险分类

根据物流基本功能,可以将展品物流风险分成展品运输和搬运活动风险、展品配送活动风险、其他服务活动的风险。按照责任性质,可以将展品物流风险分为合同风险、侵权风险和不可抗力风险。

(二)展品物流风险控制方法

风险控制法,是指通过采取多种措施以减少损失的频率、减轻损失程度的一种风险管理的对策。风险控制法主要包括风险避免、损失控制、风险集合及风险转移四种。

1. 风险避免

风险避免是指对某种可能发生的危险直接设法避免,这是风险管理最简单易行而又最经济安全的方法。当某种风险所能引起的损失大于承担该风险可能获得的收益时,可采取风险避免的方法。

2. 损失控制

损失控制是指对损失进行事先预防的事后控制,减少损失发生的可能,减轻损失的程度。在此损失控制的实施过程中因目的不同,损失控制可分为损失预防和损失控制。

3. 风险集合

风险集合是指具有同类风险的单位加以集合,共同承担该风险,使每一单位承担风险的能力提高。

4. 风险转移

风险转移是指将可能发生的损失转移给其他人承受，风险本身并未发生变化，具体可以通过出售、分包及协议等方式转移，但不包括保险。

(三)国际物流保险

"天有不测风云，人有旦夕祸福"。自然灾害和意外事故是人类生活中有可能发生、也有可能不发生的或然风险。保险就是转移风险、补偿损失的最佳手段。《中华人民共和国保险法》(以下简称《保险法》)第 2 条明确了保险的定义："本法所称保险，是指投保人根据合同约定，向保险人支付保险费，保险人对于合同约定的可能发生的事故因其发生所造成的财产损失承担赔偿保险金责任，或者当被保险人死亡、伤残、疾病或者达到合同约定的年龄、期限时承担给付保险金责任的商业保险行为。"物流保险是指对物流活动过程中各主要环节运作风险的保障和理赔。国际物流保险以国际货物运输保险、国际货物仓储保险等为基础，以现代物流的产生和发展为背景产生的新保险业务。对于参展商和会展物流服务商而言，国际物流保险提供了综合的物流风险保障。与国内物流保险相比，国际物流保险的复杂性大大提高。

1. 保险的基本原则

(1)保险利益原则

所谓保险利益是指投保人或被保险人对其所保标的具有法律所承认的权益或利害关系，即在保险事故发生时，可能遭受的损失或失去的利益。《中华人民共和国保险法》第十二条规定："保险利益是指投保人对保险标的具有法律上承认的利益。"

(2)最大诚信原则

诚实信用原则是民法原则之一。《说文解字》记载："诚，信也，从言成声"；"实，信也，从人从言。"所谓诚实，就是任何一方当事人对另一方当事人都不得隐瞒、欺骗；所谓信用，就是任何一方当事人都必须善意地、全面地履行自己的义务。最大诚信原则要求投保人履行缔约告之义务和保证义务；要求保险人履行缔约说明义务、弃权和禁止反言义务。

(3)补偿原则

补偿原则是指保险标的发生了保险责任范围内的损失时，保险人按照保险标的的实际损失对保险人进行损失补偿。通过保险补偿使被保险人恢复到保险事故发生之前的状况，被保险人不因保险事故而获得额外的利益。

(4)近因原则

近因是指造成承保损失起决定性、有效性的原因。近因不一定是指时间上或空间上最接近损失的原因。近因也解释为主要原因、直接原因、决定性原因、有效的和居支配地位的原因等。近因在保险实务中被广泛应用，具体的认定方法有最近时间论、最后条件论及直接作用论三种。

2. 海运货物保险的范围

(1)海上风险和损失

所谓海上风险，也称海难，是指船舶、货物在海上运输过程中所发生的固有风险。然而，国际货物运输保险业务中的海上风险并不包括发生在海上的一切风险，同时又不局限于在航海中所发生的风险。从风险的性质上分，保险人所承保的海上风险主要有自然灾害和意外事故两种。

第一，自然灾害是指不以人们意志为转移的自然力量所引起的灾害，主要包括恶劣气候、雷电、海啸、地震、火山爆发、浪击落海等。

第二，意外事故是指偶然的非意料中的事故，主要包括搁浅、触礁、沉没、倾覆、碰撞、火灾、爆炸、陆上运输工具倾覆或出轨、抛货、吊索损害，海盗、船长或船员的不法行为等。搁浅是由于异常的原因造成船舶与水底发生接触并处于滞留的状态，但如果是由于规律性的涨潮落潮而使船舶处于滞留状态则不属于搁浅；碰撞多指船舶与船舶的碰撞，但有的保险条款包括船舶与水以外的任何物体的碰撞；船长或船员的不法行为是指在船主不知晓的情况下，破坏船舶或货物，我国保险条款的意外事故不包括海盗。

(2)外来风险和损失

外来风险和损失指除海上风险以外的其他风险所造成的损失。这类损失，不按损失的程度区分成全损和部分损失，而是按造成损失的原因分类，以作为保险公司承保的依据，分成一般外来风险所造成的损失和特殊外来风险所造成的损失。详细内容见中国保险条款的附加险分类。

3. 展品出国保险的基本做法

参展企业或会展物流服务商对出国参展的展品投保的具体做法是：根据参展合同的规定，在备妥货物后和确定装船出运时，按规定格式填制投保单，具体载明被保险人名称、保险货物项目、数量、包装及标志、保险金额、保险起讫地点、运输工具、起运日期和投保险别等项内容，向当地中国人民保险公司投保。然后由保险公司凭以出立保险单(或其他保险凭证)，以作为其接受保险的正式凭证。该凭证是被保险人索赔和保险公司理赔的主要依据。

在保险人出立保险单后，投保人如果需要更改险别、运输工具、航程、保险期限的扩展和保险金额等，应向保险公司或其授权的代理人提出批改申请。保险公司或其授权的代理人如接受这项申请，应立即出立批单，作为保险单的组成部分。此后，保险公司即按批改的内容负责。

保险公司承保时，通常是根据货物的性质按保险金额的一定比例收取相应的保险费。对于运输过程中容易损坏或丢失的货物，收取保险费就较高；反之，则较低。因此，各进出口公司应按不同货物的保险费率来核算并对外报价。

中国人民保险公司承保的出口货物，在到达国外目的地后，发现在承保范围内有损失时，可由国外收货人凭保险单等有关凭证，直接向中国人民保险公司或其代理人索赔。

第三节 仓储运输合同缮制

仓储活动是为他人货物的储存、流通、运输提供储藏和保管的一种商业经营活动。所以，仓储经营者与货物的存货人之间是通过仓储合同来确立双方之间权利和义务的关系。

一、仓储合同的概念和法律特征

（一）仓储合同的概念

仓储合同又称仓储保管合同，是指保管人储存存货人交付的仓储物、存货人支付仓储费的合同。仓储合同当事人一方称为存货方，是仓储服务的需求者；另一方称为保管方（也称仓库营业人），是仓储服务的提供者；仓储物是存货人交由保管人进行储存的物品；仓储费是保管人向存货人提供仓储服务取得的报酬。

（二）仓储合同的法律特征

仓储合同是一种特殊的保管合同，它具有保管合同的基本特征，同时仓储合同又具有自己的特殊特征。

1.仓储合同是以仓储保管为标的的合同

仓储合同是一种提供劳务的合同，其标的属于劳务。这种劳务的内容即是双方约定的货物保管。保管是对物品进行保存、对物品的数量、质量进行管理控制的活动。因此，保管既是静态意义上的货物存储，是对货物进行动态的质量管理，避免货物的毁损。

2.仓储品必须是动产

仓储保管人是以自己的仓库为存货人的货物保管服务，因此，不动产不能作为仓储合同的保管对象。这也是仓储合同区别于保管合同的显著特征。

3.保管人是从事仓储保管业务的人

从事仓储保管业务的经营者应该具备相应的资格，具备一定的仓储设备和管理能力。

4.仓储合同中货物的交付与归还以仓单作为凭证

仓单记载的事项，直接体现当事人的权利义务，是仓储合同存在以及合同内容的证明。

5.仓储合同是诺成合同

为约束仓储合同双方的行为，更好地维护双方利益，法律规定仓储合同自双方达成合意时起就成立，而不需要以存储货物的实际交付。因此，《合同法》第三百八十二条规定：“仓储合同自成立时生效。这是仓储合同区别于保管合同的又一显著特征。”

6.仓储合同为双方有偿合同

由于仓储业是一种商业营业活动，因此，仓储合同的双方当事人互负给付义务，保管人提供仓储服务，存货人给付报酬和其他费用。这与一般的保管合同不同，因为保管合同既可有偿、也可无偿。

7.仓储合同一般是格式合同

经营公共仓库的保管人为了与多数相对人订立仓储合同，通常事先拟订并印制大部分单证，如存货单、入库单、仓单等。在实际订立仓储合同时，再由双方把通过协商议定的内容填进去从而形成仓储合同，而不另行签订独立的仓储合同。

二、仓储合同的内容

仓储合同的订立，须经过要约和承诺两个阶段。仓储合同的要约既可以由保管人根据自己的仓储能力来发出，也可以由存货人根据自己的委托存储计划发出要约，经双方协商，对方当事人承诺后，仓储合同即告成立。仓储合同的内容是明确保管人和存货人双方权利与义务关系的根据，通常体现在合同的条款上。

（一）合同主要条款

一般来说，仓储合同应当包含以下主要条款。

1.仓储货物的品名、品种、规格。

2.仓储货物的数量、质量、包装、件数和标记。在仓储合同中，应明确规定仓储物的计量单位、数量和仓储物的质量，以保证顺利履行合同。同时，双方还要对货物的包装、件数以及包装上的货物标记作出约定，对货物进行包装。包装方式与货物的性质、仓库中原有货物的性质、仓库的保管条件等有着密切关系。

3.货物验收的项目、标准、方法、期限和相关材料。对仓储物的验收，主要是指保管人按照约定对入库仓储物进行验收，以确定仓储物入库时的状态。仓储物验收的具体项目、标准、方法、期限等应由当事人根据具体情况在仓储合同中事先作出约定。保管人为顺利验收而需要存货人提供货物相关材料的，仓储合同还应就材料的种类、份数等作出约定。

4.仓储货物的储存期间、保管条件和保管要求。储存期间即仓储物在仓库的存放期间。期间届满，存货人或者仓单持有人应当及时提取货物。保管要求和保管条件是针对仓储物的特性，为保持其完好所要求的具体条件、因素和标准。为便于双方权利义务和责任的划分，应对储存期间、保管要求和保管条件作出明确具体的约定。

5. 仓储货物进出库手续、时间、地点、运输方式。仓储货物的入库，即意味着保管人保管义务的开始；而仓储货物的出库，则意味着保管人保管义务的终止。所以仓储货物进出库的时间、地点是划清双方责任的关键。仓储货物的进出库有多种不同的方式，它会影响双方的权利义务关系，也会影响双方的责任划分。因此，双方当事人也应对仓储物进出库的方式、手续等作出明确约定，以便分清责任。

6. 仓储货物损耗标准和损耗的处理。仓储货物由于自然原因（如干燥、风化、挥发、粘接等）、货物本身的性质、度量衡的误差等原因，不可避免地要发生一定数量的减少、破损或计量误差。对此，当事人应当约定一个损耗的标准，并约定损耗发生时的处理方法。如当事人对损耗标准没有约定的，应当参照国家有关主管部门规定的相应标准。

7. 计费项目、标准和结算方式。

8. 责任划分和违约处理。对当事人违反合同约定义务时应如何承担违约责任及承担违约责任的方式等进行的约定。违约责任的承担方式包括继续履行、支付违约金、赔偿损失等。

此外，双方当事人还可就变更和解除合同的条件、期限以及争议的解决方式等作出约定。

（二）仓储合同一般格式

仓储合同一般格式范文如下。

仓储合同

存货方：　　住所：

保管方：　　住所：

签订地点：

签订时间：____年____月____日

根据《中华人民共和国合同法》有关规定，存货方和保管方根据委托储存计划和仓储容量，经双方协商一致，签订本合同。

第一条　储存货物的品名、品种、规格、数量、质量、包装。

(1)货物品名。

(2)品种规格。

(3)数量。

(4)质量。

(5)货物包装。

第二条 货物验收的内容、标准、方法、时间资料。

第三条 货物保管条件和保管要求。

第四条 货物入库、出库手续,时间、地点、运输方式。

第五条 货物的损耗标准和损耗处理。

第六条 计费项目、标准和结算方式。

第七条 违约责任。

1.保管方的责任

(1)在货物保管期间,未按合同规定的储存条件和保管要求保管货物,造成货物灭失、短少、变质、污染、损坏的,应承担赔偿责任。

(2)对于危险物品和易腐物品等未按国家和合同规定的要求操作、储存,造成毁损的,应承担赔偿责任。

(3)由于保管方的责任,造成退仓不能入库时,应按合同规定赔偿存货方运费和支付违约金××元。

(4)由保管方负责发运的货物,不能按期发货,应赔偿存货方逾期交货的损失;错发到货地点,除按合同规定无偿运到规定的到货地点外,并赔偿存货方因此而造成的实际损失。

(5)其他约定责任。

2.存货方的责任

(1)由于存货方的责任造成退仓不能入库时,存货方应偿付相当于相应保管费××%的违约金。超过议定储存量储存的,存货方除交纳保管费外,还应向保管方偿付违约金××元,或按双方协议办理。

(2)易燃、易爆、易渗漏、有毒等危险货物以及易腐、超限等特殊货物,必须在合同中注明,并向保管方提供必要的保管运输技术资料,否则造成的货物毁损、仓库毁损或人身伤亡,由存货方承担赔偿责任甚至刑事责任。

(3)货物临近失效期或有异状的,在保管方通知后不及时处理,造成的损失由存货方承担。

(4)未按国家或合同规定的标准和要求对储存货物进行必要的包装,造成货物损坏、变质的,由存货方负责。

(5)存货方已通知出库或合同期已到,由于存货方(含用户)的原因致使货物不能如期出库,存货方除按合同的交付保管费外,并应偿付违约金×××元。由于出库凭证或调拨凭证上的差错所造成的损失,由存货方负责。

(6)按合同规定由保管方代运的货物，存货方未按合同规定及时提供包装材料或未按规定期限变更货物的运输方式、到站、接货人，应承担延期的责任和增加的有关费用。

(7)其他约定责任。

第八条　保管期限

从××××年××月××日至××××年××月××日止。

第九条　变更和解除合同的期限

由于不可抗力事故，致使直接影响合同的履行或者不能按约定的条件履行时，遇有不可抗力事故的一方，应立即将事故情况电报通知对方，并应在××天内，提供事故详情及合同不能履行，或者部分不能履行，或者需要延期履行的理由的有效证明文件，此项证明文件应由事故发生地区的××机构出具。按照事故对履行合同影响的程序，由双方协商解决是否解除合同，或者部分免除履行合同的责任，或者延期履行合同。

第十条　解决合同纠纷的方式。执行本合同发生争议，由当事人双方协商解决。协商不成，双方同意由仲裁委员会仲裁(当事人双方不在本合同中约定仲裁机构，事后又没有达成书面仲裁协议的，可向法院起诉)。

第十一条　货物商检、验收、包装、保险、运输等其他约定事项。

第十二条　本合同未尽事宜，一律按《中华人民共和国合同法》和《仓储保管合同实施细则》执行。

存货方：	保管方：
地址：	地址：
法定代表人：	法定代表人：
委托代理人：	委托代理人：
电话：	电话：
传真：	传真：
开户银行：	开户银行：
账号：	账号：
邮政编码：	邮政编码：

有效期限：××××年××月××日至××××年××月××日

(三)租赁合同

1. 租赁合同的概念

租赁合同是出租人将租赁物交付承租人使用、收益、承租人支付租金的合同。租赁合同的标的是物的使用、收益，而不是所有权，这一点与买卖合同不同。租赁是要付租金的，是有偿合同，这一点又使其与借用不同。

《合同法》对租赁合同的内容、限期和形式作了规定。租赁合同的内容包括租赁物的名称、数量、用途、租赁期限、租金及支付期限和方式、租赁物维修等条款。租赁期限不得超过 20 年，超过 20 年的，超过部分无效。租赁期限 6 个月以上的，应当采用书面形式。

2. 当事人的权利和义务

(1)出租方的权利和义务

在租赁合同中，出租方的主要权利是收取租金，其主要义务包括以下两方面。

1)按照约定的时间、方式、状况等将租赁物移交承租人使用、收益。

2)维修义务。但双方另有约定的除外。

(2)承租方的权利和义务

承租方享有租赁物的使用、收益权，但同时应当履行以下义务：

1)按照约定的用途和方式使用租赁物。

2)妥善保管租赁物。

3)未经出租方同意，不得擅自改变或转租租赁物。

4)按照约定的期限和金额支付租金。

5)租赁期满返还租赁物。

(3)其他规定

第一，关于租赁物收益的归属。合同法规定，在租赁期间因占有、使用租赁物获得的收益，归承租人所有，但另有约定的除外。

第二，关于租赁期间租赁物所有权发生变动。租赁物在租赁期间发生所有权变动的，不影响租赁合同的效力。

第三，关于转租。承租人不得擅自转租。承租人经出租人同意，可以将租赁物转租给第三人。承租人转租的，承租人与出租人之间的租赁合同继续有效，第三人对租赁物造成损失的，承租人应当赔偿损失。

三、运输合同书写

(一)运输合同的简介

1. 运输合同的概念

运输合同是承运人将旅客或者货物从起运地点运输到约定地点，旅客、托运人或收货人支付票款或者运输费用的合同。参展商参加展览会，需要将展品运至展地。因此，运输合同也是会展中常常涉及的合同。会展运输合同，同时也包括客运合同和货运合同。运输合同至少有两方当事人：一方是承运人；另一方是托运人或旅客。

2.运输合同的法律特征

运输合同具有以下法律特征。

(1)运输合同为双务、有偿合同

在运输合同关系中,承运人有将旅客或者货物从始发地运送到约定的目的地的义务。同时,承运人也有向旅客或者托运人收取运费的权利。而作为旅客或者托运人一方在接受了承运人的运输服务后,也有义务支付相应的运费。

(2)运输合同为诺成合同

运输合同经双方当事人协商一致即告成立,并不以货物交付运输作为合同成立的前提条件。

(3)运输合同的标的是运输行为

运输合同的目的是运送旅客和货物,它的标的是承运人将旅客和货物送到约定地点的运送行为,而不是旅客和货物本身。

3.货运合同当事人的义务

运输合同根据其运输的对象不同,可分为客运合同和货运合同。《合同法》对这两类合同当事人的权利义务分别作了规定。本节仅讨论货运合同。

(1)托运人的义务

第一,如实申报的义务。

第二,托运人有按规定向承运人提交审批、检验等文件的义务。

第三,托运人应当对货物履行包装义务的规定。

第四,对托运人托运运输易燃、易爆、有毒、有腐蚀性、有放射性等的危险货物时,有按照国家有关危险物品运输的规定对危险物品妥善包装,作出危险物标志和标签的义务。

第五,在承运人全部、正确履行运输义务的情况下,托运人或者收货人有按照规定支付运费、保管费以及其他运输费用的义务。

(2)承运人的义务

第一,承运人应依照合同约定,将托运人交付的货物安全运输至约定地点。运输过程中,货物毁损、灭失的,承运人应承担损害赔偿责任。

第二,货物运输到达后,承运人负有及时通知收货人的义务。

(3)收货人的义务

第一,收货人应当及时提货,收货人逾期提货的,应当向承包人支付保管费等费用。收货人不及时提货的,承运人有提存货物的权利。

第二,支付托运人未付或者少付的运费以及其他费用。

第三,收货人有在一定期限内检验货物的义务。

(二)国内展品运输合同格式

国内常见展品运输合同(协议)格式如下。

××展览会

国内展品运输委托协议

为保证展览会展品顺利进馆并如期参展,本届展览会运输代理——××公司(以下简称乙方)与参展单位(以下简称甲方)达成如下协议:

一、"××展览会"《国内展品运输指南》中各项细则为甲、乙双方共同遵守之条款。

二、甲方委托乙方提供"××展览会"国内展品运输委托单(附后)所列之各项服务。

三、乙方负责将展品按主办单位和展商的要求及时布展就位,不得有任何延误。

四、甲方应遵守运输委托内容,以便乙方在进馆作业时统一安排机械设备和劳力。如现场出现实际展品(重量或尺码)与国内展品运输委托单内容不符时,费用加收××%。如甲方不在现场,出现问题由甲方负责。

五、甲方在展览会开幕前十五天将各项运输费用汇至乙方账户。

开户行:

开户单位: ××公司

人民币账号:

六、本协议未尽事宜,由甲、乙双方协商解决。

甲方:	乙方:
签字或盖章:	签字或盖章:
日期:	日期:

第四节 进出口单证缮制

会展物流服务商为了满足参展商展品进出口的需求,需要及时办理展品出入境手续。会展物流服务商办理展品出入境手续的前提是填制相关展品进出口单证。

一、进出口单证

(一)政府单据

1. 资格证书年审申请表

根据国家有关规定,具有进出口经营权的企业每年应向外经贸主管部门办理资格证书年审手续。本申请表就是办理年审手续的必要单证。

2.进口配额申请表

进口商申请取得进口商品配额时需要填制的单据。

3.进口许可证申请表

进口商为取得进口货物许可证向发放进口许可证的有关机构提交的申请文件。依据进口商取得的进口配额证明的内容或该项进口业务的具体内容来填写。

4.进口许可证

商务部或其授权机构在批准进口商的进口许可证申请后，发放给进口商用于办理进口报关手续及其他进口业务的许可文件。

(二)通关单据

1.进口货物报关单

报关单是由进口商或其代理人(专业报关行)按照海关规定的格式和要求，根据进口货物的实际情况填写，用于向进口地海关进行申报的文件。进口报关单只有经过海关签章放行后，进口商才能够提取货物。同时，进口报关单还是进口商向国外支付货款时需要使用的重要凭证。

2.货物征免税证明

海关签发的《进口货物征免税证明》的有效期为六个月，进口企业应在海关签发之日起六个月内办理进口货物手续。

3.查验货物、物品损坏报告书

海关工作人员查验货物期间，对货物造成的损坏进行记录，并于事后依法予以赔偿。损坏报告书由查验官员及申报人共同签章。

(三)保险单据

1.保险单

由保险公司签发的、承保一定航程内的某一批货物的风险和损失的一种保险单据。其中载明被保险货物的基本情况、保险险别、理赔地点及赔偿办法。

2.预约保险单

保险公司承保被保险人一定时期内所有进出口货物使用的保险单。凡属于其承保范围内的货物一开始运输即自动按照预约保险单的内容条件承保。一般被保险人要将货物的名称、数量、保险金额、运输工具名称种类、航程起点和终点、起航日期等信息以书面形式通知保险公司。

(四)运输单据

1.海运提单

提单是承运人或其代理人收到货物后，签发给托运人的一种单证。提单是承运人或其代理人签发的货物收据，是货物所有权的凭证，是运输契约或其证明。

2. 海运单

海运单的形式与作用同海运提单相似，其主要特点在于收货人已明确指定。收货人并不需要提交正本单据，而仅需证明自己是海运单载明的收货人即可提取货物。因此，海运单实质上是不可以转让的，它的应用范围比较窄，主要用于跨国公司成员之间的货物运输。

3. 铁路运单

铁路运单是由铁路运输承运人签发的货运单据。它是收、发货人同铁路之间的运输契约。其正本在签发后与货物同行，副本签发给托运人用于贸易双方结算货款。在货物发生损失时，还可以用于向铁路进行索赔。铁路运单不是物权凭证。

4. 空运单

空运单是由空运承运人或其代理人签发的货运单据。它是承运人收到货物的收据，也是托运人同承运人之间的运输契约，但不具有物权凭证的性质，因此空运单也是不可以转让的。

5. 装船通知

货物离开起运地后，由出口商发送给进口商通知后者一定数量的货物已经起运的通知文件。在 FOB 或 CFR 条件下，进口商需要根据装船通知来为进口货物办理保险，因此一般要求出口商在货物离开起运地后两个工作日内向进口商发出装船通知。

6. 提货单

进口商（收货人）在货物到达目的地后，凭海运提单等运输单据向承运人的代理人换取的提货凭证，用于办理进口报关、提货等手续。

7. 海运出口委托书

向货代公司发出委托书（定舱的单据），内容包括发货人、收货人、通知人、起运港、目的港、品名、件数、毛重、体积，还有船期、航程、运价等。

集装箱货物托运单。集装箱货物托运单的缮制与海运出口托运单的缮制基本相同。只是增加了托运货物的交接方式，如 CY—CY、CFS—CFS 等和集装箱货物的种类，如普通、冷藏、液体等。

订舱单据——出口十联单的具体内容如下。

第一联：集装箱货物托运单（货主留底）（B/N）

第二联：集装箱货物托运单（船代留底）

第三联：运费通知

第四联：运费通知

第五联：场站收据(装货单)(S/O)

第五联副本：缴纳出口货物港务费申请书

第六联：大副联(场站收据副本)

第七联：场站收据(D/R)

第八联：货代留底

第九联：配舱回单

第十联：配舱回单

8. 大副收据

大副收据又称受货单，是船舶收到货物的收据及货物已经装船的凭证。船上大副根据理货人员在理货单上所签注的日期、件数及舱位，并与装货单进行核对后，签署大副收据。托运人凭大副签署过的大副收据，向承运人或其代理人换取已装船提单。

9. 国际空运货物托运书

托运书(Shippers Letter of Instruction)是托运人用于委托承运人或其代理人填开航空货运单的一种表单，表单上列有填制货运单所需各项内容，并应印有授权于承运人或其代理人代其在货运单上签字的文字说明。

(五)检验单据

1. 进口商品报检单

报检单是由进口商按照商品检验机构要求的格式根据货物的实际情况填写，申请由检验机构据以安排检验业务操作的文件。

2. 进口商品检验证书

商品检验机构在接受进口商的检验申请后，通过检验取得结果并向进口商签发的证明文件，其中载明该批货物的检验结果及其是否符合国家的有关管理规定的要求。检验证书是证明货物品质的重要文件，同时也是进口商向出口商进行索赔的重要依据。

(六)贸易单据

1. 购货合同

这是贸易双方按照买方提供的标准格式签订的贸易合同。

2. 销货合同

这是贸易双方按照卖方提供的标准格式签订的贸易合同。

3. 商业发票

商业发票是由出口商(卖方)签发给进口商(买方)的、证明将一定数量的货物销售给进口商的文件，其内容包括编号、签发日期、买卖双方的名称和地址、商品名称、规格型号、单价、数量、金额等。

4. 装箱单

装箱单是由出口商签发，载明所售货物数量及包装情况的说明文件。装箱单一般是与商业发票一一对应的关系，其编号亦参照相关的商业发票。

5. 海关发票

海关发票是出口商应进口国海关要求出具的一种单据，基本内容同普通的商业发票类似，其格式一般由进口国海关统一制定并提供，主要是用于进口国海关统计、核实原产地、查核进口商品价格的构成等。

6. 领事发票

由进口国驻出口国的领事出具的一种特别印就的发票。这种发票证明出口货物的详细情况，为进口国用于防止外国商品的低价倾销，同时可用做进口税计算的依据，有助于货物顺利通过进口国海关。出具领事发票时，领事馆一般要根据进口货物价值收取一定费用。这种发票主要为拉美国家所采用。

7. 形式发票

由出口商向进口商提供的、供进口商申请进口许可证或进行进口货物申报使用的单据，一般规定有“出口商最后确认为准”的保留条件，不具有法律效力。一些发展中国家为管制进口，控制外汇支出及掌握进口来源地，要求进口商凭出口商提供的形式发票申请进口许可证。中国政府无此类规定。

8. 产地证

产地证是指货物原产地证明书。

（七）结算单据

1. 开证申请书

进口商为通过银行向出口商开立信用证而向开证银行提交的申请文件，由进口商按照开证银行提供的标准格式填写。开证申请书的内容是开证行对外开立信用证的依据，因此它的内容必须与进口合同的内容严格一致，这样才能保证信用证的内容与进口合同的内容一致，保证进口业务能够顺利进行。

2. 信用证

进口商的银行根据有关国际惯例及进口商提交的开证申请书以自身名义通过出口商的银行向出口商开立的，承诺如果出口商在一定期间内提交符合要求的有关单据，即向出口商支付该项出口货物货款的文件。

3. 付款保函

应开证行的要求，由信用证开证申请人的担保人按照开证行要求的格式填写的，保证如果开证申请人不能够履行信用证付款义务，其担保人将承担付款责任的文件。

4. 贸易进口付汇核销单

根据国家外汇管理局的规定，进口商在对国外客户支付、汇付货款时需要填写的单据。上部由进口商根据付汇实际情况填写，下部由有关外汇指定银行填写并签章。经过签章的核销单由进口商定期汇总向当地外汇管理局申报核销。

（八）其他单据

1. 销售代理协议（Sales Agency Agreement）

销售商（或生产商）将一定时期、一定地域内特定商品的销售完全委托几家经销商代理，由此签订的协议。

2. 独家代理协议（Exclusive Agency Agreement）

销售商（或生产商）将一定时期、一定地域内特定商品的销售完全委托一家经销商代理，由此签订的协议。

3. 商品寄售协议

销售商（或生产商）将商品提供给购买商进行销售，在销售期间保留对货物的所有权，在购买商实现销售后再行回收货款，由此签订的协议。

二、进出口货物的基本通关程序

进出口货物的通关，一般来说可分为申报、查验、征税、放行等四个基本环节。

1. 进出口货物的申报

申报是指进口货物的收货人、出口货物的发货人或者他们的代理人在进出口货物时，在海关规定的期限内，以书面或者电子数据交换方式向海关报告其进出口货物的情况，并随附有关货运和商业单据，申请海关审查放行，并对所报告内容的真实准确性承担法律责任的行为。申报，也即常说的“报关”。

申报程序具体如下。

(1)接到进口提货通知或备齐出口货物

(2)办理（接受）报关委托

需要委托专业或代理报关企业向海关办理申报手续的企业，在货物进口或者出口之前，应在进出口口岸就近向专业报关企业或代理报关企业办理委托报关手续。

(3)准备报关单证

一般情况下，报关应备单证除进出口货物报关单外，可分为基本单证、特殊单证、预备单证三大类。小资料报关单证具体内容如下。

第一，基本单证，是指与进出口货物直接相关的商业和货运单证，主要包括：

A. 发票一份；

B. 装箱单一份（但大宗散装货物及单一品种且包装内容一致的件装货物没

有装箱单)；

C. 提货单或装货单一份(海运进口或出口)；

D. 运单一份(空运)；

E. 包裹单一份(邮运)；

F. 领货凭证一份(陆运)；

G. 出口收汇核销单(出口)；

H. 海关签发的进出口货物减、免税证明以及保税备案手册。

第二，特殊单证，是指国家有关法律法规规定实行特殊管制的证件，主要包括：

A. 配额许可证管理证件，包括有关部门签发的配额证明和对外贸易管理部门签发的进出口货物许可证；

B. 其他各类特殊管理证件，包括机电产品进口证明文件、中国检验检疫等主管部门签发的证件等。

第三，预备单证，主要是指在办理进出口货物手续时，海关认为必要时需查阅或提取的证件，主要包括：

A. 贸易合同；

B. 货物原产地证明；

C. 委托单位的工商执照证书；

D. 委托单位的账册资料以及其他有关单证。

第四，填制报关单。

第五，报关单预录入。

第六，向海关递交报关单。

第七，海关接受报关。

第八，海关审查。

2. 申报应注意的问题

(1)报关地点

一般情况下，进出口货物应当由收货人或其代理人在货物的进出境地海关办理海关手续。为了方便进出口货物的收发货人办理海关手续，经货物的收发人向海关申请，海关经审核后可以同意进口货物的收货人在设有海关的指运地，出口货物的发货人在设有海关的启运地，办理报关手续。

(2)报关期限

进口货物的报关时限为自运输工具申报进境之日起 14 日内。转关运输货物的报关时限一个是应自运输工具进境申报之日起 14 日内，向进境地海关报关申请转关运输；另一个是自货物运抵指运地之日起 14 日内，向指运地海关报关。

出口货物的报关时限为装货的24小时以前。

3.进出口货物的查验

(1)查验的定义

查验是指海关在接受报关单位的申报并以已经审核的申报单证为依据,通过对进出口货物进行实际的核查,以确定其报关单证申报的内容是否与实际进出口的货物相符的一种监管方式。

(2)查验的地点

海关查验货物,一般在海关监管区内的进出口口岸码头、车站、机场、邮局或海关的其他监管场所进行。

(3)进出口货物的征税

1)税费计征。税费计征是指海关根据国家的有关政策、法规对进出口货物征收关税及进口环节的税费。根据《海关法》和《进出口关税条例》的有关规定,进出口的货物除国家另有规定的以外,均应征收关税。关税由海关依照《海关进出口税则》征收。中国对进口货物除征收关税外,还要征收进口环节增值税,少数商品要征收消费税。在中国境内进口货物的发货人、出口货物的发货人是关税的纳税义务人。在中国境内销售货物或者提供加工、修理、修配劳务以及进口货物的单位和个人,是增值税的纳税义务人。在中国境内生产、委托加工和进口《中华人民共和国消费税暂行条例》规定的消费品的单位和个人,是消费税的纳税义务人。

2)关税额度

进口关税=完税价格×进口关税税率

出口关税=完税价格×出口关税税率

4.进出口货物的放行

海关放行是指海关在接受进出口货物的申报,经过审核报关单据、查验货物、依法征收税费后,对进出口货物作出结束海关现场监管决定的行为。

海关在决定放行进出口货物后,需在有关报关单据上签盖“海关放行章”,进出口货物的收发货人凭此办理提取进口货物或装运出口货物的手续。

5.结关

结关是指对经口岸放行后仍需继续实施后续管理的货物,海关在规定的期限内进行核查,对需要补证、补税货物作出处理直至完全结束海关监管的工作程序。

加工贸易进口货物的结关,是指海关在加工贸易合同规定的期限内对其进口、复出口及余料情况进行核对,并经经营单位申请办理了经批准内销部分的货物的补证、补税手续,对备案的加工贸易合同予以销案。

暂时进出口货物的结关,是指在海关规定的期限内(含经批准延期的)暂时进口货物复运出口或者暂时出口货物复运进口,并办理了有关纳税销案手续,完全结束海关监管的工作程序。

特定减免税货物的结关,是指有关进口货物到达海关监管年限并向海关提出解除监管申请,领取了经主管海关核发的《海关对减免税进出口货物解除监管证明》,完全结束海关监管的工作程序。

复习思考题

1. 案例题。上海公安局邀请境外一无线电设备生产厂商到上海展览馆展出其价值 100 万美元的无线电设备,并委托上海某展览报关公司 C 办理一切手续。上海展出后又决定把其中价值 40 万美元的设备运到杭州展出。设备从杭州返回后,上海公安局决定购买其中的 20 万美元设备。境外厂商为了感谢上海公安局赠送了 5 万美元的设备给上海公安部门,其余设备退出境外。作为 C 公司的报关员应当办理哪些手续?

2. 国外展品进口清关需要向海关提交哪些单证?

3. 国际展品复出口的清关流程是什么?

第十章

会展物流发展趋势

学习目的

深刻了解会展物流中存在的问题，是对中国会展物流提出相关解决对策的前提和基础。中国会展业的发展前景非常可观，与其发展相对应，会展物流的发展任重而道远。

主要内容

- 会展物流存在的问题
- 中国会展物流的解决对策
- 会展物流的发展趋势

第一节　会展物流发展中存在的问题

近年来，我国会展业的发展速度越来越快，国际化的趋势也日益明显，这为我国的会展物流发展提供了机遇和挑战。会展物流作为新兴的物流分支，它的发展与会展业是互动的。在发展的过程中，除了制约会展及物流发展的共性因素，如物流经营的行业规范和有关政策等，此外，经营中也存在一些特有的问题，应引起有关物流企业的高度重视。

一、会展物流存在的问题

（一）会展物流政策不完善，竞争无序

尽管许多地方政府已意识到会展对经济发展的巨大促进作用，然而，与之相匹配的会展物流却没有受到足够重视。我国有关物流行业政策基本上还处于缺位状态，各地政府出台的促进会展经济的政策不够完善，缺乏整体的统筹规划，难以体现出鼓励发展会展物流产业的支持措施。这便形成了会展经济和会展物流在政策支持方面的不对称，一定程度上导致了社会资源不能得到最优化的配置，无论是对会展业、物流业甚至是当地经济发展都起到了不同程度的阻碍作用。而要解除这种阻碍，实现会展经济全面发展，迫切需要构建一个有利于会展物流发展的政策体系。

现代会展越来越国际化，会展物流作为新的经济增长点，跨国境的会展物品流通活动越来越频繁，政府应加强引导，制定和完善相关政策，通过各种有效手段对会展物流企业进行组织、引导、协调、管理。需要有关的行业协会建立、补充、完善、统一的会展物流标准。

行业无序竞争，现在的会展物流公司没有统一的管理机构。如 2004 年成都仅建材类的展览就有 16 个。一方面，展商为了生存，采取低价、赠送展位的方式竞争，违背了市场规律，影响了长远发展；另一方面，参展企业无所适从，疲于应付。

很多民营小企业，甚至是几个人一搭伙就开始拉业务，行业没有门槛，竞争很激烈。如果客户给一个合适的价钱弥补物流商的风险成本，现在很多小企业要生存，把展品当普通货物运，价钱被压得很低。小企业降低了价格，也降低了服务水平，不出问题一切都好，一旦出问题，展览就失败了。如此的高风险、低回报，致使专业物流公司不愿意再做，这样不利于行业的发展。

凡举办展会的领域，无一不有力促进了这些产业、领域的经济发展，从而从整体上推动了城市经济建设。但举办重复、低效的会展和不合理规划、建设利用率低的展览场馆，也导致展会成本增加，造成资源浪费，严重制约了会展行业和会展物流业的发展。会展物流缺乏整体统筹主要体现在两个方面：一是政府没能从会展和会展物流整体上规划，起到优化资源配置作用；二是会展主办方没起到整体协调的作用。

(二)缺乏有全球网络的会展物流企业，有效供给不足

虽然目前我国的物流企业发展较快，但开展会展物流业务的专业公司却较少，要找到一家能满足会展方要求的会展物流公司也确实挑选的余地不大。会展方常常感到，如到异地参展，没有“老会展”参加或提前派人联系，初来乍到、人生地不熟，真不知到哪里去联系运输。在有限的布展期限内，如不尽快将展品运到位，会影响布展进度。撤展时也会遇到类似问题。目前，一些展会在解决当地的快速运输方面还是个缺口，数量不足，有的甚至依靠搬家公司来帮忙。会展方希望能很容易地找到这样一家富有经验的会展物流专业公司，他们不仅提供展品的巡回展出运输及展品的专线往返配送，而且能研究、协调、解决会展物流中的一切问题，能提供全程服务。

传统会展物流运作模式仍被广泛采用，凸显出我国现代物流业的不足之处，

成为制约会展业进一步发展的"瓶颈"。受限于会展物流的业务规模和市场份额,我国众多的物流供应商提供的会展物流服务只能达到会展运输商(Exhibition Transportation Server,ETS)的水平,而不具备会展物流服务商(Exhibition Logistics Server,ELS)的功能。

目前,目前我国从事会展物流的企业主要是 UPS、DHL 等外资公司。中国国际展览运输有限公司是我国国内第一家,也是唯一一家专业的展览物流公司,成功地开展了中国国际机床展、中国国际纺织机械展、北京国际汽车展、中国国际印刷技术展览会等多个大型展览会的服务,已经形成了一定的规模和品牌影响力。中国远洋物流有限公司在制定企业战略时,把会展物流放在一个非常重要的位置,以北京、上海、广州为重点地区,开发扩国境的会展物流服务,打出了响当当的物流品牌。国内其他物流公司一般只能为这些企业提供分包服务,把会展物流作为自己企业物流服务的一部分,或者设置在某一板块每一个任务下面,不愿意在会展物流网络上投资。

会展物流作为现代物流的一个分支,比一般的运输物流和仓储物流要更具专业性和服务性,这就要求会展物流企业具有更强的实力。由于会展物流除了包含传统的制造业的物流涉及的发货客户、运输承运商、海运和陆运实际承运商,还有海关、港口等相关部门的互相协调,会展物流对服务商的要求更加严格。现在国内的会展物流服务商远远不能满足我国现代会展业的需求。

(三)管理水平偏低,配套设施不完善

中国各地区在发展会展业及会展物流时,会展组织者缺乏现代会展业整体规划和有效管理水平,政企不分,搞地方保护主义。有不少地方政府,一年要举办数次名目各异的"盛会"、"节日",甚至只允许本地物流企业参与会展业务的竞标,使会展市场因缺乏竞争而少有活力。造成的直接后果就是大量的搬家公司为客户提供初级的、低水平的运输、搬运业务,而有实力的物流企业却因为地方保护而不能参与竞争,阻碍了我国会展物流企业的成熟壮大。

会展主办方作为参展商和物流企业之间的枢纽,本应以一个会展的组织者与管理者身份为参展商和物流企业提供一个资源整合的良好平台,但实际上,会展物流未能引起会展主办方的重视。以广交会为例,主办方虽为参展商提供了几家物流合作伙伴,却没有统筹管理各家公司会展期间的物流服务,缺乏统一指挥、安排和协调,使之形成规范的会展物资流通体系,给参展商带来诸多不方便,异地参展,对环境不熟悉,难以及时找到合适的物流公司,影响到展品的准时运输和布展进度。以我们对第 105 届广交会 530 位参展商的调研表明,仅有 16.60%的选择主办方提供的物流服务,突出反映了会展主办方未能发挥资源统筹与配置的作用,未能给参展商提供良好的物流服务平台,使会展物流处于一种相对零散无序的状态。

专门的会展管理机构还不够规范、健全，对会展物流企业的准入制度规定不够明确，大部分会展物流企业处于孤军奋战状态，整个行业的合作体系没有形成。层次不是太高的展会期间，垃圾遍地，流动商贩在展馆周边聚集、高声吆喝，这种现象与现代化标志性建筑不相称，有时局部还存在压低价格的不正当竞争或恶性竞争现象。

各行各业都要与国际接轨，会展物流也应在配套设施等硬件建设方面向国际先进水平看齐。以停车场为例，必须有足够容量的停车场，如著名的展览王国——德国的汉诺威展览中心就设有 5 万个车位的停车场。而我们的会展中心尚不具备如此硬件，其他硬件亦尚需完善。

（四）服务理念落后

快捷准时、保质保量地完成会展物流业务是参展商对物流公司的基本要求，但在物流公司提供会展物流服务的过程中，常常会出现这样那样的服务质量问题。一是当展品到达参展地的机场、码头、火车站之后，参展商感到将展品搬运到展馆的地面运输方面多数展览会提供的服务不好，货损货差时有发生，时间上也难以保证；二是对货物信息的跟踪难以实现，展品装船出去以后，查不到货在什么地方，遇到事故也难以及时采取补救措施，这方面还受制于国内落后的信息化水平。

在我国举办的各类会展所采用的物流运作仍然采用传统的展品物流模式，成本较高，服务水平较低。由于展览主办方没有指定物流服务商，各参展商要自己寻找物流供应商来完成展品从参展商处至展览场馆的运输、储存、保管、装卸等作业以及展览结束后的回运等工作。因为单一的参展商展品物流量较少，难以争取到较好的价格，单位物流成本较高，参展商也难以获得全面有效的服务。

现在很多公司只为赚钱，服务跟不上，而展品运输是特别需要完善的服务，因为会展的操作链条特别长，时间跨度也很长。从开始集货，考察哪些货可以出去、哪些货不能出去、报关的要求等。集货之后通关出去，如果走海运，近的地方得一个多月，远的地方得两三个月，回来还得两三个月，这样半年就过去了。更有甚者，做巡回展览展品的运输，可能需要两三年的时间。保证在漫长的时间里不出一点差错，每一个环节都服务到位，整个过程是一个艰难的过程。有些会展物流企业的服务观念不高，比如出展时展品到位了，物流企业却忘了撤走空的包装箱。大多数参展方在国外可能语言都不通，这就要求物流企业在各个环节都做到位，完全为客户着想。

大多物流企业非专业从事会展物流服务，只参与其中某一环节运输，由于物流服务方案未能按展品的特殊性而设计，导致运输质量大打折扣，货损率高、货运时效低。在105届广交会中，由第三方物流和主办方物流提供展品物流服务的货损率约为17%，而由参展商自家车队运输的货损率仅为11.2%。即使平均满载率仅为33.59%，26.98%的参展商宁愿选择自家车队运输展品。在参展商不选择其他物流方式的因素中，价格因素居首，因为高价格却没有带来相对应的高质量服务。但与此同时，又有70.94%的参展商希望能由会展主办方统一为其安排物流服务，前提条件是保证服务质量。这就形成中国会展物流供需之间不平衡，客户需求强烈，但有能力提供优质会展物流服务的企业屈指可数。再者，展期及布展时间一般很短，受制于国内物流信息化水平的落后，使各物流服务商能提供的特色服务有很大局限性，如"门到门"、"门到展位"和参展商迫切需求的展品信息追踪服务等。

（五）缺乏专业人才

人才是发展的基石，会展物流的发展水平与专业人才的培养息息相关，只有具备一定数量的专业技术人才，会展物流才能更快、更好地发展。

会展物流是随着会展业的产生和发展而来的物流业的一个分支，而我国物流业也是近几年才发展起来的，物流人才的培养已经全面展开，但是有关会展物流人才的教育培训工作还几乎是空白，专业的物流人才还非常缺乏。会展物流人才除了掌握一般物流知识，具有一定的物流知识和技能外，还必须对会展业有充分的了解。

一个完整的会展物流方案需要涉及运输、保管、保险、商贸、展示以及广告的综合，会展物流需要的是复合的经济管理人才，只有多方位、多形式地培养会展物流人才，才能给会展商提供更高水准的全程物流服务。培养专业人才的路径很多，可以吸收一部分高校物流管理专业的本科生或者研究生，将其推向会展物流组织工作的前线参与理论联系实践，即掌握操作技能又具有管理经验；还可以定期从岗位上抽调部分有潜力的会展物流从业人员返回学校深造，接触前沿的物流技术和物流管理知识；物流企业可以搞企业内训，建立标准的物流作业流程。

（六）信息化水平偏低

信息化是物流之魂。物流企业尤其要加强信息化平台的建设，在此基础上加强现代服务型物流的理念，提高专业水平。大中型物流企业应该建立会展物流信息大平台，互通有无，强化物流服务体系的服务功能。

从我国会展物流发展现状来看，与国外同行业相比还存在着很大差距。会展现场工作信息不畅，反应滞后。由于没有建立展览主办方、参展商、展馆方、物流服务商共享的有效反应的信息管理系统，物流公司必须与会展组织者事先沟通，告知对方何种展品何时到达展览场馆，展览组织者再与场馆方协商确定展品进馆时间；进馆之后，参展商才能开始展台的搭建、布置、装饰等工作。因为各参展商都有自己的物流供应商，信息的流动发生在众多的物流供应商、展览主办方、场馆方之间，线路繁杂，沟通过程中经常会出现信息流通受阻现象，协调困难，导致展品在场馆外滞留或者留给参展商布置展台的时间过短等现象，以至于会展运作过程中由于信息不灵、反应滞后而影响工作效率的情况时有发生。

物流技术的创新是时代的要求，也是提高物流效率最直接、效果最好的方法。在信息化程度方面，条形码技术、全球卫星定位系统(GPS)、物资采购管理(MRP)、企业资源管理(ERP)、无线射频、条形码等信息技术在会展物流领域的应用水平普遍不高；很多会展的主办方利用利用互联网进行信息处理，多局限于用 E-mail 形式进行沟通，并通过电话、传真和人工等传统方法开展系列工作。在国际展品物流单证处理过程中，完全通过信息系统处理单证流转过程的并不多，大部分会展参展企业还是采用人工和计算机相结合的方式。

物流行业管理软件的先行者博科资讯捷足先登，已经为包括石油化工、食品服装、物流分销等各行各业的企业提供了专业成熟的管理软件。现代物流的本质在于将运输、仓储、搬运、流通加工、装卸等一些分散的活动，归纳成一个系统，而为系统赋予灵魂的则是信息技术。国内的物流企业只有博采国内外先进经验，拓宽经济技术合作与交流的渠道，推进建设一个良好的物流科技平台，才能会追赶上会展物流产业蓬勃发展的潮流。

二、中国会展物流的发展对策

会展物流的发展确实对于会展经济乃至社会经济发展有着举足轻重的作用。在对会展物流现存问题进行分析的情况下，进而提出以下的会展物流发展对策。

(一)发挥政府对会展物流的引导和鼓励作用

会展物流健康有序地发展需依靠政府的政策扶持作为支撑。发挥政府的作用，积极推进会展物流的发展，通过政策手段对会展物流进行鼓励和标准化。与主办方协调，充分利用现有资源进行科学合理安排，使社会资源得到最合理配置。争取在会展物流这一利润新增长点上有新的突破，做出会展物流发展的最优方案。

中国发改委相继出台了《珠江三角洲地区改革发展规划纲要》(以下简称《纲要》)和《物流业调整和振兴规划》，《纲要》中指出，发展一批具有国际影响力的专业会展，扩大中国(广州)进出口商品交易会等国际展览会的影响力，打造世界一流的会展品牌。这表明，政府在会展业和物流业的发展上给予了足够重视，将有力地促进会展物流的迅速发展。

（二）多方合作，开辟会展物流新路径

会展物流是一条供应链上的物流，经过多方衔接，最终实现顺向和逆向的物流目的。主办方、参展商和第三方物流企业的三方合作，充分利用资源进行科学合理匹配，达到物尽其流的良好效果。

主办方通过与信誉高，网络覆盖面广，具有较强经济实力的第三方物流企业联合，实现信息共享，合理分配资源，既能实现双方成本大幅度下降，还能提高物流服务质量进而提高客户满意度和企业信誉度。同时，最大限度地避免了展会展品管理与会展物流的脱节现象。

（三）提供全方位的服务，实现高起点快速发展

物流服务水平的提高，不仅是运输服务质量的提高，还应包括特色服务在内的一系列增值服务项目开发，重视发展第四方物流。主办方应协同物流合作企业，成立专门的物流管理规划部门，统筹安排参展商展品的运输；以提供信息平台作为支持，利用信息系统与合作伙伴第三方物流企业交流分享各网点邻近的参展商展品的运输数据信息，整合各网点资源，实现专业化、规模化的会展物流服务。同时，在增值服务这一核心利润增长点上，主办方力求创新，充分考虑参展商的特殊情况，提供量身定做的会展物流方案，为参展商提供“一条龙”的物流服务。

总的来说，善于抓住机遇，借鉴世界各国会展的有益经验，有针对性地进行会展物流的理论与实践创新，将会大大推进会展物流这一新兴业态的进一步发展。

第二节　会展物流未来发展趋势

一、会展物流发展前景可观

会展不仅连接生产和流通，也促进了交通、运输、电信、银行、广告、餐饮、住宿、购物、旅游等行业的快速发展。会展业兼有都市集聚效应的基本特征，是典型收益可观的高赢利行业。目前，我国会展业的总收入占全国 GDP 的0.05％左右，而德国、美国、新加坡等会展业发达国家的这一比例为 0.2％，所以，会展业在我国的增长空间巨大。会展业的发展对会展物流提出了新的需求，拉动了会展物流的兴起与发展。

为应对金融危机，国家出台了一系列经济政策。国家的重要消费政策就是扶持和刺激内需，并且陆续出台经济刺激方案，因此内贸物流将会占据绝对主导地位，并且随着国内各个灾区的灾后重建工作加大力度和加快步伐，内贸物流也

会在一段时间内表现良好。会展物流通过奥运会得到了最大程度的展览展示，并且会展物流的利润率非常高，因此未来以中外运为主的企业将会加大这类活动的投入。尤其是在奥运会之后，中国效应得到提升，必然会增加国际会议和展览的选择性，因此会展物流将会是大型物流企业的必争业务，会展物流及相关产业因此成为新宠，会展物流业渐成气候，此时是中国物流业与会展业结合的最佳历史时期。刺激内需政策必然推动企业加大会展方面的投入。会展物流是一种高端物流形式，其利润达 30%～40%，而一般物流业利润只有 10%左右。中国正面临物流业与会展业结合的最佳历史时期。

二、品牌化趋势

品牌将是会展业发展的灵魂。不但会展活动的成功举办有赖于品牌的树立，而且会展城市也需要打造品牌。从我国会展品牌发展的方向看，一是要制定品牌战略，树立牢固的品牌观念，并从场馆的设计、主题的选择、展览的规划、展览的组织与管理等具体方面来实施会展业的品牌化发展。二是要提升品牌质量，主要从展览的硬件和软件两个方面入手。要加大投入，不失时机地更新展览的硬件设备；要加大专业人才的引进力度，积极加入国际性的会展组织，通过这些途径实现展览服务与国际接轨。三是要拓展品牌空间，以时间、空间和价值思维来进行拓展。

三、专业化趋势

纵观当代会展业的发展状况，世界上著名的国际会议都围绕着某一专门的主题展开，展览会也以专业展居多。专业化成为会展业发展的趋势，是经济全球化分工发展的必然。只有明确的主题、专业和市场定位，会展服务才能真正满足参展商或参会者的需求。

四、国际化趋势

会展活动的国际化趋势，一方面是举办机构、组织体制和运作规则的国际化，另一方面是展览参与企业、人员的国际化和非排他趋势正在加强，这与中国加入 WTO 迅速融入经济全球化的经济发展大趋势有关，也与会展业属于服务业、壁垒相对较少的特性有关。随着世界经济全球化的进程，国际性的专业会展也在不断地提高国际化水平，国外参展商、参会者和参观客户的比率在增加。

五、会展物流的发展任重而道远

中国会展物流业的发展一方面，是客户需求强劲，利润较高；另一方面，却是有能力承担会展物流的企业寥寥可数，供需之间的错位凸显出我国现代物流业的不足之处。这说明，与会展物流业务规模和市场份额的窘境相呼应，我国会展组织者管理水平较低，众多物流商还不具备会展物流服务的高要求资质。

国内的物流企业要拓展会展物流市场的前提条件是：尽快发现和培育一大

批为现代物流作出实质性贡献的主流物流供应商，汇聚他们为各类企业提供全面物流解决方案的好思路、好方法。

我国会展物流亟待服务质量的提升，必须以世界会展强国为标杆，学习国外先进管理模式和技术，在政策支持的有利条件下，从基础设施到服务质量及资源各方面有效整合提高，使会展物流突破瓶颈，更好地发展。

复习思考题

1. 简述现阶段中国会展物流存在的问题。
2. 探讨中国会展物流发展的解决对策。

附录

会展相关法律文件

附录1　仓库租赁合同范本

仓库租赁合同

出租方(甲方)：　　　　　　营业执照：
地址：　　　　　　　　　　邮编：
法定代表人：　　　　　　　电话：
承租方(乙方)：　　　　　　营业执照：
地址：　　　　　　　　　　邮编：
法定代表人：　　　　　　　电话：

甲、乙双方在法律的基础上，经过友好协商达成以下协议：

一、租赁厂房情况

甲方将位于________________的厂房或仓库(以下简称租赁物)租赁给乙方使用，面积为________平方米；本租赁物的功能为________________，包租给乙方使用。如乙方需转变使用功能，须经甲方书面同意后方可执行，因转变功能所需办理的全部手续及费用由乙方自行负责。本租赁物采取包租方式，由承租方自行管理。

二、租赁期限

租赁期限为________年，即从________年____月____日起至________年____月____日止。租赁期满后如想续约，乙方须提前____天提出，经甲方同意后，甲乙双方将对有关租赁事项重新签订租赁合同。在同等承租条件下，现乙方有优先权。

三、交付情况

在本出租合同生效之日起____日内，甲方将租赁物按现状交付乙方使用，且乙方同意按租赁物及设施的现状承租。交付时双方对基础设施的状况以交接单的形式签字确认，并可附照片。对分期交付的，分期交接确认。

四、租赁费用

1.厂房租金按每月每平方米人民币____元，物业管理费为每月每平方米人民币____元。若需供电增容，则其手续由甲方负责申办，因办理供电增容所需缴纳的全部费用由乙方承担。

2.乙方应于本合同签订之前，向甲方支付租赁保证金人民币____元，待租赁期满后，在乙方已向出租方交清了全部应付的租金、物业管理费及因本租赁行为所产生的一切费用，并按本合同规定承担向甲方交还承租的租赁物等本合同所约定的责任后____日内，甲方将无条件退还租赁保证金给乙方。

3.乙方应于每月____日之前向甲方支付当月租金，乙方逾期支付租金，应向甲方支付滞纳金，滞纳金额按所欠租金的________%支付；乙方应于每月______日前向甲方支付物业管理费。逾期支付，应向甲方支付滞纳金，滞纳金额按所欠费用的________%支付。

4.本合同生效后，甲方开始申办供电增容的有关手续，因供电增容所应交纳的费用由乙方承担；乙方应在甲方申办有关手续期间向甲方支付有关费用。

5.在租赁期间，若遇甲方转让出租物的部分或全部产权，本合同对新产权人继续生效。在同等受让条件下，乙方对本出租物享有优先购买权。

6.乙方在租赁期间享有租赁物所属设施的专用权，并应负责租赁物内专用设施的维护、保养、年审，并保证在本合同终止时专用设施可以正常运行，甲方对此有检查监督权。乙方在租赁期间应爱护租赁物，因乙方使用不当造成租赁物损坏的应负责维修，费用由乙方承担。

7.乙方在租赁期间须严格遵守《中华人民共和国消防条例》以及其他防火规定，积极配合出租方做好消防工作；否则，由此产生的一切责任及损失由承租方承担。

8.在租赁期内，乙方负责购买包括甲方财产在内的租赁物的保险及其他必要的保险（包括责任险）；若承租方未购买上述保险，由此而产生的所有赔偿及责任由承租方承担。

9.乙方在租赁期满或合同提前终止时，应提前将租赁物清扫干净，搬迁完毕，并将租赁物交还给甲方。如乙方归还租赁物时不清理杂物必须承担清理该杂物所产生的费用。

10. 乙方在使用租赁物时必须遵守中华人民共和国的法律、地方法规以及有关租赁物物业管理的有关规定；如有违反，应承担相应责任。倘由于乙方违反上述规定而影响建筑物周围其他用户的正常运作，所造成损失由承租方赔偿。

四、装修条款

1. 在租赁期内如乙方必须对租赁物进行装修、改建，要事先向甲方提交装修、改建设计方案，并经甲方书面同意，同时须向政府有关部门申报同意。如装修、改建方案可能对公用部分、租赁物主结构及其他相邻用户影响的，甲方可对该部分方案提出异议，乙方应予以修改。改建、装修费用由乙方自行承担。

2. 装修、改建增加的附属物产权属甲方所有，乙方无权要求出租方予以补贴。

五、转租

1. 经甲方书面同意后，乙方可将租赁物的部分面积转租，但转租部分的管理工作由乙方负责，包括向转租户收取租金、处理一切纠纷、以及承担因转租而产生的税、费等。本合同规定的甲乙双方的责任和权利不因乙方转租而改变，转租内容必须在原有甲、乙双方租赁合同的基础上约定执行。

2. 乙方须要求转租户签署保证书，保证其同意履行原有合同中有关转租行为的规定，并承诺与乙方就本合同的履行对甲方承担连带责任。在乙方终止本合同时，转租租约同时终止，转租户无条件迁离租赁物。乙方应将转租户签署的保证书，在转租协议签订后的______日内交甲方存档。

六、合同解除

1. 在租赁期内，若遇乙方欠交租金或其他费用超过______天，甲方有权提前解除本合同，在甲方以等书面方式通知乙方(包括受转租人)之日起，本合同自动终止。甲方有权留置乙方租赁物内的财产(包括受转租人的财产)，并在解除合同的书面通知发出之日起 5 日后，甲方将申请拍卖留置的财产用于抵偿乙方应支付的全部费用。

2. 乙方确需提前解约，须提前 2 个月书面通知甲方，且向甲方交回租赁物、交清承租期的租金及其他因本合同所产生的费用。并应于本合同提前终止之前向甲方支付相等于当月租金两倍的款项作为赔偿。甲方则在 5 日内将乙方的租赁保证金无息退还乙方。

七、免责条款

因发生严重自然灾害等不可抗因素致使任何一方不能履行本合同时，遇有上述不可抗力的一方，应立即书面通知对方，并应在 30 日内，提供不可抗因素的详情及合同不能履行、或不能部分履行、或需延期履行理由的证明文件，遭受不可抗力的一方由此而免责。

八、合同终止

本合同提前终止或有效期届满，甲、乙双方未达成续租协议的，乙方应于终止之日迁离租赁物，并将其返还甲方。乙方逾期不迁离或不返还租赁物的，应向甲方加倍支付租金，但甲方有权坚持收回租赁物，强行将租赁场地内的物品搬离租赁物，且不负保管责任。

九、广告安装

若乙方需在租赁物建筑物的本体或周围设立广告牌，须经甲方书面同意并按政府有关规定执行。

十、有关税费

按国家当地政府有关规定，因本合同缴纳的印花税、登记费、律师见证费及其他有关的税费，由甲、乙双方按有关规定分别承担，有关登记手续由甲方负责办理。

十一、本合同在履行中发生争议，应由双方协商解决；或可提交当地仲裁委员会仲裁。

十二、本合同未尽事宜，经双方协商一致后，可另行签订补充协议。本合同一式肆份，甲、乙双方各执贰份本合同经双方签字盖章后生效。

出租方(印章)：________________________

授权代表(签字)：______________________

时　间：________年______月______日

承租方(印章)：

授权代表(签字)：______________________

时　间：________年______月______日

附录 2 展品保管合同范本

展品保管合同

合同编号：________________

保管人：________________

寄存人：________________

签订时间：________________

签订地点：________________

第一条 保管物

保管物名称：________________

类别：________________

数量：________________

价格：________________

品质瑕疵：________________

保管费：________________

合计人民币金额：________________ （大写）：________________

第二条 保管场所：________________。

第三条 保管方法：________________。

第四条 保管物（需要/不需要）采取特殊保管措施。

第五条 特殊保管措施是：________________

第六条 保管物中（有/没有）货币、有价证券或者其他贵重物品，具体如下：

____

第七条 保管期限：从______年____月____日到______年____月____日。

第八条 寄存人交付时，保管人应当验收，并给付保管凭证。

第九条 寄存人（是/否）允许保管人将保管物转交他人保管。

第十条 寄存人（是/否）允许保管人使用或者（是/否）允许保管人许可第三人使用保管物。

第十条 保管费的支付方式为________________。

支付时间为：________________。

第十一条 寄存人未向保管人支付保管费的，保管人（是/否）可以留置保管物。

第十二条　保管期限届满，保管人应当将保管物归还寄存人。

第十三条　违约责任：____________________。

违约损失赔偿额计算方法：________________。

第十四条　合同争议的解决方式：本合同项下发生的争议，由双方当事人协商解决，也可以由当地工商行政管理部门调解；协商或调解不成的，按下列方式解决：

（一）提交______________仲裁委员会仲裁。

（二）依法向________________人民法院起诉。

第十五条　本合同自保管物交付保管人时成立。

第十六条　其他约定事项：__________________

保管人（盖章）：	寄存人（盖章）：
住所：	住所：
法定代表人：	法定代表人：
委托代理人：	委托代理人：
电话：	电话：
邮政编码：	邮政编码：

附录 3　展览承办代理合同范本

展览承办代理合同

甲方：______________________________

地址：______________________________ 电话：__________

账号：______________________________ 开户行：________

乙方：______________________________

地址：______________________________ 电话：__________

账号：______________________________ 开户行：________

甲方委托乙方代理甲方（主办/参加）________________展览/博览会。为此，甲乙双方签署如下协议，共同遵守执行：

一、乙方代理项目包括下列项目中的________________________。

1. 展品运输/仓储
2. 展品布置
3. 展位布置/装修
4. 礼仪及展位人员培训
5. 展物保险代理
6. 参展人员住宿预订
7. 会展期间/后的商务考察安排代理
8. 返程票务预订
9. 展期交通安排
10. 展览秘书服务代理
11. 餐饮及商务酒会预订

二、代理项目标准

1. 展品运输/仓储

甲方之展品外包装尺寸为________cm×________cm×________cm，重量不超过__________公斤，适用人工小型装卸机械装卸。甲方自行通过航班/铁路/公路运抵______________________（站/港/机场），抵达时间为______年____月____日（以传真通知为准）。乙方接货地点为____________________，运输至___________。仓储地点由双方确定。此项服务费用为__________元人民币（大写）。

2. 展品布置

展品布置包括将展品从仓储地点运抵＿＿＿＿＿＿＿，卸下展品，按甲方提供乙方设计甲方认可之展览效果摆放展品。甲方工作人员固定并负责调试展品。

3. 展位布置/装修

展位的布置/装修按甲方效果图片施工图进行，材料由甲方提供详单，乙方代购。具体材料要求及质量要求甲方另附文件。

4. 礼仪及展位人员培训

乙方为甲方提供礼仪人员男性＿＿＿＿名、女性＿＿＿＿名。礼仪人员服务事项为：

(1)层位迎接及服务；

(2)酒会服务；

(3)参展嘉宾迎送服务；

(4)引导服务。

以上具体的服务程序、服务标准、服务时间见附件。服务费用为＿＿＿＿元。

5. 展位人员培训

乙方为甲方参展人员提供培训计＿＿＿＿学时，地点为＿＿＿＿＿＿酒店，时间为＿＿月＿＿日至＿＿月＿＿日。培训器材及培训师由乙方提供，培训内容见附件。培训费用为＿＿＿＿元。

6. 保险事项代理

乙方代理甲方购买展品保险，包括展品安全保险、火灾保险、参展人员伤害保险，展品失窃保险等。购买保值为＿＿＿万元。保期为＿＿月＿＿日＿＿时至＿＿月＿＿日＿＿时。保费共计为＿＿＿元。保险理赔办法按保险公司合同进行(附保险公司格式合同)。

7. 参展人员住宿预订

甲方参展人员共计＿＿＿人，其中男性＿＿＿人，女性＿＿＿人。乙方代理预订＿＿＿＿＿酒店标准间＿＿＿间、行政套间＿＿＿间。入住时间为＿＿月＿＿日至＿＿月＿＿日。费用总计＿＿＿元。乙方承诺，甲方实际消费的酒店房间总数可以在预订总数的基础上增加或者减少＿＿＿间，乙方在此范围内不要求甲方承担约定更改责任。

8. 会展期间/后的商务考察安排代理

乙方代理甲方参展人员商务考察。

线路为：＿＿＿＿＿＿＿＿＿＿＿＿＿＿＿

交通工具为：＿＿＿＿＿＿＿＿＿＿＿＿＿

服务项目有：导游(语种________、性别______、人数______)、礼品购置、旅程责任保险、考察主体联系安排、景区门票代购、旅程餐饮安排预订。

费用总计：________元。

9. 返程票务预订

为甲方参展人员返程票务代理，此项服务免费。但如果预订铁路车票，甲方须支付手续费，卧铺____元/张。航空机票为明折明扣。乙方尽量但不保证按甲方要求满足时间或者等级、数量要求。

10. 展期交通安排

展览期间，乙方为甲方代理安排通勤交通车辆代理。车型为__________，使用______辆，车辆形式范围__________，使用形式________，费用标准________元/(天辆)，费用总计________元。

11. 展览秘书服务代理

展览期间，乙方为甲方提供____________形式的秘书服务：

(1)翻译；

(2)餐饮安排/送达；

(3)资料发放；

(4)广告代理；

(5)快速印刷/平面设计；

(6)其他临时性事务。

本条涉及的服务项目除翻译须明示外，其余均可在展期临时口头或书面协商，按市场价格约定费用，其费用不包括在本协议书内。

翻译的使用期限为____月____日至____月____日，语种及人数为______语______名、______语______名，______语______名、______语______名，性别要求为______，要求胜任______领域的书面、口语翻译工作。

12. 餐饮安排代理

乙方代理甲方参展人员餐饮，共计____人，其中正餐______餐，早餐____餐。就餐方式为早餐(中式自助餐、西式自助餐、围桌中餐、围桌西餐)，正餐形式为(围桌、外卖、直送宴会)，费用分列，就餐地点、时间、交通服务及各式餐标食谱见附件。

13. 新闻发布会及商务酒会代理

甲方委托乙方于____月____日____时在____________酒店举办新闻发布会。乙方代理的事项有______________________________。各项代理的细则详见附件。

(1)场地布置；

(2)器材及线路安装；

(3)邀请嘉宾的商务用车；

(4)嘉宾的住宿及餐饮安排；

(5)会后酒会安排。

三、费用及支付方法

1.总费用

以上各项服务费用总计为＿＿＿＿＿元(人民币)。

2.实际核定费用

乙方提供服务项目明细凭单(一式两份),乙方指定人员(该人员应对临时服务有认可权,双方认可之签收人笔迹)签收,乙方凭签收凭单与甲方人员核定实际费用。

3.支付办法

本协议签署生效后,甲方承诺在签署之日起第＿＿＿个工作日内支付总费用的＿＿＿%(即人民币＿＿＿元),展览布置完成后立即支付乙方总费用的＿＿＿%(即人民币＿＿＿元)。其余部分在展览结束后双方并认可实际发生费用后甲方立即或在＿＿＿＿个工作日内一次性支付给乙方。

四、不确定事项约定

基于临时服务的不确定性,双方约定:

1.甲方指派＿＿＿＿(姓名)为甲方全权代表,负责联络乙方并对下达的临时服务要求负责;

2.甲方提出临时服务要求且乙方已经完成后,应该书面签收服务凭单,凭单格式见附件。服务凭单将作为最后核算的依据之一;

3.乙方指派＿＿＿＿(姓名)为乙方全权代表,负责安排甲方下达的临时性服务要求。

五、生效、免责、变更及取消

本合同签署且甲方第一次付款到达后立即生效。合同生效后,如果甲方由于非免责原因要求变更服务的,按下列条款处置。

1.甲方确认,除非发生以下几种情况的一条或几条,否则甲方不存在撤销或变更本协议的理由,如果撤销或变更,乙方将有权要求甲方支付撤销或变更给乙方造成的预期损失:

(1)战争或政治事件;

(2)甲方进入破产程序;

(3)甲方实体进入重组变更程序;

(4)由于政策或法律变化导致会议不可能举行。

2.甲方可以在预定的期间内变更会议时间，但变更通知必须于预定期限前的______天抵达乙方，乙方接到甲方通知后应在________个工作日内以(传真、电邮、公函)方式回执确认，甲方在接到乙方确认文件后即表示甲乙双方就会议时间的变更达成一致，双方间的协议除会议日期外，其余不作变更。

3.乙方服务的变更。除非发生如下情形，否则乙方无权变更服务：

(1)乙方签约的下游服务商出现法律规定的破产、停业或者其他人力不可抗拒的服务中止事件，同时乙方更换的下游服务商不能满足甲方要求；

(2)会议地点出现重大自然灾害(包括急性传染病)；

(3)会议地点出现重大政治事件(包括政府征用会议场所)。

如果不是由于上述原因，乙方要求变更服务，将赔偿甲方由于服务变更而导致的预期损失。出现本条款所列事项时，乙力应该在第一时间内以书面形式通报甲方，并在甲方收到通知后作出变更预案供甲方选择，乙方保证变更的服务应当不低于原来的协议水准。

基于友好合作的精神，所有变更事宜双方同意协商解决。同时双方约定：

(1)甲方变更或取消会议，应当在协议生效后会议正式举办前______个工作日前通知乙方，除乙方已经支付的成本外(在甲方的预付款项中抵扣，不足部分乙方有权要求甲方补足，多余部分乙方同意返还甲方)，乙方放弃预定收益的索赔；

(2)甲方变更或取消会议的决定如果在会议前______日通知乙方，甲方应赔付乙方预期利益的______%，并不退回预付金；

(3)甲方变更或取消会议的决定如果在会议前______日通知乙方，甲方应赔付乙方预期利益的100%，并不退回预付金；

(4)乙方由于非本条款原因要求改变服务或者取消服务的，于会议举办前的______日通知甲方，必须全额退还甲方预付款；

(5)乙方由于非本条款原因要求改变服务或者取消的，于会议举办前______日通知甲方的，除退还甲方预付款外，还必须赔付甲方本协议总金额的______%，如______日前通知甲方，乙方必须全额赔付。

4.双方约定，本协议规定的服务及费用核算原则如下：

(1)住宿、餐饮及车辆按协议标准结算，基于可以理解的原因，允许实际费用总量下浮5%，即如果甲方需要的服务低于预定的95%，按95%结算；高于95%的，按实际服务费用结算。

(2)除协议规定的服务总量以外，乙方同意按协议标准提供服务预留空间，但不超过总量的5%(指各单项服务)。甲方如果需要超过预定的服务，在5%范围内可享受协议标准，超过部分乙方尽量但不保证提供协议标准服务。

（3）双方确认，所有服务费用在____月____日前由甲乙双方核算认可，甲方保证一次性将款项支付给乙方，如果超过约定期限，乙力有权要求甲方支付滞纳金，标准为总金额的0.5%，按日计算。

六、生效

本协议自双方共同签单且甲方提供规定的预付金后生效。协议所提附件作为其不可分割部分，与协议主体有相同法律效力。协议一式四份，双方各执两份。

七、未尽事宜、仲裁

双方约定，如果对本协议执行出现争议，将首先协商解决；如果协商不能解决，双方将申请仲裁解决，仲裁地点为____________________。

附录 4 货物运输合同范本

货物运输合同

甲方：________________电话：________

法定代表人(委托代理人)：________________

开户行：________________账户：________

地址：________________

乙方：________________电话：________

法定代表人(委托代理人)：________

开户行：________________账户：________

地址：________________

第一条 货物名称、规格、数量、价款

货物编号	品名(编码)	重量/体积(t/m^3)	单位	单价	数量	金额

甲乙双方为携手合作，促进发展，满足利益，明确责任，依据中华人民共和国有关法律的相关规定，本着诚实信用、互惠互利原则，结合双方实际，协商一致，特签订本合同，以求共同恪守。

第二条 包装要求

托运人必须按照国家主管机关规定的标准包装；没有统一规定包装标准的，应根据保证货物运输安全的原则进行包装。否则，承运人有权拒绝承运。

第三条 货物起运及到达地点

货物起运地点________________。

货物到达地点________________。

第四条 货物承运日期为________年____月____日；

货物运到日期为________年____月____日。

第五条 运输质量及安全要求________________。

第六条 货物装卸责任和方法________________。

第七条 收货人领取货物及验收方法＿＿＿＿＿＿＿＿＿＿＿＿＿＿＿＿＿＿。

第八条 运输费用、结算方式＿＿＿＿＿＿＿＿＿＿＿＿＿＿＿＿＿＿＿＿＿。

第九条 各方的权利和义务

(1)托运人的权利和义务

①托运人的权利。要求承运人按照合同规定的时间、地点,把货物运输到目的地。货物托运后,托运人需要变更到货地点或收货人,或者取消托运时,有权向承运人提出变更合同的内容或解除合同的要求。但必须在货物未运到目的地之前通知承运人,并应按有关规定付给承运人所需费用。

②托运人的义务。按约定向承运人交付运杂费。否则,承运人有权停止运输,并要求对方支付违约金。托运人托运的货物,应按照规定的标准进行包装,遵守有关危险品运输的规定,按照合同中规定的时间和数量交付托运货物。

(2)承运人的权利和义务

①承运人的权利。向托运人、收货方收取运杂费用。如果收货方不交或不按时交纳规定的各种运杂费用,承运人对其货物有扣押权。查不到收货人或收货人拒绝提取货物,承运人应及时与托运人联系,在规定期限内负责保管并有权收取保管费用,对于超过规定期限仍无法交付的货物,承运人有权按有关规定予以处理。

②承运人的义务。在合同规定的期限内,将货物运到指定的地点,向收货人发出货到通知。对托运的货物要负责安全,保证货物无短缺、无损坏、无人为的变质,如有上述问题,应承担赔偿义务。在货物到达以后,按规定的期限,负责保管。

(3)收货人的权利和义务

①收货人的权利。在货物运到指定地点后有以凭证领取货物的权利。必要时,收货人有权向到站或中途货物所在站提出变更到站或变更收货人的要求,签订变更协议。

②收货人的义务。在接到提货通知后,按照提取货物,缴清应付费用,超过规定提货时间,应向承运人交付保管费。

第十条 违约责任

(1)托运人责任

①未按合同规定的时间和要求提供托运的货物,托运人应按其价值的一定比例偿付给承运人违约金。

②由于在普通货物中夹带、匿报危险货物,错报笨重货物重量等而导致吊具断裂、货物摔损、调机倾翻、爆炸、腐蚀等事故,托运人应承担赔偿责任。

③由于货物包装缺陷产生破损,致使其他货物或运输工具机械设备被污染、

腐蚀、损坏，造成人身伤亡的，托运人应承担赔偿责任。

④在托运人专用线或在港、站公用线、专用铁道装的货物，到站卸货时，发现货物损坏、缺少，在车辆施封完好或无异状的情况下，托运人应赔偿收货人的损失。

⑤罐车发运货物，因未随车附带规格质量证明或化验报告，造成收货方无法卸货时，托运人应偿付承运人卸车等费用和违约金。

(2)承运人责任

①不按合同规定的时间和要求配车(船)发运的，承运人应偿付托运人违约金。

②承运人如将货物错运到货地点或接货人，应无偿运至合同规定的到货地点或接货人。如果货物逾期到达，承运人应偿付逾期交货的违约金。

③运输过程中货物灭失、短少、变质、污染、损坏，承运人应按货物的实际损失(包括装费、运杂费)赔偿托运人。

④联运的货物发生灭失、短少、变质、污染、损坏，应由承运人承担赔偿责任的，由终点阶段的承运人向负有责任的其他承运人追偿。

⑤在符合法律和合同规定条件下运输，由于下列原因造成货物灭失、短少、变质、污染、损坏，承运人不承担违约责任：

不可抗力原因；

货物本身的自然属性；

货物的合理损耗；

货运人或收货方本身的过错。

本合同正本一式二份，合同双方各执一份；合同副本四份，送进出口有限公司和负责运输的汽车司机各一份，甲乙双方各留一份。

托运人：__________	承运人：__________
代表人：__________	代表人：__________
电话：__________	电话：__________
地址：__________	地址：__________
开户银行：__________	开户银行：__________
账号：__________	账号：__________
日期：______年____月____日	日期：______年____月____日

附录 5　国内展品运输指南范本

中国国际展览运输有限公司
国内展品运输指南

展览会名称:2009 中国国际汽车零部件博览会

展览地点:中国国际展览中心

展览时间:2009 年 9 月 24 日至 26 日

承办单位:通用国际广告展览有限公司

1. 通讯地址及联系人

中国国际展览运输有限公司

地址:北京市朝阳区北三环东路 6 号(中国国际展览中心 1 号馆 539 室)

电话:010—84600560,84600620

传真:010—84600559

邮政编码:100028

联系人:董辉、张伊楠

电子邮箱:exhibition@cietc. net

2. 发货时间安排及要求:

(1)参展商提前发货时间安排及要求

①提前发货到展场:凡通过货运公司以"门到门"方式将展品提前发至展场的展商,请按以下收货人发送至:

收货人:中国国际展览运输有限公司

办公室地址:北京市朝阳区北三环东路 6 号中国国际展览中心 1 号馆 539 室

接货仓库地址:北京市朝阳区北三环东路 6 号中国国际展览中心 8 号馆后小白楼,接货仓库电话:010—84600615,联系人:韩师傅,白师傅(如须机力卸车,请提前预约)

②从在京火车站、机场、货运站提货到展场

凡参展商以铁路运输、航空运输及委托货运公司或快递公司发运至在京火车站、机场、货运站的展品,并委托我司到以上三地提货到展场,展品必须于 9 月 16 日前运达京火车站、机场、货运站。发货后请参展商将发/提货单据传真或快递至我司,以备提货。(注:在发/提货单中"收货人"一栏内只写单位,切勿写明具体人员，以免造成提取困难。）

（2）展览会进馆期间自运到展场时间安排及要求

①自运到展场

凡自运展品到展场的展商，要求在展览会进馆期（9 月 21 日至 23 日）运到展览中心。参展商须在货物（指现场需要我司安排机力或工人搬运的展品）抵达展览中心前两天通知我司有关货物重量、尺码等，以备接货。为此请填写《国内展品货量统计表》（见附件一）并发送至我公司。

②上门提货到展场

凡北京近郊的展品，如需委托我司运至展场的参展商，请提前与我司负责人联系，具体起运时间、运输价格由运展双方协定，并签订书面运输协议。然后参展商根据运展双方协定后的日期将货备妥，自备装车机力，由我司安排车辆运输。

3．发货通知

凡通过货运公司以“门到门”方式将展品提前发至展场或委托我司提货到展场的参展商，展品发运后参展商必须于发货后 24 小时内电告我司，请参展商将发/提货单据传真或快递至我司，以备提货或接货。注明展览会名称日期、展台号、发货日期、件数及重量。在发/提货单中“收货人”一栏内只写我司名称，切勿写明具体人员名称，以免造成提取困难。包装箱外侧均按“箱件标志”规定格式粘贴。如需要我司提供特殊服务，如吊机装卸或组装，务请提前书面通知我司。

4．箱件标识

（1）展品箱两面，请按以下规定刷制：

展会名称：2009 中国国际汽车零部件博览会
收货人：中国国际展览运输有限公司
发货人（展商名称）：
展台号：
箱号：
体积（长×宽×高）：
毛重（公斤）：

（2）展品包装应坚固耐用，便于运输，防雨防潮，并且唛头清晰，以免在运输中损坏。我司提货时若认定外包装完好，则视为正常货进馆就位；若提取时发现外包装已损坏，将及时告知参展单位，并根据其指示处理。由于参展单位无指示或指示不及时而产生的问题、损失及相关费用由参展单位自行承担。

(3)为保证全部展品在吊运、装卸及进出馆运作中的安全,请务必如实填报所有展品的尺码、重量等。由于申报不实而产生的一切后果由参展商自负。

(4)重件展品必须在包装箱上标明起吊点重心、易碎、防潮等字样,禁止倒置等展品必须在箱上标明特殊标志。

5.保险

参展单位应自行投保展览品的往返运输险,及在展览、仓储期间的保险。如展品发生意外情况,请参展单位自行向保险公司办理索赔手续。参展单位的展品必须采取防雨防渗包装措施,如无防雨防渗措施的展品在运输及在展览中心存放发生渗漏损坏,我司不负任何责任。

6.付款方式

(1)凡委托我司办理运输业务的单位,请根据各自服务项目的选择及下述费用标准,将款额于展会开幕前7天汇至我司账户,请各单位财务部门在汇款单的汇款项目内写上“2009中国国际汽车零部件博览会国内展会运输预付款”。我司收到预付款后按委托的服务项目给予服务,并根据实际操作费用以多退少补的方式进行结算,发票交给委托单位的参展商代表带回。

(2)我公司的账号

中国国际展览运输有限公司

开户银行:中国银行总行营业部

账号:00007608094001

(3)现场收费:对于货量少、产生费用相对小的展商,可采取现场收费方式。货物运到展场后,由我司派人现场对有关展品进行测量、测重,按相应收费标准以现金或支票方式核收有关费用。

7.操作条件

本运输指南及费率的解释权归中国国际展览运输有限公司所有。

附录 6 国际展品运输指南范本

国际展品运输指南

尊敬的展商：

上海汇展国际物流有限公司已被指定为本届展览会的运输代理，为了贵公司展品的安全及准时送到展位，请仔细阅读本运输指南，谢谢！

（一）重要信息

货物进仓编号	H0808E0809A
单证提供日期	2008 年 7 月 11 日
货物入库日期	2008 年 7 月 16 日

本运输指南共十条和三个附件，自贵司将货物送至我司指定仓库起，即视为贵司已经充分了解并接受了该运输指南的各项条款。

（二）通信

1. 单证、商检、提货等口岸业务，请联系上海汇展国际物流有限公司

地址：上海市四川北路 1666 号高宝新时代广场 1301 室（邮编：200080）

联系人：汪碧玉小姐（电话：021－63091923/63091900）

传真：021－63091500

E-mail：biyuexpo@yahoo.com.cn

2. 接货仓库名称：上海国富仓库

地址：上海市宝山区宝安公路 333 号

电话：021－36042054/36042114/36041030/36041096

传真：021－36042054

联系人：周建华先生　庄润先生

请勿运输食品、饮料、仿制武器（如刀、剑）、毛皮制品和其他易燃易爆产品。我司发运前将会把所有清单发至日本海关确认，如有日本海关发现无法进口的货物（如个别化工产品、喷雾器、纸杯等），我司将在 7 月 20 日前通知，并请企业提货。望能谅解！

货物发运后，我司将根据日本海关的个别需求，为索取货物更详细信息与参展企业联系，此类信息对日本口岸清关至关重要，请参展企业配合。

（三）展览品送货

1. 请直接将货物送至接货仓库（上海国富仓库）。送货时，请务必携带我司提供的入库单（请见附件）提供给仓库负责人；否则仓库将拒绝收货。

2. 仓库将收取入库费（视实际货物多少而定）。

3. 如货物无法直接送入仓库，需要提供提送货服务的。请联系上海汇展汪碧玉小姐（021－63091923）。上海汇展将收取相关提送货及仓库入库费用。

4. 需提供上海提货服务的货物运单内容请按如下格式拟制。

发货人：展览会报名单位（贵司企业名称）

收货人：上海汇展国际物流有限公司

地址：上海市四川北路 1666 号高宝新时代广场 1301 室（邮编：200080）

电话：021－63091900

品名一栏请注明：展览会名称及进仓编号（H0808E0809A）

5. 请注意：运单上收货人请不要填写具体人名，以防止提货困难；否则由此造成的一切损失，我司无法承担由此引起之责任风险。

（四）报关所需单证

1. 时间要求：

准确齐全的报关资料请务必在__2008__年__7__月__11__日前 E-mail 我司，正本请于__2008__年__7__月__16__日前送达我司。

2. 报关方式选择及所需单据：

针对不同出口方式，参展单位需向上海汇展国际物流有限公司提供下列单证资料，请展商自行选择。

（1）确定不回运的展品，其所需的单证如下。

①能提供核销单，需要提供下述单据：

a. 装箱清单发票一式两份；

b. 信息发送至上海口岸的出口用核销单；

c. 报关委托书，加盖公章及法人章；

d. 出口报关单三份，加盖报关专用章；

e. 商检单，如需提供换单服务，电子换证凭条收取换单费 RMB60.00 元/单；

f. 装箱清单三份，需加盖外贸条形章或公章；

g. 商业发票三份，需加盖外贸条形章或公章；

h. 我司不提供代办商检服务。

②无法提供核销单，需要提供下述单据：

a. 装箱清单发票一式两份；

b. 商检单，如需提供换单服务，电子换证凭条收取换单费 RMB200.00 元/单；

c. 如需我司代办商检，我司收取代办商检服务费 RMB400.00 元/票，特殊品名及货值金额巨大请单票与我司单证确认。

(2)确定回运的展品，其所需的单证如下：

a. 装箱清单发票一式两份；

b. 商检单。如需提供换单服务，电子换证凭条收取换单费 RMB60.00 元/单；电子取单凭条需收取取单费 RMB100.00 元/单；

c. 回运保证书，需加盖公章；

d. 回运运费，必须在展览会开幕前一周到达我司账户；

e. 如需我司代办商检，我司收取代办商检服务费 RMB200.00 元/票，特殊品名及货值金额巨大请单票与我司单证确认。

3. 装箱清单及发票要求，(格式见附件)正本一式两份，中英文对照。

(1)包括：展览品、宣传品、布置品、招待品、小礼品、文具等所有与展览会有关物品，请按提供的清单格式、大小(见附件)来制作清单。

(2)展品清单即发票装箱单是向国内外海关报关，办理各种证明的重要单证。因此，填制清单要认真仔细、内容完整；展板展台等布展物品应注明以何种材料制成，英文翻译准确，要求做到单货相符，即清单上的展品内容和数量与实际包装箱内装的内容及数量要相同，以免产生不必要的麻烦和损失。

(3)清单的价格金额为 CIF 条款，用 USD 表示，即使是样品，目录、资料等也必须注明价值，请注意各单位申报的价值一定要合理；否则，当地海关将有可能重新估价，由于货物价值申报错误，将导致货物在海关长期滞留，影响及时上展台。

(4)箱号的编制：贵司的箱号有主办单位或我司编制发放，不得私自编写。由于箱号是识别展品的重要标志，请将唛头刷制清楚。另请注意，箱号的件数用分数“第几件/共几件”表示。举例说明：如发放给您的箱号是 ZA，共三件展品(发运件数)，则编写方法为：ZA1/3，ZA2/3，ZA3/3。

各参展企业的箱号会由运输公司编发给各企业。

为确保货物出运更加顺畅，我司积极推荐各展商使用自身核销单出口报关，在不回运的前提下，贵公司使用核销单出口，将享有下述之便利。

①方便出口退税：在出口后 30 日内我司将寄还核销单，方便贵司取得出口退税。

②送货日期更宽松：核销单出口手续更迅捷方便，可多两日时间方便贵司备货。

③商检换单费更低：为方便贵司商检，核销单出口，我司仅收 RMB60.00 元/票

换单费。

④国内单独报关，降低风险：集体出运，单独报关，不受其他企业影响。单独报关费由上海汇展承担。

核销单出口方式下，货物无法回运。如有回运需求之企业不要采取上述方式。

无论提供核销单与否，我司均将竭诚提供专业展览运输服务。

（五）唛头标记

1. 所有展品外包装的至少三面，必须按我司提供格式（见附件）刷制清晰、准确，用不易脱落的唛头标记；否则由此产生的延误本公司概不负责。

2. 为保证展品安全，重量超过 500KGS 的中大木箱外要标出国际货物运输标志（如起吊点，重心等）。

（六）包装

1. 展品在长途运输过程中，需要多种运输工具多次转运、点货、装卸等，并且有时要在室外存放。为确保展品安全，要求包装必须牢固结实，能够反复使用，适用与空运和展览会后的重新装箱。

2. 包装箱内禁用稻草、废报纸等作包装衬垫物，易碎品必须特殊在外包装箱上有明显标志。

3. 如展览品需要木质包装，尽量不要使用原木包装，可使用经高温成型的细木工板等作为包装材料。

4. 如一定使用原木包装的，请提供熏蒸证明。没有熏蒸证明的，我司将在上海办理熏蒸手续，由此产生的相关费用由贵司承担。

5. 严禁使用带树皮或虫眼的原木作为展品包装材料，否则货物将在对方口岸被查扣。

6. 对于由于货物包装不当所引起的货物损坏，或由于海关查验等原因所引起的货物损坏，我司不承担相关责任。

7. 我司运输过程中，仅对外包装箱完整负责，内部包装为展商自行负责，在外包装箱完整情况下，内装货物受损，我司应予以免责。

（七）注意事项

1. 有以下情形者，如被对方海关或其他有关部门查验，将导致整个集装箱的货物被扣甚至罚没，并将导致高额罚款；同时，参展单位将被列入目的国海关黑名单，对其公司的进出口业务将造成恶劣的影响。

（1）包装箱内所装货物与申报的发票箱单不符。

（2）产品上没有中国制造（MADE IN CHINA）字样，注意是产品上而不是包装箱上。

(3)产品产地显示为其他地区制造的字样,更为严重。

(4)产品侵犯知识产权,包括样本中所显示的产品。

(5)其他不符合当地法律和民族习惯的情形。

(6)易燃品、危险品(如打火机)、食品、饮料、药品、保健品,与人身安全有关的货物以及与展览无关的个人用品均为禁止运输的货物。

2. 对于由于包括以上原因在内的展商自身原因所导致的展览品无法正常上展台,我司不承担任何责任。同时保留向有问题企业追索相关损失的权利。

3. 请注意我司计费体积是以货物的外包装外径为准。

(八)展览品回运流程介绍

1. 请认真填写展品申报清单即发票装箱单中的展览品是否回运一栏。我司将根据参展商的申报来确定具体的报关方式。

2. 展览品在当地销售、赠送或放弃的货物都需要交纳关税。

3. 没有提前申报回运的货物,因在出运时未在报关单上特别注明,会造成货物可能在我国海关无法清关。我司有可能拒绝安排回运。

4. 展商应提供准确的回运货物清单,并在清单上签字确认,回运货物也要做到单货相符;否则由此引起的无法报关,由展商自行承担责任。

5. 由于展览会闭幕时现场秩序非常混乱,无人看管的货物非常容易丢失。根据展览主办方以及展馆的规定,我司现场代理只能等到闭幕以后才能安排工人进馆收货。我司代理或我司现场工作人员只有在以下两种情况下给予展商签收。

(1)代理或我司现场人员会尽快前往摊位将货物收走并同时签收,但由于我司要逐一签收,所以签收时间可能很晚,望您安排好行程,耐心等待。这是保证展品安全的最稳妥方法。

(2)展商想尽早离开展馆,可自行想办法将回运货物送至我司指定摊位,我司派专人看管,我司给予签收。

6. 对于展商通知我司代理或现场工作人员货物需回运,但无法通过以上两种方式签收的,而是将货物留在自己摊位上并无人看管,我司也将尽早将货物收走,但不承担在收货之前的丢失风险。

7. 对于回运费用高于货物申报价值的,我司有权要求托运方在现场支付全部运费或差额部分。

(九)不可抗力条款

由于地震、台风等自然灾害及罢工、政变、战争、燃油危机等人为灾害或海损等造成本运输行为无法执行时,我司将在得到确切消息后及时通知各主办单位或参展商采取补救措施,但对其后果应得以免责,也不承担采取补救措施所产生的费用和风险。

(十)附件:(见另打包附件)

请注意,附件的一个 Excel 文档中包括以下 3 个文件:

1.进出境申报用装箱清单及发票;

2.唛头;

3.货物入库单。

参考文献

[1] 王桂姣. 会展物流[M]. 北京:中国财政经济出版社,2008.4

[2] 华谦生. 会展策划[M]. 广州:广东经济出版社,2008.8

[3] 管敏正. 国际货运与海商法[M]. 上海:上海译文出版社,1996.9

[4] 邵铁民. 进出口货物海关通关实务[M]. 上海:上海财经大学出版社,2002.12

[5] 史国祥. 会展导论[M]. 天津:南开大学出版社,2009.7

[6] 马旗. 会展策划与管理[M]. 北京:清华大学出版社,北京交通大学出版社,2011.6

[7] 崔建远. 合同法[M]. 北京:北京大学出版社,2012.6

[8] 许可,夏斯顺. 海关通关实务[M]. 北京:对外经济贸易大学出版社,2011.11

[9] 付宏华. 现代物流管理[M].北京:人民邮电出版社,2011.2

[10] 郭世正. 物流成本管理[M]. 北京:清华大学出版社,北京交通大学出版社,2011.3

[11] 胡云燕. 会展业务流程[M]. 上海:格致出版社,2009.12

[12] 史国祥,贺学良. 会展经济[M]. 上海:格致出版社,2009.4

[13] 王桂娇. 会展物流[M]. 北京:中国财政经济出版社,2008.4

[14] 陈鲁梅. 会展策划与管理[M]. 北京:化学工业出版社,2009.9

[15] 许传宏. 会展服务与现场管理[M]. 北京:中国人民大学出版社,2008.2

[16] 马克斌. 会展典型案例精析[M]. 重庆:重庆大学出版社,2007.9

[17] 许传宏. 会展策划[M]. 上海:复旦大学出版社,2010.2

[18] 龚平. 会展概论[M]. 上海:复旦大学出版社,2009.8

[19] 刘松萍. 会展服务与管理[M]. 北京:科学出版社,2009.7

[20] 蔡淑琴等. 物流信息系统[M]. 北京:中国物资出版社,2010.8

[21] 黄有方．物流信息系统[M]．北京：高等教育出版社，2010.3
[22] 霍佳震．物流信息系统[M]．北京：清华大学出版社，2011.11
[23] 王丽亚．物流信息系统与应用案例[M]．北京：科学出版社，2011.2
[24] 卢晓．会展基础知识[M]．旅游教育出版社，2008.8
[25] 恭维刚．会展实务[M]．华东师范大学出版社，2010.2
[26] 王重合．国际会展实务精讲[M]．北京：中国海关出版社，2011.5
[27] 李颖慧．会展礼仪实务[M]．北京：化学工业出版社，2009.9
[28] 翟秀鹏．李文翎．广州会展物流存在的问题与对策[J]．宜宾学院学报，2010(5)
[29] 刘助忠．会展物流现状与发展对策研究[J]．物流经济，2007(4)
[30] 魏禳炜，张玉春，张鹏．国际会展物流发展趋势分析[J]．商业时代，2011(32)
[31] 梁海琼．会展物流现状与发展趋势[J]．物流技术与应用，2008(5)
[32] 周正柱．会展物流系统的运作模式[J]．经营与管理，2008(11)
[33] 柯冉绚．彭国均．无线射频技术应用于会展物流的研究[J]．吉首大学学报：自然科学版，2008(29)6：47—49
[34] 陶倩．会展物流与相关技术[J]．物流技术与应用，2008(5)
[35] 西点会展．会展常识．http://www.xdmice.com/html/hygl.html. 2011.10
[36] 趋势：会展物流步入黄金期．http://blog.sina.com.cn/s/blog_a4f547000101663r.html. 2012.7
[37] 会展物流．百度百科．http://baike.baidu.com/view/1832974.htm
[38] 会展物流现状与发展趋势．总裁学习网．http://www.cs360.cn/managers/zhanlueguanli/wuliuguanli/43978/. 2011.10
[39] 中国会展物流发展现状问题及发展对策．中国物通网资讯．http://news.chinawutong.com/wlbk/wllw/201105/2629_2.html. 2011.5.10
[40] 会展知识．报春钢铁网．http://www.baochunsteel.com/huiyi/huzhan/. 2011.6
[41] 会展常识．志升会展．http://www.shbestup.com/1/hzcs.html
[42] 会展物流的实操技术与管理．http://blog.tianya.cn/blogger/post_read.asp? BlogID=3801417&PostID=34961386. 2011.8
[43] 会展物流．MBA 智库．http://wiki.mbalib.com/wiki/%E4%BC%9A%E5%B1%95%E7%89%A9%E6%B5%81
[44] 会展物流管理中存在的问题．会展网 海南会展．http://blog.sina.com.cn/s/blog_6fe88f4f0100nngh.html. 2010.11.30